Martina Rellin
Ich habe einen Liebhaber
Die Gebrauchsanweisung

SERIE PIPER

Zu diesem Buch

»Einen Liebhaber gegen Langeweile kann ich sehr empfehlen«, sagt Jutta. Und Karen meint: »Mein Liebhaber gibt mir das Gefühl, schön und begehrenswert zu sein.« Beide sind verheiratet, beide lieben ihren Mann. Aber es fehlt schon lange etwas: Romantik, Abenteuer, die berühmten Schmetterlinge im Bauch. Darum schaffen viele Frauen in ihrem Leben lustvoll Platz für einen zweiten Mann und erleben Zauber und Glück. Nach dem Riesenerfolg »Ich habe einen Liebhaber« und Hunderten von Gesprächen zum Thema hat Martina Rellin ihr Wissen für eine Gebrauchsanweisung aufgeschrieben: Warum machen Liebhaber glücklich? Und wie kriege ich eines dieser Wunderwesen ab? Welchen Zweitmann braucht die Romantikerin, die Experimentierfreudige, der Huch-wie-konnte-das-passieren-Typ? Wo finde und wo treffe ich ihn? Alles über Alibis, das doch manchmal aufflackernde schlechte Gewissen und die wichtige Frage: Was gönne ich mir im Leben? Damit der Begegnung mit dem ganz besonderen Mann nichts mehr im Weg steht.

Martina Rellin, geboren 1962, lebt mit ihrer Familie in Berlin. Sie war von 1994 bis 2001 Chefredakteurin der Zeitschrift Das Magazin und veröffentlichte die sehr erfolgreichen Bücher »Ich habe einen Liebhaber. Frauen erzählen von ihren Begegnungen mit dem ganz besonderen Mann«, »Wir sind die neuen Liebhaber« und »Mein Liebhaber«. Zuletzt erschienen von ihr »Klar bin ich eine Ost-Frau!«, »Ich habe einen Liebhaber. Die Gebrauchsanweisung« und »Bin ich eine gute Mutter? Frauen erzählen«. Weiteres zur Autorin: www.martinarellin.de

Martina Rellin
Ich habe einen Liebhaber

Die Gebrauchsanweisung

Piper München Zürich

Von Martina Rellin liegen in der Serie Piper vor:
Ich habe einen Liebhaber (4363)
Wir sind die neuen Liebhaber (4366)
Mein Liebhaber (4367)
Ich habe einen Liebhaber. Die Gebrauchsanweisung (4852)

Dieses Taschenbuch wurde auf FSC-zertifiziertem Papier gedruckt.
FSC (Forest Stewardship Council) ist eine nichtstaatliche, gemeinnützige
Organisation, die sich für eine ökologische und sozialverantwortliche
Nutzung der Wälder unserer Erde einsetzt (vgl. Logo auf der Umschlagrückseite).

Ungekürzte Taschenbuchausgabe
Dezember 2006
© 2005 Piper Verlag GmbH, München,
erschienen im Verlagsprogramm Kabel by Piper
Umschlag/Bildredaktion: Büro Hamburg
Heike Dehning, Charlotte Wippermann,
Alke Bücking, Daniel Barthmann
Foto Umschlagvorderseite: Paul Vozdic / Getty Images
Foto Umschlagrückseite: Ludwig Rauch
Satz: Kösel, Krugzell
Papier: Munken Print von Arctic Paper Munkedals AB, Schweden
Druck und Bindung: Clausen & Bosse, Leck
Printed in Germany
ISBN-13: 978-3-492-24852-5
ISBN-10: 3-492-24852-7

www.piper.de

Angst tötet die größte Liebe

ANAÏS NIN

Inhalt

Vorwort: Liebe Leserin 11

Ich habe einen Liebhaber – die Lebensform 21

Wann kommst du?

Neues Glück für Effi Briest 29 • Wenn die Ehe funktioniert … 32 • … und die Aufmerksamkeit fehlt 34 • … und Sex fehlt auch! 36 • TEST Sind Sie reif für die Liebhaber-Insel? 40

Warum mache ich das eigentlich?

Ich fühle mich begehrenswert! Oder: Was Frauen wollen 42 • Sex? Oder: Was Männer wollen 46 • Bitte nicht aus Rache oder als Druckmittel! 49

Von Liebhabern und Liebhaberinnen

Wer findet sich da in der Liebhaber-Beziehung? 50 • Kleine Typologie der Liebhaberinnen 53 • Kleine Typologie der Liebhaber 69

Planet heimliche Liebe 82

Jetzt geht's los?

Wo lerne ich meinen Liebhaber kennen? 86 • Don't fuck in the factory? 87 • Inserate: Er sucht sie – sie sucht ihn 89 • Kennenlernen übers Internet 93 • Das erste Rendezvous – aber wo? 95 • Gestatten, Mister Unbekannt 96 • Da will einer mit dir Kaffee trinken gehen … 97 • Sex ja – aber sicher! 100 • Das erste Mal – mit dem anderen 104 •

Sieht man's mir an? 105 • Kleine Warnung: Klappe halten 107

Jetzt geht's weiter

Wir treffen uns in der Natur 108 • Die Liebe im Hotel 110 • Das private Bett auf Zeit 114 • Nicht ohne Sekt und Erdbeeren 116

Aufpassen, aufpassen, aufpassen!

Gehen Sie auf Rufnummer sicher 118 • Das Handy und seine Abgründe 120 • Ihr Handy als elektronische Fußfessel! 123 • www.nicht-erwischen-lassen.de 127 • Vorsicht: Das sieht man Ihnen wirklich an! 129 • Profis knutschen dir keinen Fleck! 134 • Schön, daß es das noch gibt: Bargeld! 136 • Achtung Radarfalle! 138 • Wozu denn ein Versteck? 140 • Rote Rosen haben ihre Tücken 141 • Erinnerungen und Geschenke ohne Risiko 143 • TEST Strategin oder Schlamperlieschen? 146

Genießen und schweigen 148

Ohne Vertuschen und Verschleiern läuft leider nichts 157

Gefühle der dritten Art

Was hab' ich, was sie nicht hat? 164 • Schatzis Mißverständnisse 167 • Ach, ob er nicht doch der Richtige wäre? 169 • Bin ich etwa eifersüchtig? 170 • Kann man zwei Menschen lieben? 171

Lassen Sie sich nicht aus der Reserve locken 175

Wenn eigene Grenzen überschritten werden

Schwanger – was nun? 181 · Hilfe, seine Frau hat ihn verlassen 184 · Nun doch: unter Kollegen, unter Freunden 186 · Was mit dem eigenen Mann nicht geht 187

Anders als im richtigen Leben

Wenn er jünger ist als sie 190 · Große intellektuelle Städterin küßt kleinen Landburschen 192 · Generation 70+ und die Schmetterlinge 193 · Liebe auf Krankenschein: der Kurschatten 196 · Warum immer nur zwei – wieso nicht drei, nicht vier? 198

Die Entdeckung – und die Angst davor 200

Was Frauen wirklich bewegt 218

Was die Liebhaber-Beziehung so besonders macht 228

Wann ist es vorbei mit dem Liebhaber? 230

Literaturhinweise 232

Register 233

Liebe Leserin!

Na, aufgeregt? Verspüren Sie jetzt schon das Bedürfnis, dieses Buch in braunes Packpapier einzuschlagen und *Rezepte von Mutti* draufzuschreiben? Oder überlegen Sie, ob Sie diese Gebrauchsanweisung zu Hause im Tiefkühler zwischen Buttermöhrchen und Spinat parken, weil Ihr Mann allenfalls kurz vor dem Hungerkollaps in den Vorräten stöbern würde?

Als Frau ist Ihnen hoffentlich nicht schon hier in der Buchhandlung richtig flau in den Knien, denn gleich müssen Sie mit dem Buch ja auch noch zur Kasse, wenn Sie weiterlesen wollen! Ein süffisantes Lächeln von dem süßen jungen Verkäufer wäre zu verkraften, aber wenn die alte Inhaberin selbst kommt und kraftvoll tönt, so daß auch die Muttis aus der Kinderbuchecke die Köpfe recken: »Na, meine liebe Frau Schulze, da haben wir uns ja heute was ganz Feines ausgesucht: eine Gebrauchsanweisung für Liebhaber! Harharhar!«

Keine Sorge, wie Sie das zu Hause mit diesem Buch und anderen Heimlichkeiten rund um den Liebhaber machen können, besprechen wir noch. Lächeln Sie zwischendurch doch mal rüber zu dem schwarzhaarigen Azubi, der ist zwar viel zu jung, aber wer wird denn eine Gelegenheit zum Flirt-Training auslassen (nebenbei: Wie das geht mit jüngerem Liebhaber – er muß ja nicht gleich soooo jung sein –, steht auch in diesem Buch). Jetzt erst mal keine Angst vor der Inhaberin: Die ist eine Frau! Und eine gute Buchhändlerin außerdem – und als solche hat sie das Buch wahrscheinlich selbst gelesen.

Sie, **lieber Leser** – huch, ja, Sie sind ein Mann? Das macht eigentlich nichts, denn Sie finden in diesem Buch Tips, wie Sie mit dem Zauberwesen, das Sie begehren oder zur Zeit noch suchen, umgehen sollen. Ja, Sie als Mann haben vielleicht den Kopf geschüttelt: Wieso könnten Frauen ein

Problem damit haben, ein Buch zu kaufen oder es mit nach Hause zu nehmen? Sie machen das einfach, Punkt, basta. Wenn Ihre Frau das Buch nicht zu Gesicht bekommen soll, fällt Ihnen schon was ein.

Hier ist er wieder, der grundlegende Unterschied zwischen Männern und Frauen: Männer haben ihr Ziel im Auge – das Buch! – und handeln entsprechend, Frauen hingegen überlegen: Was passiert, wenn ich das und das tue, was sagt der und der dazu, darf ich das? Solche Fragen stellen sich Frauen schon beim Bücherkauf! Aber wie wir sehen werden, ist die Vorsicht der Frauen auch gut für ihre Liebhaber.

Viele von Ihnen, liebe Leserinnen, liebe Leser, werden meine anderen Bücher kennen: *Ich habe einen Liebhaber*, *Wir sind die neuen Liebhaber* und *Mein Liebhaber*, in denen Frauen und Männer von ihrem Glück berichten… Ich weiß nicht, wie viele Hunderte von Menschen mir mittlerweile von ihren persönlichen Erfahrungen erzählt haben, ich weiß nur, daß ich auf Partys oder in geselligen Runden, wo mich keiner kennt, schon geschwindelt habe bei der Frage, worüber ich denn so schriebe. Nicht, daß mir unser Liebhaber-Thema peinlich wäre, aber sobald ich sage, womit ich mich beschäftige, entspinnt sich sofort eine lebhafte Diskussion im großen Kreis: »Sind es denn wirklich so viele, die das machen?« »Wo findet man denn einen guten Liebhaber???« Und wenn ich mit einem »Ich hol mir schnell ein Kürbissüppchen« in die Küche entfliehe, tippt mir beim ersten Löffel bestimmt eine Frau auf die Schulter und strahlt mich an: »Ich habe auch einen Liebhaber.« Schon höre ich eine neue Geschichte.

Wie gesagt, mehr als 60 davon habe ich bereits für Bücher aufgeschrieben, mit mehr als 6000 Zuhörerinnen und Zuhörern bei zahllosen Lesungen diskutiert, Rede und Antwort gestanden und dabei gemerkt: Es ist Zeit, die vielen, vielen Fragen zu diesem Thema einmal gebündelt zu beantworten. Dabei geht es nicht darum, technische Tips für die besten SMSe oder die neuesten Telefonnummern sogenannter Alibi-Agenturen zusammenzufassen – nein, aus meinen Gesprächen mit Frauen (und Männern) weiß ich, daß die Liebhaber-Beziehung, sei es die bereits begonnene oder die heißersehnte, Fragen aufwirft, die früher oder später alle beschäftigen. Kennen Sie diese Fragen auch?

Ist es okay, was ich mir wünsche oder was ich mache?

Gefährde ich meine Ehe?

Muß ich nicht Rücksicht auf die Familie nehmen?

Was bin ich mir selber wert?

Darf ich meinem Mann das antun?

Würde ich etwas verpassen im Leben ohne Liebhaber?

Warum habe ich (k)ein schlechtes Gewissen?

Was passiert, wenn die ganze Sache auffliegt?

Egal, in welcher Phase des Liebhaber-Lebens Sie stecken: Ob Sie sich bis heute nur beim Drandenken ertappen oder schon beim Lesen der Kontaktanzeigen, ob Sie die Hände des Kollegen mit dem Weinglas anziehend finden und überlegen, wie es wäre, wenn seine Finger nicht über die Computertasten, sondern über ihre Oberschenkel glitten, oder ob Sie schon einen Liebsten haben, der Ihnen heimlich Schmetterlinge in den Bauch zaubert – alles ganz egal. Denn diese Gebrauchsanweisung wird die Anfängerin anregen, die Aktive bestätigen und allen zeigen: Du bist mit deinen Empfindungen, Freuden, Glücksgefühlen und gelegentlich aufkeimenden Zweifeln nicht allein. Die Erfahrungen und Erlebnisse, die mir für die Bücher und bei den Gesprächen rund um die Lesungen zugetragen wurden, haben mich davon überzeugt, daß es viiiiiiel mehr dieser geheimen Zweitbeziehungen gibt, als man denkt.

Immer wieder versuchen findige Interviewer, gültige Umfragewerte zum Liebesleben der Deutschen zu erhalten – denken Sie mal, wie viele Sie schon davon gelesen haben und wie sich ihr Kopf ganz von alleine ungläubig geschüttelt hat, wenn da berichtet wurde: Der durchschnittliche Deutsche hat zwei- bis dreimal Sex pro Woche. Das müssen die 20jährigen sein, denken da die 47jährigen, und folgern gleich messerscharf, daß die dann ja sogar vier- bis sechsmal ... also, um den Durchschnitt aller zu heben.

Fakt ist: Bei solchen Umfragen wird gelogen, daß sich die Balken biegen, das ist einfach Reflex. Auch wenn Sie mal irgendwann nach Ihren Gewohnheiten gefragt werden, geht Ihnen »zwei-, dreimal« wahrscheinlich locker über die Lippen, ohne daß Sie dabei rot werden. Weil Sie es so oft gelesen haben.

Es gibt natürlich gute Gründe, bei Befragungen zur Liebhaberei noch mehr zu lügen als bei der Lustfrequenz in der Ehe, wenn auch eher in die andere Richtung.

Eine der Frauen, die mir ihre Geschichte für *Ich habe einen Liebhaber* erzählt haben, rief mich irgendwann aufgeregt an: »Frau Rellin, es kann doch nicht sein, daß Sie meine Telefonnummer weitergegeben haben?« Natürlich fiele mir das nie ein, eigentlich konnte sich Katrin das auch nicht vorstellen. Aber das machte die Sache nur noch schlimmer!

Was war passiert? Eines Abends kam bei Katrin dieser freundliche Telefonanruf: »Hier ist das Meinungsforschungsinstitut Soundso, würden Sie sich vielleicht ein paar Minuten Zeit nehmen, um ein paar Fragen zu beantworten? Es geht um den Haushalt ...«

»Warum nicht?« sagte Katrin, sie wollte schon immer mal wissen, wie so eine Befragung läuft.

Erst wurde generell abgefragt: Bildungsabschluß, Familienstand, Haushaltszusammensetzung, Einkommen ... Dann Fragen zu geplanten Anschaffungen: Auto – welcher Typ ... Elektrogeräte – was fehlt noch, Brotbackmaschine, Wäschetrockner?

Themenwechsel: Partnerschaft.

Und plötzlich die Frage: »Sind Sie schon mal fremdgegangen?« Klar, daß die Antwort nur »nein« heißen konnte. Denn siedendheiß durchzuckte die Liebhaberin der Gedanke: »Verdammt, böse Falle, das ist gar kein Meinungsforscher am anderen Ende der Leitung – das ist ein Privatdetektiv!« Cool hat Katrin das Gespräch zu Ende gebracht.

Als sie mich anrief, hatte ich fast den Eindruck, sie hoffte, ich hätte ihre Telefonnummer den Meinungsforschern gegeben – dann wäre wenigstens klar gewesen, daß kein Privatdetektiv… Selbst wenn – Katrin hatte ja nix Verfängliches gesagt.

Ähnlich Unverfängliches erfahren die Meinungsforscher bei diesem Thema sehr, sehr oft, auch die, die Sie in den Fußgängerzonen unserer Städte ansprechen und zum Interview ins Büro einladen – möchte man wirklich in Anwesenheit eines Menschen, der einen vielleicht ja doch um ein paar Ecken kennt, auf dem Fragebogen angeben: Seitensprünge? Klar, ganz viele, regelmäßig!

Spätestens, wenn Sie für Ihre Auskunftswilligkeit einen 10-Euro-Schein oder drei Pakete Waschmittel bekommen haben und das mit Ihrem Namen quittieren, werden auch Sie es bei Fragen nach der Partnerschaft mit den Antworten sicherheitshalber wohl nicht mehr so genau nehmen.

Nicht? Sie glauben also immer noch an die Aussagekraft der Umfragen, die uns zum Beispiel gerne weismachen wollen, daß Männer häufiger fremdgehen als Frauen – die Angaben schwanken, aber nehmen wir einfach einen irrwitzig hohen Wert mit 70 Prozent der Männer, dazu 35 Prozent der Frauen. Es gehen also etwa doppelt so viele Männer wie Frauen fremd? Wir wollen doch mal nicht annehmen, daß die paar Frauen, die fremdgehen, das dann so intensiv tun, daß sie all die vielen Männer versorgen, die fremd unterwegs sind. Nein, es wird einfach gelogen: Mancher Mann möchte sich wenigstens in der Umfrage als wild und unwiderstehlich darstellen, manche Frau denkt sich: lieber genießen und schweigen. Genau.

Ich vermute ja, dieses Buch ist nicht Ihr erstes zum Thema. Vielleicht waren Sie in der Buchhandlung auf der Suche nach einem Ratgeber, Lexikon, Handbuch, wie immer man es nennen möchte. Als Journalistin fühlte ich mich natürlich verpflichtet zu gucken, was es sonst so gibt an Tips, Ratschlägen und Ideen zum Thema, unter den Schlagwörtern *Affäre, Fremdgehen, Seitensprung* wird man durchaus fündig. Diese Begriffe gehen mir nur widerstrebend über die Tastatur, Sie werden sie in diesem Buch auch nicht wieder finden, sprechen wir doch in unserem Zusammenhang nicht von *Affäre* oder *Betrügen,* sondern von Liebhaberinnen und Liebhabern, die mit Lust und Leidenschaft eine schöne, durchaus auch erotische Freundschaft pflegen.

Jedenfalls: Der Laie staunt, der Fachmann wundert sich, dachte ich nicht nur einmal beim Blick in einschlägige Kompendien. Ein amerikanisches Buch, das mir streckenweise durchaus gefiel, bestach durch einen irrwitzigen Grundansatz: Die eigene Ehe ist eigentlich am Ende, man kann sich (jetzt) nicht trennen aus unterschiedlichsten Gründen: Kinder, Geld, Job, möchte aber auf liebevolle Zuneigung nicht verzichten und sucht sich deshalb eine heimliche Nebenbeziehung. Wohlgemerkt: Basis des Unterfangens sollte die marode Ehe sein – vielleicht funktioniert das in den USA so, dachte ich.

Die Liebhaberinnen und Liebhaber, die ich kennengelernt habe, möchten sich keinesfalls am liebsten scheiden lassen, im Gegenteil: Sie schätzen ihre festen Partnerinnen und Partner. Die Zweit- oder Nebenbeziehungen werden aus unterschiedlichsten Gründen eingegangen, sicher ist jedoch, es geht dabei nicht um kurz mal Sex mit einem anderen, den berühmten One-night-stand, sondern durchaus um etwas Ernsthaftes, nicht auf eine begrenzte Dauer Angelegtes, einen Liebhaber eben. Liebhaberin und Liebhaber sind sich einig: Wir trennen uns nicht von unseren festen Partnern, die sollen von unserem Nebenglück auch nichts erfahren, wir wollen keinen neuen Anfang mit dem anderen, der anderen, nein, wir wollen keinen Alltag miteinander. Am besten, alles bleibt, wie es ist.

Weitere Ratgeberbücher überraschten mich vor allem mit ihrer ausgefeilten Technik – *So verhindern Sie, daß blonde Haare auf Ihrem Autositz haften: Wagen nach jeder Fahrt sorgfältig untersuchen* – und ihren Sinn für Sparsamkeit, die man auch Geiz nennen könnte: *Eine Affäre wird teuer – der Supergau wäre Scheidung plus Unterhaltszahlungen macht summasummarum – hier schon mal die Tabelle!* Wo bleibt da das Gefühl? Das, was uns wirklich interessiert?

Natürlich können auch Sie, **liebe eifersüchtige Partnerinnen und Partner,** also Menschen, die den Verdacht haben: Mein Partner, meine Partnerin betrügt mich, dieses Buch für sich nutzen.

Allein das zu wissen wird Liebhaberinnen und Liebhaber noch vorsichtiger sein lassen, was die Karten wenigstens wieder gerechter verteilt. Und sollten die Liebhaber im Vorteil sein, dann deswegen, weil ihnen Freude und Glück der heimlichen Beziehung überaus wichtig sind, und sie sich diese Liebe unbedingt erhalten wollen. Und das geht nur, wenn offizielle Partner und Partnerinnen keinen Verdacht hegen, ein Zustand, den man nur mit Sorgfalt und – so komisch es immer wieder klingen mag – Rücksicht erreicht.

Andererseits wird, wer einmal Verdacht geschöpft hat und seinen Verdacht hartnäckig verfolgt, früher oder später einen Fahndungserfolg melden. Jedoch ist der Triumph oft zweifelhaft: Wem ist wirklich geholfen, wenn man alles weiß?

Manche, die schon wissen, daß da eine *andere*, ein *anderer* ist, hoffen, daß Ihnen die Lektüre möglichst vieler Bücher zum Thema Verstehen hilft. Manchmal tauchen sie auch in meinen Lesungen auf: Da sitzt dann unter hundert vergnügten Zuhörerinnen und Zuhörern eine – ja, meist eine Frau –, amüsiert sich natürlich überhaupt nicht über das Vorgetragene, die Augen blicken traurig, die Lippen formen eine schmale Sichel, deren Enden klar nach unten ziehen.

Wenn dann die Diskussion beginnt, kommt irgendwann aus diesem Mund eine Frage wie: »Haben diese Männer und Frauen denn gar kein schlechtes Gewissen?« oder »Denkt da auch mal einer an die Kinder?« oder als klares Zeichen des eigenen übergroßen Schmerzes: »Haben Sie schon mal dran gedacht, in Ihren Büchern auch die betrogenen Ehepartner zu Wort kommen zu lassen?« Spätestens in diesem Moment ist Takt gefragt, denn allen anderen im Raum ist klar, daß in Büchern, in denen Frauen oder Männer von ihren *geheimen (geheimen!!!)* Zweitbeziehungen erzählen, nicht plötzlich ein Ehemann auftauchen kann, der berichtet: So werde ich betrogen! Ganz oft kommen nach der Lesung andere Frauen und sagen: »Ach Gott, die Arme, die ist bestimmt selbst betrogen worden – warum tut sie sich das an und liest jetzt auch noch drüber oder kommt in die Lesung?«

Da merke ich dann, daß Frauen bei allem Vergnügen, den die Liebhaber-Beziehung ihnen bereitet, doch immer ein Empfinden dafür haben, wie sehr eine aufgeflogene Liebhaber-Beziehung die Hauptpartner verletzen könnte. Auch wenn von althergebrachter Moral durchdrungene Kritiker diesen Frauen (und Männern) Verantwortungsgefühl und Rücksicht absprechen, kann von Rücksichtslosigkeit und Sich-Ausleben über die Köpfe und Herzen von anderen hinweg natürlich keine Rede sein: Ich habe *alle* Männer und Frauen, die mir von ihren Liebhaber-Beziehungen berichtet haben, fast immer als extrem bewußt handelnde, abwägende Menschen erlebt, die genau wissen, was sie warum tun. Diese Gebrauchsanweisung soll Ihnen dabei helfen, und wenn Sie hin und wieder über sich selbst schmunzeln, ist das auch nicht schlecht.

Sie werden in diesem Buch neben einigen handfesten Tips und Hinweisen viele Gedanken und Ideen der Frauen und Männer aus meinen Büchern finden. Sie werden dem ewigen Liebhaber Uli begegnen, benannt nach der wunderbaren Geschichte *Mein Mann ist die Erde, mein Liebhaber ist der Himmel.* Uli hat eine Frau, die heißt Anne, und dann gibt es noch Frank, den Ehemann der Liebhaberin mit Namen Gabi. Als der *stern* bei Erscheinen des ersten Liebhaber-Buches ausführlichst mit Titelgeschichte und Fotos berichtete, schwenkte Harald Schmidt, völlig aus dem Häuschen, extra hergestellte Pappen mit Fotos von anonym auf Hotelbetten plazierten Frauen und sprach den hinreißenden Satz: »Frauen, die so was machen, heißen immer Gabi.« Genau, und wenn sie sich ein Hotelzimmer reservieren, heißen sie idealerweise Müller, Meier oder Schmidt.

Ihnen allen viel Glück und Freude mit *Ich habe einen Liebhaber. Die Gebrauchsanweisung* – noch nicht grundlegend erforschte auftretende Neben-, Wechsel- oder Glückswirkungen melden Sie uns bitte unter: martina.rellin.post@piper.de

Ich habe einen Liebhaber – die Lebensform

Er zaubert Schmetterlinge in den Bauch

Plötzlich ist er da – der Liebhaber im Leben einer verheirateten oder anders fest verbandelten Frau. Ist einfach, plopp, da, wie das Teufelchen aus der Kiste ... Ist absichtsvoll herbeiorganisiert mittels Kontaktsuche durch Zeitung oder Internet ... Taucht überraschend auf aus den Tiefen der Vergangenheit, sei es die Schulzeit oder die Jugendfreundschaft. Im Idealfall bringt der Liebhaber auf wundersame Weise das lang vermißte Gefühl des Prickelns zurück. Endlich fliegen wieder Schmetterlinge im Bauch – und es versteht sich von selbst, daß *beide* an der Liebhaber-Beziehung Beteiligten das so empfinden, Frau *und* Mann.

> **Mein Mann ist für mich die Erde, mein Liebhaber der Himmel.**
> *Gabi, 44, Buchhändlerin*

Er ist übrigens in der Regel im offiziellen Leben ebenso gebunden wie sie, und darum wissen die zwei ganz genau: Wir genießen, was wir miteinander haben, nicht mehr und nicht weniger. Mit unseren festen Partnern hat das nichts zu tun, darum kommt Trennung oder Scheidung nicht in Frage.

Wir wollen in diesem Buch nicht so tun, als wäre die Liebhaber-Beziehung ein geschützter Raum, in dem ungute Gefühle nie und nimmer vorkommen. Aber tatsächlich empfinden Frauen und Männer ihre Liebhaber-Beziehung für gewöhnlich als Insel der Seligen, als Zuflucht des Glücks im Meer des Alltags – und sie tun sehr viel dafür, sich ihre heimliche Liebe neben der offiziellen Partnerschaft so lange wie möglich so glücklich wie möglich zu erhalten.

Wer so eine Liebhaber-Beziehung bis heute noch nicht erlebt hat, träumt oft wenigstens davon. Oder er fürchtet insgeheim ihre Sprengkraft – denn kann es das wirklich geben?

Eine zweite Liebe, eine heimliche Liebe, die nicht auffliegt, die die offizielle Partnerschaft, die Familie nicht aus den Angeln hebt? Ja, das gibt es.

Hunderte Männer und Frauen haben mich in den vergangenen Jahren ins Vertrauen gezogen und mir ihre Liebhaber-Geschichte erzählt, so wurde ich wie von selbst allmählich zur Expertin auf diesem Gebiet. Außerdem höre ich zwischendurch immer mal wieder von den mehr als 60 Frauen und Männern, deren Erlebnisse, Gefühle und Gedanken in meinen Liebhaber-Protokollbüchern festgehalten wurden, sie erzählen mir, wie sich ihre Zweitbeziehungen weiter entwickelt haben: Meist läuft immer noch alles prima, so wie vor drei, vier Jahren. Manchmal hat ein neuer Liebhaber den alten abgelöst. Höchst selten wurde dem Lebensprinzip Liebhaber abgeschworen.

Die Liebhaber-Beziehung als Lebensform – so bezeichne ich gerne das, was viele Frauen und Männer tun, was sie leben. Denn die Liebhaber-Beziehung, so wie Eingeweihte sie verstehen, ist keine kurzfristige Verwirrung der Gefühle, erst recht keine Krücke auf dem holprigen Weg heraus aus einer verkorksten Ehe. Der Liebhaber oder die Liebhaberin ist nicht Notnagel, Lückenbüßer, Sexobjekt oder Seelentröster – schon im Wort selbst steckt der wunderbare Inhalt *Lieb-haben*. Geliebte oder Geliebter wäre auch eine schöne Bezeichnung, leider ist das Wort so schrecklich verbraucht durch abfällige Formulierungen wie: »Er hat sich eine Geliebte zugelegt« oder »Er hält sich eine Geliebte«. Liebhaber-Beziehungen sind für die Beteiligten eine so wunderbare und vor allem auf Gegenseitigkeit und Gleichheit beruhende Sache, daß wir dies auch mit unserer Wortwahl würdigen sollten.

Werde ich gefragt, was das nun genau sei, die Liebhaber-Beziehung, erkläre ich das gerne so: Liebhaber-Beziehungen sind sehr intensive Freundschaften zwischen Männern und

Frauen, und diese Freundschaften schließen die erotische Seite ein.

Wer eine Liebhaber-Beziehung lebt oder anstrebt, weiß genau, was die ausmachen sollte: Hier begegnen sich Mann und Frau auf Augenhöhe. Es finden sich Männer und Frauen zusammen, denen es auch im offiziellen Leben, in den Hauptpartnerschaften, wichtig ist, daß Männer und Frauen sich gleichberechtigt verhalten. Emanzipation heißt für sie nicht nur, daß sich die Rolle und Lebensvorstellungen der Frauen in den vergangenen Jahrzehnten massiv verändert haben, weg vom ehemanngesteuerten Heimchen am Herd hin zur selbständigen, berufstätigen Partnerin. Emanzipation heißt für diese Menschen auch, daß es zu den nun veränderten Frauen auch die passenden Männer gibt. Diese akzeptieren und unterstützen die neuen Lebensentwürfe der Frauen, übernehmen ihrerseits mehr Verantwortung in der Familie und besonders für die Kinder. Kurz: Das Verhalten von Männern und Frauen in Ehe oder Lebensgemeinschaft hat sich in den vergangenen Jahrzehnten massiv verändert – und es wäre doch komisch, wenn das auf die außerehelichen Begegnungen und Beziehungen keinen Einfluß hätte.

Die Geliebte – das war gestern

Lassen Sie uns jetzt über ein echtes Phänomen staunen. Über die Unfähigkeit oder den Unwillen der Öffentlichkeit wahrzunehmen: Ja, da gibt es zwischen Mann und Frau etwas, das anders ist als früher – freier, lustbetonter, leidenschaftlicher. Das hört sich nach Revolution und Umsturz des Bestehenden an, oder? Ein bißchen schon, und das mögen die Sachwalter der althergebrachten Moral gar nicht.

Frauen mit Liebhaber wissen genau, was ich meine: Heimlich laufende, gleichberechtigte Zweitbeziehungen gibt es mehr als aufgeflogene Beziehungen oder die Konstellation verheirateter Mann mit alleinstehender, hingehaltener Geliebter – diese Art von Beziehung ist nun wirklich das Auslaufmodell aus den 50er Jahren des vergangenen Jahrhunderts. Aber was finden wir zum Thema Fremdgehen in den Medien: Immer wieder Titelgeschichten, Serien oder Enthüllungsstorys der Art *Hilfe, böse Hexe nimmt mir meinen Mann weg* oder *Die Geliebte – die Frau im Schatten*. Boulevardblätter pflegen diesen Blickwinkel ebenso wie Magazine oder Illustrierte.

Frauenzeitschriften mit ihrem eindeutigeren Themenspektrum stehen naturgemäß für jede Ausgabe unter Druck, immer wieder über Partnerschaftsthemen zu berichten – so wie sie auch beim ersten sich zeigenden Frühlingsgrün immer wieder den schnellsten oder lustvollsten Weg zur Bikinifigur weisen oder bei den ersten Schneeflocken die himmlischsten und bestechendsten Weihnachtsplätzchen preisen. Liebesthemen gehören eigentlich in jedes Heft, darum wird händeringend gesucht, werden angebliche Trends gepusht wie der von der fröhlich alleinstehend lebenden Frau in glücklicher Beziehung mit verheiratetem Mann oder der Trend bei jungen Frauen, von einer sexuellen Eroberung zur nächsten zu hüpfen.

Neben den Trends gibt es Bewährtes: Mein Mann geht fremd – verheirateter Mann hat Verhältnis mit alleinstehender Frau.

Nichts generell gegen Berichterstattung über die schmerzhafte Erfahrung, betrogen oder verlassen zu werden, meinetwegen auch weiter Texte über die ewige Geliebte – aber müssen wir uns diesen Blickwinkel gefallen lassen, der Frauen immer als Opfer zeigt, sei es als betrogene Ehefrau oder als hilflose, wartende Geliebte? Auf jeden Fall bekommen die Frauen in diesem Spiel schwache oder negative Rollen verpaßt.

Da ist die Geliebte – sie ist die Böse, die eigentliche Übeltäterin, Ehefrauen sagen über sie: »Diese Frau will mir meinen Mann, den Kindern den Vater wegnehmen. Sie zerstört unsere Familie.«

Wenn sich der Blickwinkel verschiebt, die bedrohte Familie nicht so sehr im Mittelpunkt der Betrachtung steht, darf auch die Geliebte mal ihr Leid schildern. Daß sie immer noch hofft, ihn ganz zu gewinnen, keinen anderen Mann ansieht außer ihn, den sie nicht haben kann. Sie wartet auf ihn, sie verbringen einen schönen Abend miteinander. Ist er gegangen, räumt sie die Sektgläser weg und weint einsam ins noch kuschelwarme Kissen.

Wann wird er endlich tun, was er immer wieder versprochen hat? »Das nächste Weihnachten feierst du nicht allein.« Oder: »Wenn die Große Abitur gemacht hat, lasse ich mich scheiden.« Nix da, alle Beteiligten wissen, so wird es nicht kommen. Manchmal versucht sie, sich zu trennen, und dann wird sie doch wieder rückfällig – eigentlich kein Wunder bei diesem tollen Kerl. Denn auch wenn der Mann als Hauptakteur zwar meist nicht supersympathisch wirkt, so ist er immerhin der aktive und damit doch irgendwie ein doller Hecht.

> »Man braucht eben zwei Männer.
> Einen für den Tag, der da ist,
> der einen auffängt. Und einen für
> die Nacht.«
> *Marie, 41, Pädagogin*

Es gibt solche Verhältnisse immer noch, aber viel weniger als früher, und außerdem ist ihnen die ausbalancierte Liebhaber-Beziehung heute zahlenmäßig natürlich überlegen. Das ist nicht verwunderlich, da Männer und Frauen ja heute auch in den Hauptbeziehungen anders miteinander umgehen als noch vor 50 Jahren – die hingehaltene, unglückliche Geliebte ist also ein Auslaufmodell.

Wie gesagt, leider schlägt sich das in der Berichterstattung bislang nicht nieder. Aber glaubt man Frauenzeitschriften, so interessieren wir Frauen uns ja ohnehin hauptsächlich für Mode, Kosmetik und Kochrezepte. Da nimmt es nicht wunder, daß auch die dargestellten Amouren und ihre Probleme meist hinter der Lebenswirklichkeit von Frauen hinterherhinken – nun gut, weil Sie sich weniger für Schnee von gestern als für die sonnigen Liebhaber-Beziehungen von heute interessieren, darum haben Sie ja dieses Buch in der Hand.

Drehen Frauen den Spieß um?

Wenn Sie in nächster Zeit – hoffentlich noch ganz angeregt von dem, was Sie hier lesen und was Sie dazu denken – im Freundes-, Bekannten- oder Kollegenkreis das Thema Liebhaber ins Gespräch bringen, dann werden Sie möglicherweise an diese Zeilen hier denken. Es begegnet Ihnen nämlich vielleicht der Moralapostel der gehobenen Art, den zu spezifizieren ich in den vergangenen Jahren reichlich Gelegenheit hatte.

Nein, ich meine jetzt nicht die simplen Moralisten, die einfach sagen: »Man muß doch immer ehrlich sein, das tut man nicht, seinen Partner belügen und betrügen, laßt uns alle artig sein.« Rhetorisch hochbegabt argumentiert der Kritiker (oder die Kritikerin) folgendermaßen: »Aha!!!! Jetzt drehen die Frauen den Spieß also um und nehmen sich einen Geliebten, einen Liebhaber!«

Haaaachhhh … Da hat jemand nicht verstanden, versteht nicht und wird wohl auch nie verstehen. Also, ganz langsam zum Nachvollziehen: »Frauen drehen den Spieß um« soll doch bedeuten: Jetzt verhalten sich Frauen ebenso wie Männer. Und wie haben sich die Männer verhalten? Offenbar nicht so, daß alle jubeln. Was haben sie gemacht, jahrhundertelang, fies, gemein, rücksichtslos? Sie haben sich eine Geliebte *gegönnt, zugelegt, gehalten.*

Es schwingt durchaus mit, daß da irgend etwas nicht ganz in Ordnung ist, und es ist auch klar, was: Diese Männer sind verheiratet, sie betrügen ihre Frauen! Herr Saubermann schleicht sich zu seiner Geliebten, der alleinstehenden Frau, verlebt ein paar schöne Stunden – und dann kehrt er mit gesundem Hunger an den familiären Abendbrottisch heim, guten Appetit.

So, und nun kommen die Kritikaster und sagen: »Fies, die Frauen von heute, sie drehen den Spieß um, sie gönnen sich einen Liebhaber.« Für den Quicky zwischendurch. Rücksichtslos und verantwortungslos betrügen sie ihre Männer. Frauen sind also auch nicht besser als Männer, nur anders gemein.

Nein, nein, und nochmals nein, so ist das nicht. Frauen sind nicht wie Männer, und eigentlich ist es sowieso nicht zulässig, sie mit den Saubermännern aus den 50er Jahren zu vergleichen. Nur selten kommt es vor, daß eine verheiratete Frau ihrem Liebhaber – den man in diesem Fall gar nicht so nennen möchte – verspricht: »Ich komme ganz zu dir, ich trenne mich von meinem Mann!« Und dann tut sie es doch nicht.

Wenn eine Frau liebt und sich trennen will, wird sie es wirklich tun. Den meisten Frauen wäre es gefühlsmäßig viel zu anstrengend und lästig, einen verliebten Mann dauerhaft mit Versprechen hinzuhalten. Sie hätten ein schlechtes Gewissen dem Freund gegenüber, er täte ihnen leid, wie er da so allein in seiner Wohnung bei Tiefkühlpizza sitzt, während sie zu Hause für die Familie die Möhrchen zum schmurgelnden Rinderbraten schabt.

Kommt dazu: Ein Schattenmann in einer Affäre mit einer verheirateten Frau, die er gern für sich hätte, wird irgendwann ein Ultimatum stellen. Offen oder nur für sich. Sei es, weil er endlich Klarheit haben möchte, sei es, weil er es vielleicht nicht mehr mit ansehen kann, wie auch sie sich in der

Situation quält, denn das tut sie meist. Das Ultimatum läuft ab, und dann ist er irgendwann weg.

Diese Konsequenz, die Bereitschaft, eine Entscheidung zu treffen, unterscheidet den Geliebten von der klassischen, hingehaltenen, duldsamen, weiblichen Geliebten. Darum heißt ein Mann in solch einer Situation in diesem Buch auch nicht *der hingehaltene Geliebte* sondern *der Schattenmann*.

Es kann also absolut keine Rede davon sein, daß Frauen den Spieß umdrehen. Nein, es ist einfach so, daß Menschen, die außerehelichen oder außerpartnerschaftlichen Beziehungen ablehnend gegenüberstehen, nach einem sehr einfachen Muster argumentieren: Was bei Männern nicht gut war, kann bei Frauen erst recht nicht gut sein. Und außerdem: Da sieht man's ja mal wieder, was bei der ganzen Emanzipation herauskommt...

Wo One-night-stand oder Seitensprung draufsteht, ist nicht Liebhaber drin

Es gibt sie noch, immer und immer wieder: Berichte übers Fremdgehen in der Form des One-night-stands, also der einmaligen Sache, gerne lokalisiert auf der Geschäftsreise (mit einem Kollegen...) oder im Anschluß an den Disco-Besuch (alkoholisiert...), meist verbunden mit großem Katzenjammer hinterher, weswegen dann gleich am nächsten Tag das Gewissen gegenüber dem festen Partner oder der Partnerin erleichtert werden muß: »Das und das ist mir passiert, geradezu über mich gekommen – tut mir sehr leid, tue ich nicht wieder...«

Ja, fein, und der andere soll jetzt verzeihen, was verzeihbar ist (war ja schließlich nur einmal!), keinesfalls soll er oder sie böse oder eifersüchtig sein (gibt's keinen Grund für, Liebling), und wer wird denn nun so nachtragend sein und fortan mißtrauisch werden?

Vertrauen Sie etwa den Therapeuten, die in den entsprechenden Artikeln gern davon reden, daß der gebeichtete One-night-stand der Beginn einer wunderbaren Freundschaft sein kann, weil man eine prima Gelegenheit bekommt, mit dem Partner endlich mal Grundlegendes zu klären? Die Erfahrung lehrt, daß nach der Generalbeichte eher das Gegenteil von Vertrauen herrscht, daß Mißtrauen und Streit gern zum Dauergast am Abendbrottisch werden. Und die wunderbare Freundschaft stellt sich wahrscheinlich eher mit dem Therapeuten ein als mit dem betrogenen Partner.

Sie, liebe Leserin, lieber Leser, begegnen den Tips rund um Seitensprung und One-night-stand mit Vorsicht. Schließlich wissen Sie, daß die Liebhaber-Beziehung ganz anders gepflegt werden muß, wenn man sie denn will. Aber natürlich kann es auch Ihnen passieren, daß Sie auf der Suche nach einer solchen Freundschaft an jemanden geraten, der nur die schnelle, einmalige Nummer sucht – nun, Ihre Alarmglocken werden schon rechtzeitig klingeln.

Wann kommst du?

Neues Glück für Effi Briest

Mit unglücklichen Geschichten vom Betrug hat die Literatur unser Bild, unsere Meinung von der außerehelichen Liebe geprägt: Eine Liebhaber-Beziehung – das kann ja nicht gutgehen!

Theodor Fontanes *Effi Briest*, 1894 als Roman veröffentlicht, ist eines der abschreckendsten Beispiele. Da ist die 17jährige Effi, Tochter des Ritterschaftsrats von Briest. Sie wird mit dem 20 Jahre älteren Landrat Baron von Instetten verheiratet, der auch schon ihrer Mutter den Hof gemacht hatte. Anfangs scheint die Ehe Effi zu bekommen – doch bald empfindet sie ihren Mann als zu steif, zu förmlich, außerdem läßt er sie oft allein.

Effi ist völlig unerfahren – aber ihr geistiger Vater nicht! Theodor Fontane billigt seiner Heldin Effi Briest also zu, daß sie spürt, woran es ihr mangelt: Huldigung, Anregungen, kleine Aufmerksamkeiten. Also das, was Frauen auch heute noch in ihren Ehen vermissen. Die junge Frau konstatiert: »Ich bin nicht so sehr für das, was man eine Musterehe nennt.« Sie brauche Zerstreuung, immer was Neues, »was ich nicht aushalten kann, ist Langeweile«.

Effi Briest ist eine junge Frau und einsam – da kommt der neue Bezirkskommandant Crampas wie gerufen, ein *leichtsinniger Damenmann*. Effi fühlt sich sehr hingezogen, leidet jedoch unter der Heimlichkeit des Verhältnisses und der Unschicklichkeit ihres Tuns.

Als Effi schon längst mit Familie in Berlin lebt, findet ihr Ehemann die Briefe ihres Liebhabers – und fühlt sich ohne große Leidenschaft verpflichtet, Crampas zum Duell zu fordern, wobei dieser stirbt. Das Unglück nimmt seinen Lauf, weil Instetten den gesellschaftlichen Regeln folgen muß: Er läßt sich scheiden, die Tochter bleibt bei ihm. Als Effi nach einer Begegnung mit ihrem Kind völlig zusammenbricht, nehmen die Eltern die von der Gesellschaft Ausgestoßene bei sich im Hause auf. Effi Briest stirbt an gebrochenem Herzen, aber sie entschuldigt ihren Mann, denn der »...war so edel, wie jemand sein kann, der ohne rechte Liebe ist«. Wie schrieb Fontane doch: »Instetten war lieb und gut, aber ein Liebhaber war er nicht.«

Arme Effi Briest! Theodor Fontane enthält uns vor, was zwischen ihr und Crampas genau geschah bei ihren einsamen Ausritten – wir erfahren aber, daß sich Effis Aussehen, ihr Auftreten veränderte, und können uns denken, was los ist. Der Liebhaber läßt Effi aufblühen, er gibt ihr auch Kraft und

Rückhalt, gegen ihren Mann aufzubegehren, der seine junge Frau ganz gern mit einer Gruselgeschichte in Schach hält: Angeblich spukt im Haus ein toter Chinese, und Effi grault sich wirklich allein zu Hause vor diesem Gespenst. Es ist Crampas, der ihr erzählt, ihr Mann habe sich schon früher beim Militär gern mit Gespenstergeschichten interessant gemacht und auf Untergebene erzieherisch eingewirkt, so wie jetzt auf seine arme Frau. Crampas ist Effi nicht nur Liebhaber, er ist ihr auch Freund, aber er bleibt natürlich Schürzenjäger – traurig, daß Effis Schicksal trotz der unerfüllten Liebe und des Endes der Affäre so einen schlimmen Lauf nimmt.

Nun leben wir nicht mehr im 19. Jahrhundert, aber Geschichten wie diese oder auch die von Tolstois *Anna Karenina* oder von Gustave Flauberts *Madame Bovary* sind bezeichnend für eine Moral, die bis heute nicht totzukriegen ist.

Genau wie Effi Briest in Preußen erging es Tolstois Anna Karenina in Rußland. Anna Karenina, unglücklich verheiratet mit einem steifen, gefühlsarmen Gatten, verliebt sich in den Offizier Graf Wronskij. Für ihn verläßt sie Mann und Sohn – doch leider entpuppt sich der Geliebte als mittelmäßiger Miesepeter, Eifersucht und Haß überschatten ihre Beziehung, Anna Karenina begeht Selbstmord.

Auch Emma Bovary, junge Ehefrau eines Landarztes, langweilt sich in ihrer Ehe. Der Geliebte, ein Gutsherr, macht ihr Leben aufregender, aber fliehen mag er nicht mit ihr. Emma sucht weiter Zerstreuung im Alltag der Provinz – als ihre offenen Rechnungen für erstandene Luxussächelchen gerichtlich eingefordert werden, sieht Emma nur einen Ausweg: Selbstmord.

Die Moral aller drei Geschichten liegt auf der Hand: Ehrenwerte Frau, laß die Finger vom Seitensprung, von der Affäre, das geht nicht gut aus, unglücklich, ausgestoßen von der Gesellschaft wirst du leben, zugrunde gehen, sterben, denn Ehebruch führt ins Verderben.

Heute ist das alles anders: Frauen müssen keine Angst mehr haben, daß eine Scheidung sie ins soziale und gesellschaftliche Abseits bringt. Die Emanzipation der Frauen, die Akzeptanz alleinerziehender Mütter, die Möglichkeit für Frauen, zwischen verschiedenen Lebensformen zu wählen, all das hat viel verändert.

Effi Briest, Anna Karenina oder Emma Bovary hätten heute viel mehr Möglichkeiten, ihr Glück zu finden. Und entschieden sie sich für ein heimliches Glück, bräuchten sie sich vor der Entdeckung nicht wirklich zu fürchten...

Wenn die Ehe funktioniert ...

Was hat die Ehe von Effi Briest aus dem 19. Jahrhundert gemeinsam mit den heutigen Ehen von Lisa oder Bettina, mit den Ehen von Ulrike oder Jutta – alles Frauen aus den Protokollbüchern? Na, was meinen Sie? Richtig, die nachdenklich stimmende Aussage: »Unsere Ehe funktioniert.«

Nehmen wir nur einige Beispiele: »Wir sind ein Team, wir haben eine klare Aufgabenteilung. Ich verdiene zwar mein eigenes Geld, mein Mann ist aber beruflich geforderter als ich, darum halte ich ihm den Rücken frei, was wir uns leisten können, wie wir leben, das geht eben nur zusammen«, sagt die 45jährige Lisa.

Annie, 28: »Das Leben mit Jens funktioniert. Er bietet diese Urbasis von Ruhe und Grundharmonie, die ich brauche, um mich wohl zu fühlen. Unser Denken und Fühlen ist in den wichtigen Fragen des Lebens im Gleichklang.«

Dagmar, 36: »Ich glaube, daß ich mit Joachim alt werde. Er ist ein zärtlicher Mann, ein wunderbarer Vater. Wir haben denselben Geschmack, ich achte und respektiere ihn. Er ist ein wundervoller Lebenspartner – der andere ein wundervoller Liebespartner.«

Das ließe sich fast unendlich fortsetzen. Frauen mit Liebhaber sprechen meist gut über ihre Männer, sie sind ihnen wichtig, sie respektieren sie, achten sie als Väter ihrer Kinder. Wie gerne die Frauen Zeit mit ihren Männern verbringen, gemeinsame Unternehmungen anstreben oder zusammen in den Urlaub fahren, hängt von verschiedenen Faktoren ab: Sind Kinder da, mit denen man als Familie gern zusammen ist? Teilen die Ehepartner gemeinsame Interessen, oder zieht es *sie* im Urlaub zum Baden in den Süden und *ihn* zum Wandern nach Norwegen? Und haben die beiden noch Spaß am Gespräch miteinander, sei es beim Spaziergang im Wald oder beim abendlichen Couch-Hocken mit einem Glas Wein?

> »Wenn ich meine Chefin am Montag früh sehe, weiß ich Bescheid. Sie hat auch so eine frustrierende Ehe wie die meisten. Ich glaube, ich habe nicht anders ausgesehen, bevor ich Rainer traf.«
> *Christine, 48, Angestellte*

> »Es ist leicht fühlbar, was Frauen suchen. Frauen wollen Abwechslung. Das ist ihre Sehnsucht nach dem anderen Leben, davon habe ich oft profitiert.«
> *Georg, 38, Künstler*

Je weniger von all dem da ist, desto wichtiger werden andere Gründe fürs Zusammenbleiben: Der Wunsch, nach außen ein intaktes Familienleben zeigen zu können. Das Bestreben, ein selbst gestaltetes Zuhause als sicheren Hafen im unruhigen Leben zu erhalten. Sicher auch manchmal materielle Gründe wie: Das Haus ist noch nicht abbezahlt.

Von den meisten Liebhaberinnen dürfen wir aber vermuten, daß sie sich scheiden lassen würden, wäre ihnen ihre Ehe wirklich unerträglich. Auch nur *wegen der Kinder* bleibt kaum eine mit ihrem Mann zusammen – Liebhaberinnen sind mutige, selbstbewußte Frauen, die ihr Leben im Zweifelsfalle völlig umkrempeln könnten.

Die Frauen, die mit ihren Ehemännern alt werden wollen, ihre Ehen auf Dauer oder auf jeden Fall für die nächsten

Jahre erhalten wollen, sind nicht selten von tiefer Vernunft gesteuert, sie sagen sich: Warum soll ich mit einem anderen Mann von vorne anfangen – nach einer gewissen Zeit wäre es auch mit dem neuen so wie mit meinem jetzigen Mann, auch bei uns zöge der Alltag ein.

Und das Spiel begänne von vorn: ein Liebhaber müßte her. Der Liebhaber, der den Frauen den Alltag ergänzt, ihnen für ihr Gefühlsleben das gibt, was über das bloße Funktionieren hinausgeht.

Nun haben offensichtlich nicht alle Frauen, deren Ehen nur noch funktionieren, einen Liebhaber, auch ist die einfach nur noch dahinplätschernde Ehe für die wenigsten Frauen ein überzeugender Scheidungsgrund. Viele Frauen, die heute mit Liebhaber leben, dachten, bei ihnen würde es auch einfach so weitergehen. Doch wenn es plötzlich anders ist, erscheinen die eigene und auch fremde Ehen in einem anderen Licht.

… und die Aufmerksamkeit fehlt

»Man wird als Frau für den eigenen Mann so gewöhnlich wie ein Bild an der Wand.« In diesen Satz packte Lisa *(Ich habe einen Liebhaber)* einen Teil des Dilemmas ihrer Ehe. Man wird nicht mehr ausreichend wahrgenommen, gewürdigt. Es geht nicht um so vordergründige Dinge wie: Er bringt keine Blumen mehr mit, er macht keine Komplimente mehr – wenn er das denn je konnte. Mit fehlender Aufmerksamkeit ist auch nicht gemeint, daß *er* keine Lust mehr auf *sie* hat. Wie sehr ihnen Aufmerksamkeit in ihrer Ehe gefehlt hat, merken Frauen meist erst, wenn sie einen Liebhaber haben.

Dieser Liebhaber sitzt dann nämlich mit ihnen im Restaurant, lacht und flirtet und erzählt, die Frau bekommt, was ihr lange fehlte, sie genießt die Lebendigkeit an ihrem Tisch.

Ein Blick in die Runde bestätigt ihr diesen Eindruck: An den anderen Tischen sitzen weitere Pärchen, haben sich offenbar nicht viel zu sagen, beide scheinen erleichtert, wenn endlich die mampfige Lasagne oder das exquisite Perlhuhn aufgetragen wird – da hat man wieder für zwei Minuten Gesprächsstoff (»Schmeckt's?« – »Hmh, aber in der Jagdklause neulich war das Fleisch zarter.« – »Ach ja?«).

Die Liebhaberin genießt derweil ihr angeregtes, nicht abreißendes Gespräch, kichert vielleicht in sich hinein: So sähe es bei meinem Mann und mir auch aus, wenn wir dort drüben säßen. Außerdem weiß sie: Essen muß nicht der Sex des Alters sein – sie bekommt nach ihrer Portion Tiramisu bestimmt noch ein weiteres Dessert.

> »Genug Frauen hatte ich immer. Ich liebe Frauen, ich verehre Frauen. Es ist doch schön für die Frau, wenn sie angebetet wird und ein Mann ihr zu Füßen liegt, während der eigene Ehemann gerade mal wieder gar nicht merkt, daß sie da ist.«
>
> *Uli, 51, Fotograf*

> »Wir haben nichts mehr miteinander unternommen, er hatte seinen Garten und das Fernsehen. Er hat diesen Abstand bis heute nicht richtig bemerkt, er leidet wohl auch nicht darunter. Aber ich habe gelitten.«
>
> *Gabriele, 38, Sachbearbeiterin*

Unter zu wenig Aufmerksamkeit buchen Frauen bei ihren eigenen Männern außerdem gerne: seine Unlust, mit ihr spontan zu verreisen, bestimmte Filme anzusehen, es sich zu Hause gemeinsam behaglich zu machen. Und natürlich fällt unter mangelnde Aufmerksamkeit auch, daß er die Defizite in der Beziehung nicht bemerken und schon gar nicht darüber reden will.

Unzählig die Versuche von Frauen, ihre Männer mit Hilfe von Büchern zu Partnerschaftsfragen ins Gespräch zu ziehen. So ein Buch liegt dann abends aufgeschlagen auf seinem Kopfkissen, wichtige Stellen sind angestrichen: *Rede mal wieder mit ihr. Streichle sie!*

Nix da. Mit einem lapidaren »Is' dein Buch!« ploppt er das Kompendium auf die andere Seite der ehelichen Bettstatt.

Daß ihnen zu Hause etwas fehlt, spüren, wie gesagt, viele Frauen. Für viele scheint das aber normal und unabänderlich. Daß die mangelnde Aufmerksamkeit zu Hause plötzlich halb so wild ist, wenn man sie woanders hundertprozentig kriegt, ist oft eine Überraschung.

Ironie des Geschehens: Sollte der eigene Ehemann plötzlich irgendwann selbst in eine Liebhaber-Geschichte verstrickt sein, ist das mit der Aufmerksamkeit kein Problem mehr – die kriegt dann die andere. Da wird telefoniert ohne Ende, gelacht und gescherzt, und auch die Wochenenden woanders sind plötzlich kein überflüssiger Luxus… Wenn sie das mitbekommt, mag das die Ehefrau zwar wurmen, aber andererseits ist sie froh, daß ihr Rest-schlechtes-Gewissen nun vollends entlastet wird.

… und Sex fehlt auch!

Den Klassiker *Meine Ehe funktioniert* haben wir schon kennengelernt, ich habe ihn wirklich in fast jedem Gespräch mit Liebhaberinnen zu hören bekommen. Dann folgte meist ganz schnell: »Mir fehlt etwas: Aufmerksamkeit, Aufregung«, manchmal auch ganz schlicht und direkt: »Sex.« Ja, denn es ist nicht so, daß immer Männer diejenigen sind, die mehr Sex wollen, und das auch nach vielen Ehejahren noch, während die Frau wahlweise Migräne oder ihre Tage hat. Oder sie geht schon mal früher ins Bett und stellt sich schlafend, sollte sie noch nicht sanft entschlummert sein, wenn er nach dem Spätfilm im Ehebett aufschlägt.

Ich war überrascht zu hören, wie viele Frauen klagen: »Mein Mann hat keine Lust, ich habe schon alles versucht.«

In Frauenzeitschriften liest man so was selten, in der Tagespresse, auch im Boulevard, noch weniger. Wo kämen wir hin, gestünden Deutschlands Männer ein: »Ich will keinen Sex! Weder mit meiner eigenen Frau noch mit einer anderen.« Man stelle sich die *Bild*-Zeitungsschlagzeile vor: »Schlappschwänze! Deutschlands Frauen in Not«. Wahlweise: »Sex-Alarm! Was ist los mit Deutschlands Männern?«

Das ist schwer denkbar, selbst wenn eine entsprechende, absolut ernstzunehmende Umfrage ergeben würde: Männer haben immer weniger Lust, aus welchen Gründen auch immer, ob sie nun zu müde sind, zu viel Streß bei der Arbeit haben, Sex ihnen überhaupt nicht so wichtig ist. Vielleicht ist's auch einfach nur so: Sex hatten sie *früher* gerne, jetzt reicht's.

Die Gründe sind egal: Wenn eine Frau gerne mit ihrem eigenen Mann schlafen möchte, dafür auch alles mögliche tut, aber bei ihm immer auf Granit beißt, ärgert sie sich. So wie Lisa (45): »Alles funktioniert prächtig. Aber sexuell haben wir uns sehr auseinanderentwickelt. Mein Mann will kaum noch Sex. Es fehlt die Anziehung. Ich habe versucht, an unserem Problem zu arbeiten. Ich bin in Dessous in seinem Arbeitszimmer aufgetaucht, es war schon fast albern. Aber irgendwann habe ich mich gefragt: Warum arbeite immer nur ich an unserer Beziehung? Das bist du dir jetzt einfach selber wert, daß du dich nicht von einem Mann abhängig machst. Jetzt suchst du dir einfach für den Sex einen anderen. Punkt. Aus.«

Wohlgemerkt: Lisa hatte sich um ihren Mann bemüht, so wie Millionen andere Frauen auch, und das Ergebnis des Selbstversuchs war: vergebene Liebesmüh.

Frauenzeitschriften und Psychotherapeuten werden nicht müde, für die Wiederbelebung Tips zu geben. Leckeres Essen kochen, Atmosphäre schaffen mit Kerzen und Wein, schreiben die Frauenzeitschriften – er ißt durchaus mit Appetit, aber ihren Hunger auf mehr, ihre erotischen Phantasien darf sie dann zusammen mit dem Geschirr abräumen, weil er nach dem üppigen Dessert nicht auch noch ein kalorienzehrendes will, statt dessen lieber spricht: »Ich ruf' noch mal schnell die E-Mails ab.« Sprach's und blieb den lieben langen Restabend im Arbeitszimmer. Na fein.

Paartherapeuten sagen gern: »Oh, da könnte eine Therapie Abhilfe schaffen: Man muß nur reden, zusammen herausfinden, was fehlt und warum, und dann ...« Ja, was und dann? Was, wenn der Mann überhaupt keine Lust auf so eine Therapie hat, warum auch, er hat ja a) kein Problem und muß deswegen b) auch über keins reden. Und selbst wenn – dann sitzt das Paar vielleicht c) irgendwann kichernd zu zweit auf dem Ehebett, die eine mit Dekolleté und Strapsen, der andere im Strickpulli und Jeans, weil der Paartherapeut gesagt hat: »Verabreden Sie sich doch mal mit dem eigenen Partner im Schlafzimmer wie mit einem Unbekannten, so wie am Anfang.«

Es ist eben nicht so einfach mit: Mach mir den aufregenden Macho. Immer wieder richtig erfrischend finde ich die Ehrlichkeit des Psychotherapeuten Michael Mary, der in seinem Buch *Fünf Lügen, die Liebe betreffend* das Schwinden der Leidenschaft in Langzeitbeziehungen als *ganz normal* und daher keinesfalls therapiebedürftig beschreibt. Gerade Liebhaberinnen sind oft sehr vertraut mit der auch von Mary gemachten Unterscheidung in Lebens- und Liebespartner.

Die meisten Frauen entscheiden sich nicht von heute auf morgen dafür, die Sexlücke in der Ehe mit einem Liebhaber zu füllen. Noch schwerer fällt es vielen, wenn nicht der *fehlende* Sex das Problem ist, sondern sozusagen der *falsche*: Die eine kriegt Kuschelsex und möchte lieber Ringkämpfe und Fesselspiele, die andere muß ständig genau das abwehren und sehnt sich nach simplem Schmusen und Streicheln.

Selbstverständlich versuchen die meisten Frauen, mit ihren Männern über diese Bedürfnisse zu reden, aber oft scheitern sie fulminant: Sei es, weil der Mann nicht drüber reden will oder weil sie dasselbe Dilemma erleben wie Gabi, 44: »Wie soll ich's meinem Mann sagen, wie ich's gerne hätte – das wird unerotisch.«

Wie ist das mit der Selbstbestätigung?

Das Wort Selbstbestätigung kann einen ziemlich blöden Beigeschmack kriegen, hört oder liest man es in folgendem Zusammenhang: »Frauen, die fremdgehen, suchen Selbstbestätigung.« Klar, haben die dringend nötig, das sind verhuschte, verzagte kleine Mäuschen ohne Selbstbewußtsein, die nicht in sich selber ruhen, nicht wissen, was sie wollen – und sie *suchen* natürlich etwas, was sie nicht *finden* werden. Besser, die Damen bescheiden sich und bleiben zu Hause.

Und wie klingt folgendes, was auch immer wieder zu lesen ist: »Bestätigung ist das Hauptmotiv für Männer bei Seitensprüngen.« Klar, schlaf ich mal mit 'ner anderen, bin ich ein toller Kerl, das muß ich mir hin und wieder mal bestätigen lassen. Den Männern wird immerhin zugebilligt, daß sie das, was sie da unbedingt zu brauchen scheinen, auch bekommen.

Kein einziger Mann und keine einzige Frau hat mir bei unseren Gesprächen in den Block diktiert: »Meine Liebhaber-Beziehung – klarer Fall von Selbstbestätigung von beiden Seiten!« Warum? Weil kein Mensch seine Liebhaber-Beziehung vordergründig dafür nutzt, das Ego aufzupolieren, sich lediglich Bestätigung zu holen. Natürlich erfahren Liebhaberinnen und Liebhaber auch Bestätigung – aber nicht um der Bestätigung willen, sondern weil sie sich auf Liebe und Leidenschaft einlassen, weil sie sich mutig und abenteuerfreudig erleben, verantwortungsvoll und fürsorglich. Es geht nicht darum, sich selbst zu beweisen, was man sich traut, eine Liebhaber-Beziehung ist schließlich keine Mutprobe und auch kein Test, ob man auf dem Markt der Eitelkeiten noch gefragt ist.

TEST   Sind Sie reif für die Liebhaber-Insel?

Wann hatten Sie das erste Mal den Gedanken, ein Liebhaber könnte mögli-
cherweise Ihr Leben bereichern?

O ▲   Jetzt, gerade eben, als ich diesen Satz hier las. Das
            Buch hätte ich mir natürlich nie selber gekauft –
            meine Freundin hat es mir geschenkt.

O ■   An meinem letzten runden Geburtstag, da dachte
            ich: Du bist jetzt 30/40/50 Jahre alt – was soll jetzt
            noch kommen?

O ●   Als mein Kollege Tim duschen ging und ich die
            Nase noch mal in das Kopfkissen drückte, auf dem
            eben noch sein Wuschelkopf lag.

Wie verleben Sie ein ideales Wochenende – mit Ihrem eigenen Mann?

O ▲/●   Er überrascht mich schon mittwochs mit der Ankün-
            digung: »Ich habe für uns von Sonnabend auf Sonntag
            im Schloßhotel gebucht – das ist dir doch recht?«

O ▲/●   Wir schlafen aus, frühstücken ausgiebig im Bett, lie-
            ben uns ein bißchen, dann gehen wir – je nach Wet-
            ter – raus, spazieren, oder wir fahren in die Therme.
            Abends kocht mein Liebling für uns…

O ■   Ich telefoniere mit meiner Freundin – er pusselt im
            Garten/räumt die Garage auf/installiert ein neues
            Computerprogramm.

(Wenn Sie bei den ersten beiden Fragen ehrlich geantwortet
haben, bekommen Sie ▲, ist diese Wochenendgestaltung für
Sie lediglich Wunschtraum, geben Sie sich ein ●)

Den Satz Ich fühle mich so richtig als Frau *würden Sie wie folgt ergänzen:*

O ▲   …wenn mein Mann mich für das Sonntagsessen
            zwar nicht lobt, die leergeputzten Teller mir aber
            zeigen: Es hat geschmeckt.

O ●   …wenn ich von meinem Liebhaber komme.

O ■   …wenn ich mich beim Aerobic im Spiegel sehe
            und denke: Der neue Sportdreß läßt mich richtig fit
            aussehen.

Ein Kollege lädt Sie zum wiederholten Male auf ein Glas Wein ein, heute abend sind die Kinder bei Freunden und Ihr Mann ist auf Dienstreise ... Sie sagen:

○ ● »Okay, um acht beim Italiener in den Arkaden«, und auf dem Rückweg nach Hause gönnen Sie sich in der Parfümerie noch ein Fläschchen schönes Schaumbad und einen Körperpuder.

○ ▲ »Ach, alles was wir besprechen müßten, können wir doch nächsten Dienstag im Meeting klären.«

○ ▦ »Hoppla, ich bin doch verheiratet.« – Und dann ärgern Sie sich den ganzen Abend beim Zappen.

Ihre beste Freundin aus Schulzeiten offenbart sich Ihnen beim Kaffeetrinken auf Ihrer Terrasse: »Ich habe einen Liebhaber. Und das ist nicht das erste Mal.« Ihre Freundin ist berufstätig, hat einen Mann und zwei halbwüchsige Kinder ... Sie sagen:

○ ● »Wenn das nicht das erste Mal ist, hättest du mich ja längst mal mitnehmen können zu so einem Disco-Ausflug.«

○ ▲ »Um Himmels willen, wenn das dein Mann erfährt, der läßt sich doch sofort scheiden. Wie schade um die Einbauküche!«

○ ▦ »Sag's nur, wenn du mal den Schlüssel zu unserer Ferienwohnung brauchst.«

Den letzten Orgasmus mit Ihrem Mann hatten Sie wann?

○ ▦ Orgasmus? Was ist denn das?

○ ● Ich glaube vorgestern – da schlief er, und ich dachte an unseren Nachbarn.

○ ▲ Ach, das ist bestimmt drei Jahre her, aber darauf kommt es doch nicht an, es ist auch einfach so schön, wenn er seinen Spaß hat.

Auflösung. *Drei* ▲ *und mehr: Wie sind Sie an dieses Buch gelangt??? Drei* ▦ *und mehr: na, na, na! Drei* ● *und mehr: Weiter viel Spaß mit Ihrem Liebhaber!*

Warum mache ich das eigentlich?

Ich fühle mich begehrenswert! Oder: Was Frauen wollen

Bibi, die Kunstlehrerin aus dem Buch *Mein Liebhaber*, unterhielt sich im Internet mit ihrem Liebhaber in spe, er fragte sie, wie es ihr eigentlich so gehe, mit und in ihrer Ehe. Sie antwortete: »Eigentlich bin ich glücklich.« Er fragte nach: »Eigentlich? Bist du glücklich – oder nur zufrieden?«

Heute meint Bibi, daß sie damals wirklich *nur* zufrieden war. Ihr Leben war schön mit den Kindern und ihrem Mann, der nur einen Fehler hatte: Er arbeitete zuviel – und er ist eben nicht der klassische Gefühlsduselige.

Bibis Mann arbeitet immer noch viel, und seine etwas kühle Art hat sich auch nicht geändert, aber jetzt hat Rolf Zeit für Bibi, gibt ihr all die Gefühle und Aufmerksamkeit, die Bibi so lange vermißt hat, angefangen bei der liebevollen SMS zwischendurch bis hin zum Beistand, wenn Bibi sich vom Schulleiter ungerecht behandelt fühlt. Bibi ist jetzt glücklich – seit sie Rolf hat.

So wie Bibi geht es vielen Frauen: Sie waren ganz zufrieden, seit vielen Jahren verheiratet, ihrem Mann möglicherweise immer treu – und plötzlich geht es los mit dem Liebhaber.

Wer nun die große Gefahr für die Ehe wittert, irrt: Gerade weil die ja *so im großen und ganzen* oder *eigentlich* okay ist, ist der Liebhaber nur noch das Tüpfelchen auf dem i.

Zum akzeptablen Alltag kommen nun auch noch lang vermißte Gefühle wie Romantik, die Freude, Neues zu entdecken, mehr und andere Erotik im Leben. Wie schön. Und gerade die *funktionierende* Ehe verträgt das ganz gut.

Ist der Liebhaber erst mal da, merken Frauen, was sie entbehrt haben. Sie spüren sich plötzlich wieder. Körperlich sowieso, aber auch Gefühle, die längst verschüttet geglaubt waren, tauchen wieder auf: die berühmte Aufregung vorm Rendezvous, mit Herzklopfen und allem Drum und Dran, die Adrenalinstöße, wenn man nur an den anderen denkt. Und nach und nach wächst das Empfinden: Das steht mir zu, diese tollen Gefühle, ich habe ein Recht darauf. Habe ich nicht immer zuviel zurückgesteckt, verzichtet? Für die Kinder, für meinen Mann, für die Familie überhaupt? Wie oft hab' ich überlegt, was die Nachbarn wohl denken! Damit ist jetzt Schluß, wie herrlich. Und das ganz ohne Groll, weil es vorher nicht da war! Das Glück, sich lebendig zu fühlen, überwiegt Gedanken an eventuelle Versäumnisse.

Viele Frauen berichten, daß sie, seit sie Uli kennen-

> »Warum soll ich mich von meinem Mann trennen? Ich kann mir keinen besseren wünschen, er sieht gut aus, er läßt mir alle Freiheiten. Bei meiner Kur habe ich begriffen: Ich muß mehr an mich denken, ich war jahrelang zuviel für andere da.«
> *Ute, 39, Altenpflegerin*

und liebengelernt haben, fünfe gerade sein lassen können. Wir wollen nicht so weit gehen zu vermuten: Wenn die Nachbarin plötzlich Unkräuter als Wildkräuter sehen kann und nicht mehr akkurat wie ein Schweizer Uhrwerk unautorisierte Halme in den Rabatten ausrupft, dann ist ein Liebhaber im Spiel – aber es könnte schon sein. Der Wunsch, ein bißchen mehr Zeit für sich zu haben, auch für Uli, aber eben auch für Sport, ein schönes Schaumbad, einfach nur fürs Rumlümmeln und die Seele baumeln lassen, bringt auch die Gelassenheit, sich dem Alltagsstreß ein bißchen zu entziehen. Wer sagt denn, daß man Bettwäsche bügeln muß, daß immer ausgiebig frisch gekocht werden muß – zumal gerade Kinder beim Anblick einer Tiefkühlpizza in Jubel ausbrechen.

Für alle Nichtliebhaber, insbesondere für betrogene Partner, mag es sich zynisch anhören, aber der betrogene Ehemann, die Familie – sie profitieren oft indirekt vom Liebhaber, weil die Frau im Hause jetzt vergnügter und ausgeglichener ist.

Frauen mit Liebhaber werden nicht müde zu betonen: »Mein Liebhaber sorgt dafür, daß es mir rundum gut geht, körperlich wie seelisch.« Dafür muß der Liebhaber sich nicht besonders auf den Kopf stellen: Schon seine Existenz, ebensogerne natürlich seine im Wortsinne *bloße Anwesenheit*, sorgt dafür, daß Frauen sich begehrt, attraktiv und weiblich fühlen. Das sieht auch die Umgebung, ganz oft fragen Kolleginnen, Schwester oder Freundin: »Was ist denn mit dir los, bist du verliebt?« Was natürlich in den meisten Fällen mit einem eleganten »Ach, das wird das schöne Wetter sein« abgebügelt werden muß …

Frauen mit nagelneuem Liebhaber, also wenn er wirklich der erste andere Mann seit Jahren ist, vergleichen gern: Wie sie vorher waren, *ohne* ihn, und wie sie sich jetzt *mit* ihm empfinden. Die Bilanz ist meistens: Ich fühle mich jetzt viel jünger und schöner als früher, viel mehr als Frau.

Oft habe ich mit einer, ja, wie sagt man, *schönen* hört sich so glatt an, es geht ja nicht um die Schönheiten aus den Hochglanzzeitschriften, also noch mal: Oft habe ich mit einer attraktiven, gepflegten Liebhaberin im Café gesessen, zugehört und gestaunt. Sie ist immer so gekleidet, daß sie in ihrem normalen Umfeld gewiß zu den Schicksten gehört. Wenn figurbetont drin ist – und das ist es oft – sitzt das T-Shirt auf Figur, und der Rock endet da, wo er unbedingt enden muß. Ist sie ein kleiner hübscher Moppel, verschwindet der bestimmt nicht grau in grau im Zweimannzelt, sondern weiß genau, daß es sehr aufregend sein kann, ein schönes Dekolleté auch gebührend zu zeigen. Und ich habe zwar schon Liebhaberinnen mit komplett grauen Haaren gesehen – was natürlich toll aussah, aber ich kann mich nicht erinnern, über die übliche Nachfärbefrist hinaus grau nachgewachsenen Haaransatz auf dem ansonsten rot leuchtenden Schopf erspäht zu haben. Nebenbei: Vorsicht bei Rot und anderen mutigen Neuheiten – auch wenn der eigene Ehemann wieder mal nichts merkt, so gibt es doch genügend andere aufmerksame Beobachter, beachten Sie deshalb die einschlägigen Warnhinweise ab Seite 129!

Also zurück zu der attraktiven Frau, die mir im Café von ihrem Liebhaber erzählt, ihre Augen blitzen, sie wirkt vergnügt und lebensfroh und lacht über sich selbst, wenn sie so etwas sagt wie: »Ich habe mich total verändert.« Auf mich wirkt sie, als wäre sie immer so gewesen – womöglich waren die Veränderungen gar nicht soooo groß.

Auf jeden Fall haben die Begegnungen mit Frauen, die einen Liebhaber haben, meinen Blick geschärft. Es

> »Meine Ehe, meine Familie, das ist alles top. Und trotzdem geht's mir noch besser, seitdem ich meinen Liebhaber habe. Es macht mir Spaß, ein Geheimnis zu haben, nur für mich allein.«
> *Diana, 40, Pharmazeutin*

muß nicht so sein wie bei der über 60jährigen, die ich in Hamburg aus dem Augenwinkel wahrnahm, wie sie da bei mäßiger Sonne gegenüber vom Hauptbahnhof draußen saß, allein vor einem leeren Eiscaféglas, zwar in Pelz gewickelt, aber es war doch noch recht kühl. Sie hatte dieses gewisse Strahlen, das sich sogar im Vorübergehen mitteilte – und an der nächsten Ampel tippt sie mir auf die Schulter: »Sie haben doch diese Bücher geschrieben – ich warte auch gerade auf meinen Liebhaber. Ja, das gibt es eben auch bei älteren Frauen.«

Manchmal bin ich in Gedanken meilenweit weg von der Arbeit, sitze vielleicht in geselliger Runde in der Pizzeria, schwanke noch zwischen Pizzabrot mit Parmaschinken und Ruccola oder doch vielleicht lieber Schwertfisch? Und dann sehe ich ein paar Tische weiter ein besonders lebhaftes Frauengesicht in einer Runde älterer Gleichaltriger, alle tragen dezentes Grau-Beige-Blau, nur dies eine Frauengesicht leuchtet über einer orange flirrenden Bluse und lacht beim Bestellen vergnügt dem Kellner ins Gesicht. Ich sehe was, was ihr nicht seht!

Sex? Oder: Was Männer wollen

Es ist ungerecht, Männern vorzuwerfen: Die wollen immer nur das eine, die suchen nur Sex. Vor der Ehe, in der Ehe, außerhalb. Man kann diesen Eindruck aber gewinnen, guckt man sich zum Beispiel die zahllosen Angebote im Internet an, die sich hauptsächlich an Männer richten. Die meisten Anbieter versprechen schnellen, unkomplizierten Sex – und lassen sich manchmal allein die Hoffnung darauf ordentlich bezahlen.

Auch im Internet findet man aber bei seriösen Vermittlern von Kontakten, bei denen das Ziel nicht die feste Partnerschaft ist, gerade für Männer den Hinweis: Paßt auf, bei Nebenbeziehungen ist es mit dem schnellen Sex normalerweise nicht getan, die Frauen erwarten mehr, auch Gefühle – und die stellen sich bei den Männern meist von alleine ein.

Wie die zweite Frau, die Nebenbeziehung, in das Leben gebundener Männer tritt, ist ähnlich unterschiedlich wie bei Frauen: durch Zufall, per Kontaktanzeige. Aber was muß passieren, damit ein Mann sich draußen umsieht? Vor Beginn der Zweitbeziehung ziehen Männer in ihrer Hauptpartnerschaft anders als Frauen kaum alle Register zum Wiederanfachen des Liebeslebens – wahrscheinlich ist auch das ein grundlegender Unterschied zwischen Männern und Frauen.

Sind Männer erst mal drin in der Nebenbeziehung,

können sie recht deutlich formulieren, was in der Ehe fehlte, wie zum Beispiel der 36jährige Thomas aus dem Männer-Protokollbuch: »Ich kenne meine Frau seit zwölf Jahren. Da ist mittlerweile eine Enge, es ist zu langweilig. Klar, man könnte alles hinschmeißen. Aber es hängt ja so viel Wirtschaftliches dran. Wenn man den Bereich Sex wegläßt, paßt es ja.« Beim 52jährigen Hartmut war es ähnlich: »Ich bin jetzt 32 Jahre verheiratet, das war das erste Mal, daß ich etwas mit einer anderen hatte. Bei meiner Frau hatte ich das Gefühl, Sex macht ihr keinen Spaß. Die Sache mit Inge war bei mir sexueller Notstand. Sex hatte in unserer Beziehung Vorrang.«

> »Seit ich Gabi kenne, von Anfang an, kann ich mit ihr über alles reden. Nicht, daß ich mich ausgefragt fühle, ich habe das Bedürfnis, ihr alles zu erzählen. Sie weiß bestimmt doppelt so viel wie meine Frau.«
> *Uli, 51, Fotograf*

> »Fremdgegangen bin ich schon öfter, aber eine feste Beziehung neben meiner Frau, so lange und so intensiv wie mit Eva, das erlebe ich das erste Mal. Ich wollte eigentlich nur Sex mit 'ner anderen Frau als meiner. Dann entwickelte es sich.«
> *Wolfgang, 49, Angestellter*

Und Steffen, der mit seiner Frau zwar durchaus noch schläft, ist immer noch ein wenig fassungslos, daß er zum Liebhaber wurde: »Ich bin seit 13 Jahren verheiratet, ich bin mit meiner Frau zur Schule gegangen. Wir haben uns unser Leben aufgebaut, drei Kinder bekommen. Das läuft alles ganz wunderbar. Ich frage mich: Warum tust du das? Aber in 'ner Zweitbeziehung probiert man Sachen aus, die man daheim nicht macht, es geht das Wildere, das Außergewöhnliche, das Fremde.«

Das klingt in der Aneinanderreihung verdammt nach: Langeweile in der Ehe, kein oder zu wenig Sex – da nehme ich mir noch eine für das, was fehlt. Interessanterweise kommt bei allen diesen Männern früher oder später das

Gefühl dazu, sie verlieben sich, lieben ihre Zweitpartnerinnen, je nach Temperament.

Und nicht wenige Männer finden in der Liebhaberin auch einen echten Freund, einen, mit dem sie reden können wie sie es mit ihren Männerfreunden bisher nie konnten.

Der 36jährige Thomas sagt über seine Freundin: »Ich könnte mir gut vorstellen, mit Marianne zu leben.« Hartmut glich mit Inge nicht nur seinen sexuellen Notstand aus, er genoß ihr mitreißendes Wesen: »Inge hatte den Drang: voll das rauschende Leben. Das war mir nicht zuviel, das gefiel mir.« Und Sven, der nicht müde wird zu wiederholen: »Ich frage mich, warum ich das eigentlich mache«, sich kaum eingesteht, daß es ihm wirklich sehr um den Sex mit seiner Freundin geht – für diesen Sven ist es noch schwerer zuzugeben, daß ihm die Geliebte und Mitarbeiterin auch am Arbeitsplatz, in der Firma, »Alltag und Vertrautheit« gibt, daß er, der zwar nie weiß, wann sie Geburtstag hat, dennoch ein Geschenk für sie besorgt.

Auch wenn es Männern oft schwerfällt, sich einzugestehen: Hoppla, ich habe für diese neue Frau ja Gefühle – die Gefühle sind da, oder sie stellen sich meist allmählich ein. Und plötzlich schwingt das, was Männer und Frauen in ihrer Nebenbeziehung wollen, in einem schönen Gleichgewicht: Spaß am Geheimnis miteinander, schöne Gespräche, aufregende Erlebnisse und natürlich Sex, oft neuen, unverhofften, leidenschaftlichen, der zusammen mit all dem anderen Neuen die Chance bietet, sich wie ausgewechselt zu fühlen.

Bitte nicht aus Rache oder als Druckmittel!

Wer glaubt, ein neuer Liebhaber könne eigene, wirklich starke Probleme in oder mit der festen Partnerschaft lösen, der irrt meist. Mal ehrlich: Das ist doch auch von anderen uns nahestehenden Menschen, die wir sogar schon länger kennen, meist zuviel verlangt, oder?

Es sind hauptsächlich Frauen, die manchmal auf die Idee kommen, ein Liebhaber sei das richtige, um ein Problem in der festen Partnerschaft zu lösen. Der häufigste Fall: Der Ehemann ist fremdgegangen. Nun will sie dies aus Rache auch tun, am besten nicht nur einmal, also als One-night-stand, den

> »One-night-stands, das sind meistens Frauen, die sich richtig überwunden haben, die machen das einmal, und dann heißt es: ›Ruf mich lieber nicht an.‹«
>
> *Arvid, 38, Innenarchitekt*

sie dann möglichst umgehend beichtet. So nicht, weil sie weiß, ihr Mann würde darauf kaum reagieren, jedenfalls nicht mit dem Engagement, das sie sich wünschen würde. Und schon gar nicht mit dem Versprechen: »Liebling, ich sehe nun, wie das ist, ich tu's nicht wieder.«

Nein, eine richtige Affäre soll her, ein passender Mann wird ausgeguckt, und dann soll's losgehen – aber meist klappt es nicht. Entweder macht sie einen Rückzieher, bevor es überhaupt richtig losgeht, oder sie springt in letzter Sekunde ab, weil sie *das* dann doch nicht kann – der einfühlsame Liebhaber in spe wird das auch spüren und seinerseits Abstand von so einer Annäherung mit Hintergedanken nehmen; wer möchte schon als Mittel zum Zweck benutzt werden?

Manchmal vertut die Frau sich auch völlig bei der Auswahl ihres Rachehelfers, und sie merkt erst spät, daß da einer gerne mitnehmen will, was sich ihm anbietet – leichte Beute möchte man ja nun wirklich nicht sein.

Gut, sie springt also hoffentlich noch rechtzeitig von der Bettkante. Macht sie es nicht, wird sie meist hinterher merken, daß ihre Affäre sie im Clinch mit dem eigenen Mann auch nicht weiterbringt.

Allerdings: Oft beginnen Frauen, die aus Rache fremdgehen wollten und sich dann doch bremsten, bei *passender* Gelegenheit, also wenn die Bedingungen und der potentielle Partner wirklich stimmen, doch noch eine Liebhaber-Beziehung. Dann ist der Rachegedanke *Du-wirst-schon-sehen-was-du-davon-hast* aber meist überwunden zugunsten eines kräftigen: Ich denke jetzt an mich, und mache, was ich will.

Von Liebhabern und Liebhaberinnen

Wer findet sich da in der Liebhaber-Beziehung?

Gleich und gleich gesellt sich gern oder *Gegensätze ziehen sich an* – was glauben Sie, wie Paare sich finden, offizielle Paare? Die Antworten fallen unterschiedlich aus. Ich habe jedenfalls festgestellt, daß Liebhaberinnen oder Liebhaber mit ihren festen Partnern meist durchaus die elementaren Vorstellungen von Paaren teilen oder teilten, etwa: Wir kommen im Alltag klar, wir wollen eine Familie sein, wir können miteinander alt werden, wir haben ähnliche Wertvorstellungen oder politische Ansichten…

Dennoch: Charakter oder Temperament desjenigen Teils des Paares, der irgendwann zur Liebhaberin oder zum Liebhaber wird, ist meist anders als Charakter oder Temperament des Ehepartners. Raten Sie, inwiefern… Genau: Liebhaberin oder Liebhaber sind eher extrovertiert, neugierig, interessiert an neuen Erfahrungen und neuen Menschen, fester Partner oder feste Partnerin sind eher ruhig, weniger auf neue Erfahrungen erpicht, weniger – hier paßt mal ein englisches Wort, für das wir keine Entsprechung haben – outgoing, also nach draußen orientiert.

Und draußen, außerhalb ihrer festen Beziehungen, finden sich also Liebhaberin und Liebhaber zusammen: Unternehmungslustig und aktiv genießen sie den Gleichklang ihrer Seelen und Körper, ihre Experimentierfreude macht natürlich auch beim Sex nicht halt. Dennoch wissen die meisten Liebhaberinnen und Liebhaber: Das, also *uns*, auf Zeit so zu erleben, ist wunderschön – im Alltag würde das nicht funktionieren, es wäre zu anstrengend. Das ist tatsächlich die wörtliche Formulierung, die oft fällt: Wir wären zu anstrengend füreinander, wir wären die Kerze, die von beiden Enden brennt... Zuviel des Feuers würde sie schnell aufbrauchen – aber auf die geheim sprühenden Funken wollen die heimlich Liebenden keinesfalls verzichten.

Wie lange die Beziehung hält, ist keinesfalls davon abhängig, wie oft man sich sieht: Manche telefonieren jeden Tag, sehen sich jeden zweiten, anderen reicht alle zwei Monate ein Treffen, und die Liebhaber aus der Ferne verbringen vielleicht sogar nur jedes Jahr ein paar Urlaubstage zusammen.

Umfragen zum Thema Fremdgehen schwanken in ihren Ergebnissen bekanntermaßen sehr, was auch daran liegt, wonach und wie gefragt wurde, ob nach dem irgendwann vollzogenen Seitensprung, nach der gerade laufenden Affäre oder der grundsätzlichen Möglichkeit, sich so etwas für sich überhaupt vorstellen zu können. Eines ist auf jeden Fall klar: Echte Liebhaber-Beziehungen sind in jungen Jahren weniger verbreitet als bei den erfahreneren Jahrgängen; vermuten wir die höchstaktiven heute ruhig zwischen 35 und 55.

Hatte ich zu Beginn meiner Recherchen zur Liebhaber-Frage noch erwartet, daß die Großstädter in dieser Hinsicht aktiver sein würden als Kleinstädter und Landbewohner, schließlich achten in der großen Stadt die Nachbarn weniger aufeinander, trifft man beim Gang durch die Gemeinde nicht ständig auf Bekannte und Arbeitskollegen, so wurde ich schnell eines Besseren belehrt: Liebhaberinnen und Liebhaber sind flächendeckend über die Republik verteilt, vorsichtig sein muß man sowieso überall, die modernen Kommunikationsmittel gibt's auch auf'm Dorf.

»Gibt es denn einen Unterschied zwischen Ost und West?« wurde ich bei Lesungen (im Osten des Landes) immer wieder gefragt. Meine Antwort: »Es gibt keinen Unterscheid – wenn Frauen im Westen denn einen Liebhaber haben. Im Ernst: Im Osten scheint das Liebhaber-Wesen weiter verbreitet zu sein. Was sicher am Selbstverständnis der Frauen dort liegt: Berufstätigkeit und Familie gehören für die meisten von ihnen zusammen, gerade für die Frauen über 40, das Alter, in dem es mit dem Liebhaber bekanntlich oft losgeht. Auch im Westen zeigt sich ja, daß Frauen mit Liebhaber eigentlich immer berufstätig sind.«

Eine gewisse – auch materielle – Unabhängigkeit, ist offensichtlich Voraussetzung auch für die freie Liebe. Die Hausfrau, die Hausarbeit und Kinder organisiert, ein bißchen Tennis spielt und mit frischer Maniküre, Pediküre und Frisur zum Schäferstündchen eilt, ist mir so nicht begegnet.

Hausfrauen halten ihrem Mann den Rücken frei – und sich keinen Liebhaber. Es ist eher der Ehemann, der ... Das war jetzt richtig tief aus der Klischeeschublade, ich weiß – aber vielleicht glückt auf diesem Wege doch noch, was bisher nicht gelang: eine Hausfrau zu finden, die mir ihre Liebhaber-Geschichte erzählt.

Kleine Typologie der Liebhaberinnen

Die Gelegenheitstäterin

»Ich hatte nur Langeweile« – so fangen oft die Berichte von Frauen an, die als Gelegenheitstäterin auf ihren Liebhaber stießen. Aus *Langeweile* wird dann im Internet gesurft, hopp, mal rein in den Chatroom, man hat ja schon so viel gehört, und dann ist da plötzlich einer, und es ist so nett, mit ihm zu schreiben, und dann …

Oder es werden wieder mal die Kontaktanzeigen gelesen (wirklich nur so …), aber diesmal greift die Hand wie von selbst zum Telefon, und es ist auch gleich jemand dran, der sagt: »Na, warum treffen wir uns nicht in einer halben Stunde im Bistro im Park?«

Oder es ist der Mann, der zufällig mit am Tisch sitzt im Café, erst verschanzen sich beide hinter ihrer Zeitung, dann fängt ein Gespräch an, und plötzlich merkst du: Huch, was für schöne blaue Augen.

Schwuppdiwupp ist unsere Gelegenheitstäterin drin in der Affäre. Sie unterscheidet sich von der Huch-wie-konnte-mir-das-passieren-Frau dadurch, daß sie durchaus lustvoll, spielerisch und ohne große Überwindung an die Sache herangeht, oft waren vorher wenigstens schon Gedankenspiele da: Was wäre, wenn, man könnte ja mal …

Gezielt aktiv werden war noch in weiter Ferne, aber dann entwickelte sich alles wie von selbst, und das war auch ganz in Ordnung so, die nötigen Überlegungen wurden nachgeholt und Grenzen klar festgezurrt: Es ist okay, was ich mache, bis hierher und nicht weiter, das bringt meine Ehe nicht in Gefahr.

»Ich hatte eigentlich immer einen Liebhaber. Oder zwei ...«
Die Frau, die das sagt, hat selbstverständlich auch *immer* eine
Hauptbeziehung – sonst wäre der zweite (oder dritte) Mann
nach ihrem Verständnis schließlich kein Liebhaber. Die Gewohnheitstäterin hat meist in jungen Jahren die Erfahrung
gemacht, daß sie Nebenbeziehungen ohne schlechtes Gewissen haben kann – und darum sagt sie sich: Warum drauf
verzichten?

Zumal die Gewohnheitstäterin mit ihrer Zweitbeziehung
zielgerichtet die Lücken schließt, die ihre Hauptbeziehung
läßt: »Mit meinem Freund teile ich dieselben Interessen, wir
haben ähnliche Ansichten zu Politik und Gesellschaft, wir
wünschen uns beide Familie – aber er ist so wenig spontan,
mit ihm kann ich keine verrückten Sachen machen.« Die
macht sie dann mit dem Liebhaber.

Nicht selten geht es auch schlicht um Sex: *Sie* hat eben
mehr oder andere Lust als der Mann aus ihrer Hauptbeziehung. Viele Frauen machen diese Erfahrung schon früh und
finden auch früh eine Lösung für dieses Problem, das heißt:
Ein Problem entsteht ja nicht wirklich, weil der Ausweg aus
dem Dilemma schnell bekannt ist.

Der Wunsch, mit Mann und Liebhaber zu leben, wird die
Gewohnheitstäterin nicht davon abhalten, zu heiraten oder
sich anders fest zu binden, es kommt sogar sehr häufig vor,
daß der Liebhaber *vor* dem Ehepartner da ist, sie heiratet aber
den, mit dem sie alt werden möchte. Der Liebhaber wird
sozusagen mit in die Ehe genommen – geht er, kommt der
nächste.

Soooo häufig ist die junge Gewohnheitstäterin nun auch
wieder nicht, aber es gibt sie. Oft jedoch entdecken Frauen,
die beim ersten Liebhaber betonen: »In meinen zehn / fünfzehn / zwanzig Ehejahren habe ich nie mit einem anderen

Mann geschlafen«, daß ihnen das Leben mit Liebhaber sehr gemäß ist. Dem ersten Liebhaber folgen weitere – und schon haben wir eine spät eingestiegene Gewohnheitstäterin. Auch Frauen, die sich den ersten Liebhaber kaum vorstellen können, werden oft schleichend zur Gewohnheitstäterin. Wenn nämlich der erste Liebhaber abhanden kommt, sich ein neuer einstellt und die Frau merkt: Es war nicht nur dieser spezielle erste Liebhaber, der mir guttat, nein, es ist die Konstellation, daß da eben noch einer ist. Was nicht heißt, daß die Auswahl beliebig, die Männer austauschbar sind, es muß schon immer ein besonderer Mann sein, damit er in Frage kommt.

Die Huch-wie-konnte-mir-das-passieren-Frau

Die Liebhaberin vom Typus Huch-wie-konnte-mir das-passieren hadert (unterschiedlich stark!) mit dem, was sie tut: Sie ist ähnlich wie die Gelegenheitstäterin in die Nebenbeziehung hineingestolpert, wollte die vielleicht aber gar nicht, ist in einem bestimmten Augenblick einem Impuls gefolgt: »Ich weiß bis heute nicht, warum ich ja gesagt habe, als er mich zum Wein eingeladen hat. Und als er dann noch gefragt hat, ob ich mit zu ihm nach Hause komme, habe ich aus mir unerfindlichen Gründen ja gesagt.«

Die Liebhaberin dieses Typus ist sehr zögerlich, sie plagen am stärksten Zweifel und schlechtes Gewissen. Die Frage: *Was mache ich da nur, ach, ach, ach* ist ihr ständiger Begleiter – nur sind eben auch für sie die wiederbelebten, manchmal auch völlig neuen aufregenden Gefühle so faszinierend, daß sie sich einfach nicht dagegen wehren kann. Meist ist sie richtig verliebt.

Sie genießt durchaus, was sie erlebt, aber es ist immer die bange Frage da: Wo soll das hinführen, wie soll es weitergehen? Denn diese Frau hat tief verinnerlicht, daß es eigentlich nicht gut ist, was sie da tut, sie möchte im Grunde ihrem Bild von der absoluten Treue gerecht werden, darum fragt sie sich auch: Müßte ich mich nicht von meinem Mann trennen und mit dem neuen Schatz zusammenleben? Meist wird sie dazu nicht die Initiative ergreifen, und darum wird es für sie dann ganz besonders heikel, wenn ihr Liebhaber plötzlich mit der Idee kommt: »Sag's deinem Mann, wir könnten doch gut ein Paar sein.«

Zweifel und Unsicherheit begleiten die Huch-wie-konnte-ich-Frau, und sie ist froh, wenn sie ebenso huch-huch wieder herauskommt: Der Liebhaber zieht weg, seine Frau bekommt etwas mit – endlich ein Grund, Schluß zu machen mit einem beruhigenden: »Und das ist auch besser so, ich habe gemerkt, mir ist so eine Beziehung viel zu anstrengend, das ist nichts für mich, ich fühlte mich hin- und hergerissen.« Geschätzter Anteil unter echten Liebhaberinnen: selten.

Die Romantikerin

Die Romantikerin weiß, daß sie ihren Liebhaber liebt (anders als ihren Mann natürlich), und sie kommt damit klar. Ganz wichtig: Sie fühlt sich auch von ihrem Liebhaber geliebt. Sie ist das klassische Pendant zum Liebhaber-Typ *Partner*.

Diese Sorte Zweitbeziehung ähnelt gewiß am meisten der idealen offiziellen Partnerschaft: Das Verliebtsein, die Freude aufeinander, die Lust miteinander hält oft Jahre an. Viele Frauen wissen: »Es ist so verführerisch, dann zu denken: Das könnte immer so sein! Warum will ich das eigentlich nicht für den Alltag? Es dauert immer eine Weile, bis ich mir klar-mache: Der Alltag käme auch in der neuen Beziehung unweigerlich.«

Trotzdem erörtert das partnerschaftliche Liebespärchen

immer mal wieder das Thema: Wie wäre es, wenn wir richtig offiziell zusammen wären? Aber beide träumen bei diesen Gesprächen ein bißchen utopisch vor sich hin, die Romantikerin meist (Frau eben…) ein bißchen mehr als er (wofür er dann oft eins übergebraten bekommt: »Du liebst mich doch nicht wirklich!« – Frau eben). Letztlich ist klar: Träumen ist schön, aber es sollte bei den Träumen bleiben.

Weil die Romantikerin das so genau weiß, kann sie die Zeit mit ihrem Liebhaber richtig lustvoll genießen, ihm eine echte Freundin sein, die berühmte zum Pferdestehlen (vor und nach der gemeinsam erlebten Leidenschaft). Diese beiden Partner wissen für gewöhnlich sehr viel voneinander über die Zeit, die sie nicht miteinander verbringen, sie erzählen sich, was im jeweiligen Alltag passiert, im Beruf, in der Familie, in der Ehe. So komisch es sich für Außenstehende anhört: Da werden dann auch Ratschläge für die Ehe gegeben, ganz ohne Hintergedanken – oder höchstens mit dem, es möge doch in der Hauptbeziehung alles schön funktionieren, damit es auch in der Nebenbeziehung gut läuft.

Wie sehr die beiden Nebenpartner aneinander hängen, merken sie manchmal, wenn sie plötzlich doch die Eifersucht erwischt: Auf den jeweiligen Ehepartner oder manchmal auch auf eine weiteren Person, mit der angebändelt wird – da wird dann deutlich, daß Liebe im Spiel ist, und die ist eben doch für gewöhnlich nicht völlig frei von Besitzansprüchen.

Frauen, die es wissen wollen

Es gibt viele Lebenssituationen, in denen Frauen sich fragen: Ob ich wohl noch einen abkriegen würden, wenn ich wollte? Annie, eine 41jährige Ingenieurin, hatte 40 Kilo abgenommen und wollte nun wissen: »Bin ich als Frau attraktiv?« Männer sollten ihr die Antwort geben. Sie sagt ganz nüchtern: »Ich wollte meinen Marktwert testen.« Ihr

Mann hatte offenbar keine Lust mehr auf Sex. Sie wollte das Gefühl loswerden, im Leben etwas zu verpassen.

Mal sehen, ob's geht – das sagen Frauen in bestimmten Lebenssituationen: Entweder haben sie sich körperlich oder seelisch sehr verändert, manchmal ist es auch einer der runden Geburtstage, der zum Anlaß genommen wird, auszuprobieren, was das Leben (auch mit anderen Männern) noch bereithält. Und manchmal werden Frauen vom Gespür geleitet: Mit meinem Mann ist es nicht leidenschaftlich, da muß doch noch etwas sein, das ich nicht kenne, ob da was ist – ich muß es probieren.

Dieser Wunsch, zu sehen, was geht, was möglich ist, wird getragen von einer gewissen Leichtigkeit: Alles kann, nichts muß. Frauen, die es wissen wollen, sind also nicht zu verwechseln mit Frauen, die sich in den Kopf gesetzt haben, ihren Mann jetzt unbedingt betrügen zu müssen, sei es aus Rache für sein Fremdgehen, sei es, um ihm einfach nur zu zeigen, daß sie es können, oder um sich selbst etwas zu beweisen. Nein, mit ihrem entschlossenen: Nun wollen wir doch mal sehen, wie das ist mit einem Liebhaber, verbrämen die unternehmungslustigen Frauen ihre Sehnsucht nach dem, was ihnen fehlte: dauerhafte Ergänzung und Abwechslung.

Die Frau mit mehreren Liebhabern

Manche Frauen haben nicht nur *einen* Liebhaber, sondern gleich *mehrere* gleichzeitig – manche dieser Liebhaber wissen das, manche nicht, das hängt ganz davon ab, wie das Verhältnis genauer aussieht. Meist sind Frauen mit mehreren Liebhabern Suchende: Oft haben sie die Liebhaberei erst vor kurzem für sich entdeckt und erkunden nun, was ihnen sexuell wirklich gefällt. Da ist der Wunsch zu vergleichen naheliegend.

Die Huch-wie-konnte-mir-das-passieren-Frau wird selten in mehrere Affären zugleich stolpern. Die, die mit ihrem Liebhaber gern ein anderes Ich probiert, auch über Kontaktanzeigen sucht, läßt sich gerne, gerade wenn es mit den Männern nett und unkompliziert läuft, auf neue Abenteuer ein, sie sucht sie geradezu.

Auch die Frau mit mehreren Liebhabern erreicht manchmal die Phase, in der dann doch *einer* genügt (ja, wie im wirklichen Leben), und die Monogamie mit Liebhaber wird dann auch als beglückend empfunden. Warum das so ist, liegt auf der Hand: Die Liebhaber unter vielen gehörten meist eher zur Sorte Sexhungrige oder Casanova – der *eine* ist dann der Typ Partner, Romantiker.

Die Experimentierfreudige

Egal, ob die Experimentierfreudige zufällig an einen Liebhaber geriet, ihn gezielt suchte, vielleicht auch gezielt für Sex suchte – auf jeden Fall ist sie (früher oder später) speziell daran interessiert, sich die Welt der Erotik zu erschließen. Entweder ganz neu, oder es geht um Dinge, die sie bisher nicht kennt, von denen sie träumt, um die ihre Phantasien kreisen. Meist hat die Experimentierfreudige zuvor vergeblich versucht, das, was sie möchte, mit ihrem eigenen Mann zu erleben.

Mit dem entsprechenden Partner traut sich die Experimentierfreudige in Sexshops, sie probiert die Liebe zu dritt oder im Swingerclub. Besonders häufig wird auch ein Partner für Rollenspiele gesucht, für Spiele mit Demut und Dominanz.

Das Experimentierfreudige geht wenig ängstlich an die Sache heran, ihr Motto ist: Was ich nicht kenne, sollte ich ausprobieren – es könnte mir schließlich gefallen!

Achtung Mogelpackung! Die Frau auf Partnersuche

Die Frau auf Partnersuche will eigentlich gar keine Liebhaber-Beziehung – sie hat sich meist innerlich von ihrem Ehemann schon so weit entfernt, daß die Trennung absehbar ist, aber sie traut sich aus typisch weiblicher Zögerlichkeit nicht ran an diese Entscheidung. Ihre außereheliche Beziehung hilft ihr dabei mit folgenden Varianten:

A – Die Beziehung fliegt auf (was nicht weiter verwunderlich ist, denn soooo vorsichtig ist die Dame auf Partnersuche ja nicht…), Trennung und Scheidung folgen auf dem Fuße, nicht selten heiratet sie ihren vermeintlichen Liebhaber, der ja gar keiner war, sondern: der neue Partner!

B – Die Dame klammert am Liebhaber, er trennt sich.

Variante A kommt wirklich oft vor, aber halten wir noch mal ausdrücklich fest: Diese Konstellation ist keine wirkliche Liebhaber-Beziehung, sondern vielmehr: Ehefrau im Abflug.

Er wirkt wie ein Medikament

Asta, 54, Sachbearbeiterin

Meine Ärztin hatte mir schon zu einer Kur geraten, meine Arbeit habe ich nur noch mit Mühe geschafft. Und das mir, die ich immer so ordentlich und diszipliniert war. Aber mir fiel alles immer schwerer, ich fand alles immer bedrückender, seit meine Tochter ausgezogen war. Das war natürlich nicht der einzige Grund für meine Depression, es kamen die verschiedensten Dinge zusammen damals, mein Mann war befördert worden und arbeitete abends oft lange, ich war sehr viel allein. Ich mußte mir von meiner Ärztin erst mal erklären lassen, was das eigentlich ist, was sie da bei mir feststellte: eine Depression.

Das ist vorbei, und Michael hat mir mir dabei geholfen. Er war einfach da, plötzlich, das heißt: Ich kannte ihn ja schon lange, er ist ein Kollege. Er arbeitet in einer anderen Abteilung, wir kennen uns schon elf, zwölf Jahre, wie man sich so kennt. Eine Weile waren wir auch zusammen beim Sport, Kegeln, Betriebssport, da war seine Frau auch dabei. Sie hat sich scheiden lassen, weil sie einen anderen hatte.

Irgendwann setzte er sich in der Kantine an meinen Tisch, er hat natürlich vorher gefragt. Wir saßen da alleine. Er sagte: »Willst du mir erzählen, was los ist?« Ich habe ihn angeguckt, als wenn er vom anderen Stern wäre. Was meinte er denn? Er hat gesagt: »Ich sehe doch, daß du traurig bist. Wollen wir heute abend zum Griechen gehen?« Für mich kam das so überraschend, daß ich ja gesagt habe. Warum auch nicht, keiner hätte sich was dabei gedacht, wenn er uns zusammen gesehen hätte, wir sind schließlich Kollegen. Es war ja wirklich ganz harmlos.

Trotzdem war mir irgendwie komisch, als ich um sieben losging – ich war noch mal zu Hause, hatte kurz geduscht, mich umgezogen. Mich bestimmt nicht aufgebrezelt, aber ich fühlte mich frischer, hatte auch ein schickes Hemdblusenkleid an, na ja. Er war schon da, war direkt aus dem Amt gekommen und sagte: »So gefällst du mir schon besser als heute mittag.« Ich sah wahrscheinlich entspannter aus.

Wir haben dann gegessen und erzählt, er von seiner Scheidung, wie schlecht es ihm danach ging, wie alleine er sich heute noch manchmal fühlt. Daß er deswegen wieder viel für sich unternimmt, er hat wieder angefangen zu schwimmen, hat Skigymnastik gemacht, um im Winter Langlauf machen zu können. Ich habe erzählt, daß mir auch oft die Decke auf den Kopf fällt: Mein Mann arbeitet oder ist unterwegs, für seine Politik oder den Sportverein, meine Tochter wohnt nicht mehr zu Hause. Ich habe früher immer so gerne für uns abends gekocht. Als ich das erzählt habe, sagte er: »Du kannst ja mal für mich kochen.« Da hätte ich schon hellhörig werden müssen.

Ob Sie's glauben oder nicht: Wir haben uns ein halbes Jahr getroffen, einmal die Woche, manchmal auch zweimal – ganz offen, ich fand nichts dabei, ich hatte ja nichts zu verbergen. Bis ich dann für ihn gekocht habe, thailändisch: Hühnchen in Kokosmilch, mit Ingwer, Zitronengras, er hat den Wein besorgt. Allein das Einkaufen in dem Asia-Shop, mittags für unser Abendessen, war für mich ein Erlebnis, ich habe mich ertappt, wie ich singend mit dem Einkaufskorb über die Straße gegangen bin.

Mein Mann war dieses Wochenende Dorsch-Angeln mit Politikerfreunden – ich hatte aber keinesfalls vor, das auszunutzen, daß er nicht da war, für mich war es einfach ein normaler Freitag, man konnte auch ein zweites Glas Wein trinken, ohne an den nächsten Morgen zu denken… Den erlebte ich dann in Michaels Bett, er brachte mir Frühstück, duftende Croissants, dazu Butter, Honig, Johannisbeermarmelade – ich hatte ihm erzählt, daß der für mich als Kind leckerste Kuchen kein Kuchen war, sondern frisches Weißbrot vom Bäcker mit viel Butter und selbstgemachter Johannisbeermarmelade von meiner Oma. Ich war also über Nacht dageblieben.

Ich denke, damals war ich aus meiner Depression schon raus. Vielleicht fiel das ja zusammen mit der Annäherung an Michael, kann sein, aber ich denke, daß er richtig großen Anteil daran hatte. Er hörte mir zu. Er machte mir Mut. Mein Mann hatte schon immer viel allein unternommen, bei mir war das nach und nach eingeschlafen, er sagte zwar immer: »Verabrede dich doch mal wieder mit deiner Schwester« oder »Wenn du *Titanic* sehen willst, guck dir den Film doch mit einer Kollegin an, so Frauenfilme sind nichts für mich.« Aber ich war immer passiver geworden.

So allmählich kam ich wieder aus mir raus, ich fuhr jetzt auch hin und wieder mit unserem Auto, mein Mann hatte ja meist den Firmenwagen. Mit dem Auto war ich dann auch mobiler, als es darum ging, mich mit Michael in der Natur zu treffen – mal im Café sitzen und schwatzen, das ging schon, aber anfassen oder so war natürlich nicht möglich, auch mit den Blicken mußten wir vorsichtig sein. Das Intime haben wir uns dann für den Wald, im Winter auch für unsere Pension aufgehoben.

Mit Michael war es sexuell von Anfang an erfüllend – es ist nicht so, daß mein Mann grob oder derb war, aber so wie Michael geht er nicht auf mich ein. Michael ist immer so darauf bedacht, daß es für mich schön ist, er gab mir vom ersten Abend an das Gefühl, die schönste Frau der Welt zu sein. Er kniete nach dem ersten Essen, dem asiatischen Hühnchen, vor mir nieder, sagte: »Und nun lehnst du dich schön zurück und bekommst als Dessert eine thailändische Fußmassage.« Mein ganzer Körper kribbelte, es ging mir durch und durch, als er meine Füße anfaßte, und ich spürte ihn bis in die Haarspitzen. Irgendwann lag ich auf einer flauschigen Decke, er zog mich nach und nach aus und streichelte und massierte meinen ganzen Körper, er verrieb duftendes Lavendelöl in seinen Händen, so daß es ganz warm wurde, und strich mir damit über die Haut. Es kam mir vor wie eine Ewigkeit. Als er mich dann ins Schlafzimmer einlud, hatte er da überall Kerzen aufgestellt, sanfte Musik lief, es duftete nach Zitronen und Orangen und war schön warm. Ich hatte meinen ersten Orgasmus seit Jahren mit ihm, ich habe geheult vor Glück.

Ich habe keine Idee, warum eine Frau sich von so einem Mann scheiden läßt. Für uns beide ist klar, daß ich meinen Mann nicht verlassen werde. Ich liebe ihn ja, anders als Michael, den liebe ich auch, ja, das kann ich so sagen.

Die Psychotherapie, die ich schon ins Auge gefaßt hatte, habe ich abgesagt, mein Leben hat sich verändert: Ich bin wieder mehr die selbstbewußte Asta, die ich als junge Frau war. Michael hat mir dabei geholfen – allein hätte ich viel länger dafür gebraucht.

Michael und ich wissen beide nur zu gut, wie der fade Ehealltag aussieht. Darum wollen wir gar kein offizielles Paar werden. Ich bin froh, daß ich spüre, er meint das wirklich so. Er bedrängt mich nicht, er klammert nicht. Muß er ja auch nicht. Denn er weiß ja, daß ich ihm erhalten bleibe. Was wäre, wenn die Sache mal auffliegen sollte, überlege ich mir dann. Ich bin ziemlich sicher, daß mein Mann nichts ahnt. Er hat auf jeden Fall gemerkt, daß es mir wieder gutgeht, und er freut sich richtig für mich.

Schluß mit dem Blümchensex, Gebieter

Carola, 38, Bioladen-Besitzerin

Mir war das ja nicht ganz neu: Ich hatte durchaus gemerkt, daß es mich anmacht, wenn es in Filmen ein bißchen härter zur Sache geht. Das war schon in meiner Jugendzeit so, also wenn ich zum Beispiel einen Western gesehen habe im Fernsehen: Der Cowboy will so ein Saloonmädchen küssen, die zappelt rum und kratzt und beißt, und er hält ihr dann die Handgelenke überm Kopf fest und drückt sie gegen die Wand …

Heute passiert es manchmal, daß ich mit meinem Mann Sven ganz friedlich auf dem Sofa sitze, es kommt so eine Szene: Der Held verbindet der Heldin die Augen, sagt etwas wie »Knie nieder…«, was sie dann prompt tut. Und haste nicht gesehen ist mein Mann Richtung Küche verschwunden! Da bastelt er sich dann in Ruhe ein Sandwich und kommt nicht wieder, im Zweifelsfalle macht er noch ein Bierchen auf und löst Kreuzworträtsel am Küchentisch. Ich weiß schon, warum er das macht: Ihm ist diese Sorte Sex peinlich! So ganz normales Küssen oder Beischlaf geht, da läuft er nicht weg. Na, dann guck ich die anderen Sachen eben alleine.

Ich habe schon versucht, von Sven das zu kriegen, was ich gerne möchte. Also, wir hatten drüber geredet, daß wir nach zehn Jahren Ehe doch beide wieder ein bißchen Pepp gebrauchen könnten, ich hatte das Gefühl, daß er eigentlich nur noch alle drei, vier Wochen seine Pflicht erledigt, immer im Schlafzimmer, immer alles gleich. Das reicht mir irgendwie nicht. Ich hab' gesagt, was ich mir so vorstelle – aber richtig geklappt hat es nicht.

Ich hab' dann wirklich meinen ganzen Mut zusammengenommen und im Versand ein schwarzes Korsett mit Strapsen bestellt, dazu schwarze Netzstrümpfe, ganz normal aus dem Kaufhaus. Einen schwarzen Seidenschal hatte ich auch besorgt. Allein die Vorbereitungen fand ich schon prickelnd.

Ja, dann kam eine günstige Gelegenheit. Es war ein Freitag, die Kinder waren schon von Oma und Opa abgeholt, nach ausgiebigem Schaumbad hatte ich mich gecremt und gepudert, den Tisch schön gedeckt fürs Abendessen, mit Baguette, französischem Käse und Rotwein, dazu Weintrauben und Erdbeeren... Sven kommt nach Hause, sieht gleich, daß ich Netzstrümpfe anhabe, sagt so was wie: »Oho, schick-schick...«

Na, wir setzen uns, essen, trinken, Schmusemusik im Hintergrund... Nach dem Essen bin ich dann aufgestanden – das hatte ich mir so vorgestellt –, hab ihm das Hemd aufgeknöpft, dann hab ich gesagt: »Jetzt kommt die Überraschung«, und bin in die Küche gegangen. Da bin ich raus aus meinem Kleid, rein in den Morgenmantel aus Seide, den hab ich offen gelassen. Mit Seidenschal um den Hals hab' ich auf Stöckelschuhen die Mousse au Chocolat reingetragen. Das war eine höchst erotische Szene: Ich, das gedimmte Licht, die Musik. Sven hat ein bißchen komisch geguckt, als ich gesagt habe: »Verbind mir die Augen und fütter mich.« Aber er hat es gemacht, und ich hatte dann im Bett schon das Gefühl, daß er leidenschaftlicher war als sonst.

Aber das war auch schon alles!

Es war ein schöner Abend, wirklich, aber ich hatte mir doch mehr erhofft: daß wir richtig miteinander spielen, daß er auf meine Wünsche eingeht, mich ein bißchen herrischer behandelt. Ja, ich würd sogar sagen: daß er mich einfach nimmt, benutzt für seine Lust, mich ein bißchen wie eine Hure behandelt. Er sollte sich eben richtig einlassen auf das Spiel mit der Unterwerfung. Das hat aber nicht funktioniert.

Sven hat später gesagt, daß er den Abend auch sehr nett fand, aber das, was ich will, ist eben nicht sein Ding, er hat es lieber kuschelig. Kuschelig! Dagegen hab ich ja gar nichts, aber wer will schon immer nur Blümchensex???

Ich finde es richtig erregend, wenn ein Mann sich nur meiner Lust widmet, wenn ich mich richtig hingeben kann, mich ausgeliefert fühle. So wie ich es jetzt mit Hermann erlebe. Genau. Den nenne ich im Schlafzimmer nur *Meister* oder *mein Gebieter*, das haben wir so abgemacht. Hermann habe ich durch eine Kontaktanzeige kennengelernt, die ich irgendwann völlig entnervt aufgegeben habe: » Mein Mann läßt mir alles durchgehen – unabhängiges, freches Weib möchte von klugem Meister lustvoll in die Schranken verwiesen werden.« Dazu eine E-Mail-Adresse – es kamen etwa 20 Mails, und ich habe beim Lesen gleich gemerkt, daß Hermann der Richtige sein könnte. Seine Frau hat schon lange gar keine Lust mehr auf Sex und hat bei allem, was Hermann vorgeschlagen hat, gesagt: » Das ist ja pervers...«

Hermann und ich wissen, daß das, was wir miteinander machen, nur Spiel ist, wenn wir zum Beispiel zusammen essen gehen, reden wir natürlich ganz normal, außer manchmal, wenn wir einen ganzen Abend inszenieren.

Ich habe in den letzten Monaten alles gelesen, was man zu dem Thema so kriegen kann, und ich muß sagen: Es ist mir völlig egal, warum mir diese Art Sex Spaß macht. Wenn

Manager zu einer Domina gehen, heißt es, sie bräuchten einen Ausgleich. Brauch ich dann eben auch, mit der großen Familie, dem Hund, dem Haus und dem Bioladen hab ich ja auch wirklich genug um die Ohren, da bin ich wohl auch so 'ne Art Managerin, nicht? Und noch was: Der Sex mit meinem Mann reicht mir jetzt völlig und macht auch mehr Spaß, weil ich woanders kriege, was mir fehlt.

Ich wollte nicht versauern

Sabrina, 34, Technikerin
An meinem 30. Geburtstag packte mich der Katzenjammer. Nicht wegen Falten, Älterwerden und so. Oder vielleicht doch. Egal. Ich fragte mich jedenfalls: Wie soll es weitergehen? Das Haus war eingerichtet, ich war fünf Jahre aus meinem Job raus, unsere Tochter entwickelte sich prima, aber ich hatte das Gefühl: Ich versauere hier. Ich kam mir immer grauer vor. Ich bin noch an diesem Tag zum Friseur gegangen und habe mir das Haar rot färben lassen. Hanna war in der Zeit bei den Schwiegereltern, als ich zum Kaffee hinkam, haben sich alle totgelacht: Pumuckl ist da! Aber das war mir egal. Es war eine nette Kaffeetafel mit der Schwägerin und Schwiegereltern und den Kindern. Aber sollte das nun mein Leben sein, hier in der Kleinstadt?

Nicht, daß wir uns mißverstehen, ich wollte nicht zurück in die Großstadt, wo wir vorher gelebt hatten, ich wollte auch nicht andauernd ausgehen und Halligalli haben – aber mir kam alles so festgefahren vor. Als ich abends zur Feier des Tages mit meinem Mann bei unserem alten Italiener in der Stadt war, habe ich das total genossen, Stefan hatte 30 rote Rosen mitgebracht, wir haben mit Champagner angestoßen – mein Mann ist ein Lieber, als wir dann miteinander geschlafen haben, war es auch wieder schön, liebevoll, zärtlich, alles. Aber alles lief eben in eingefahrenen Gleisen, auch unsere Liebe.

Ich habe mich langsam aus diesem Korsett befreit, ich fing gleich am nächsten Morgen nach dem Geburtstag an. Ich bin aufs Amt gegangen und habe mich nach Betreuungsmöglichkeiten für Hanna erkundigt – zufällig gab es gerade freie Plätze bei einer neuen Tagesmutter. Ich habe einfach behauptet, daß ich in zwei Monaten wieder anfangen würde zu arbeiten, dann hatte ich das Gespräch mit der Tagesmutter, das machte alles einen prima Eindruck.

Stefan habe ich erzählt, daß ich gern wieder arbeiten würde, er hat das auch verstanden, fand das mit der Tagesmutter eine super Gelegenheit. Und die Schwiegereltern waren ja auch noch da. Ich war so euphorisch und voller Tatendrang, daß ich selbst eine Stellenanzeige aufgegeben habe.

Stefan meinte dann, ich könnte doch auch in meiner alten Firma anrufen – und ich hatte Glück: Am Tag, als die Anzeige in der Zeitung stand, traf ich meinen alten Abteilungsleiter, und wir waren uns schnell einig, daß ich eine Mutterschaftsvertretung übernehme – ob die Mütter dann wirklich wiederkommen, ist ja fraglich, weiß ich ja selbst.

Natürlich habe ich mir meine Stellenanzeige noch angesehen, später sogar ausgeschnitten – und als ich so blättere, sehe ich die Kontaktanzeigen, lese, lache über eine, ein Mann, 44, suchte eine lustvolle Powerhexe. Genau so fühlte ich mich gerade, und weil ich so aufgedreht war, dachte ich: Dem schickste 'ne SMS, mal sehen, ob die langweilige Hausfrau eine Chance hat. Er simste postwendend, wirklich in Lichtgeschwindigkeit, zurück: In einer halben Stunde beim Griechen am Bahnhof? Daß er aus unserer Stadt war, wußte ich, weil außer Handy auch eine Telefonnummer von hier angegeben war. Ich simste zurück: klar.

Dann habe ich eine halbe Stunde drüber nachgedacht, ob

ich mich traue. Da war ich ganz schön vorgeprescht. Also: Ich bin dann hingegangen, wir haben uns gleich erkannt. Und der Funke ist sofort übergesprungen, wir haben so viel miteinander gelacht.

Das erste Mal miteinander geschlafen haben wir erst, als ich schon mit meinem Job angefangen hatte. Es hat sich natürlich alles ideal gefügt: Durch die Arbeit bin ich in meiner Zeiteinteilung freier, ich war sogar auf einem Lehrgang, und Wolfgang, so heißt er, war mit.

Mir hat ja vorher nichts gefehlt mit meinem Mann, auch sexuell nicht – aber mit Wolfgang kann ich richtig Blödsinn machen, und wir können auch beim Sex zusammen lachen.

Neulich haben wir uns für eine Bahnfahrt im ICE verabredet, er machte einen auf Exhibitionist, hatte also unterm Mantel oben rum nichts an und die Hose offen – ich sollte mich erschrecken und ihn dann verführen. Wir sind fast gestorben vor Lachen und haben uns zu zweit im Waggonklo eingeschlossen, das war dann die Sexy-Exi-Nummer. Humor und Sex ist eine Kombination, die ich durchaus vermißt habe. Das war mir nicht klar, und ich hätte es auch nie gemerkt, wenn ich damals nicht so in Aufbruchstimmung gewesen wäre. Nun läuft die Sache mit Wolfgang schon drei Jahre, wir sehen uns nur alle drei, vier Wochen, und meinetwegen kann's ewig so weitergehen.

Kleine Typologie der Liebhaber

Der Partner

Fast wie im richtigen Leben, nur eben geheim – so sieht die Beziehung einer Frau zu ihrem Liebhaber aus, wenn er ihr ein richtiger Partner ist: ein Freund zum Lachen, für gemeinsame Unternehmungen. Es ist eine Wellenlänge da – auch im Bett und an vielen anderen Orten. Überhaupt wird mit dem Ideal-Liebhaber nicht auf lauer Frequenz gesendet, wie Sie beide es zu Hause schon lange erleben: Sex ganz nett, vertraut, kuschelig, manchmal selten, manchmal regelmäßig, manchmal schon fast gar nicht mehr. Als Liebhaber-Partner haben sich zwei getroffen, die Phantasien und Wünsche kennen und sich trauen, die zusammen auszuprobieren. Ihr Sex ist nur die logische Konsequenz der Tatsache, daß sich hier ein Mann und eine Frau so prima verstehen.

Ist der Liebhaber vom Partner-Typ, kann es mit ihm auch Gespräche über den eigenen Ehemann, seine Ehefrau geben, und keine bösen, eher: »Nun hab doch Verständnis dafür, daß er sich im Job so aufregt über seinen Chef, das würde ich genauso machen. Statt zu meckern, könntest du ihm doch mal wieder was richtig Leckeres kochen.« Wirklich, ganz oft haben mir Frauen gesagt: »Mein Liebhaber zeigt mir manchmal Sichtweisen, eben die männliche Sicht, die es mir dann möglich macht, meinen Mann besser zu verstehen.«

Ist umgekehrt sicher genauso. Gut, daß die betrogenen Partner nicht ahnen, woher vielleicht manche ihnen ganz angenehme Verhaltensweise von Ehefrau oder Ehemann kommt. Es soll Liebhaberinnen geben, die ihren Liebsten auch schon mal vorm Geburtstag seiner Frau in eine Parfümerie schleppen, wo sie ihm dann helfen, einen Duft für die Ehefrau auszusuchen.

Die Liebhaber-Beziehung mit dem Partner-Typ lebt sehr stark von der Balance: Hier sind wir, da sind unsere jeweiligen Partner, und so soll das bleiben. Gerät Partner oder Partnerin mal zu sehr ins Schwärmen, leidet unter Verliebtheitsanfällen, holt sie der andere wieder auf den Boden der Tatsachen zurück.

Der Sexhungrige

Der Sexhungrige möchte nicht in erster Linie eine Gesprächspartnerin, eine Freundin für (heimliche) Unternehmungen. Er will, wie seine Typbezeichnung schon sagt: Sex.

Mehr Sex, weil er zu Hause zu wenig kriegt. Oder *anderen* Sex – er wünscht sich also vielleicht, Spielarten auszuprobieren, die seine Frau nicht mag.

Sex, in welcher Form auch immer – dagegen spricht wahrscheinlich nichts. Nur wenn Sie sich als Frau mehr als das eine vorgestellt haben, sich auch einen Mann zum Reden, Lachen, was weiß ich wünschen, eher den ohnehin sehr begehrten Partner-Typ – dann wird der Typ *Sex-und mehr-nicht* wahrscheinlich der falsche für Sie sein. Fehlt ihr das freundschaftliche Drumherum, wird sie sich voraussichtlich zurückziehen – oder sich sagen: Hier kriege ich nur Sex, der ist fein – nehme ich also das, was ich haben kann.

Das Überraschende bei der Beziehung mit dem Sexhungrigen: Es geschieht wirklich oft, daß der sich einläßt auf all die anderen Aspekte einer Freundschaft. Oft gehen Männer an eine Zweitbeziehung mit der Vorstellung heran: Mir fehlt nur Sex – und dann merken sie, daß sie in Wirklichkeit Nähe, Zärtlichkeit, Freundschaft, Reden, Abenteuer vermißt hatten.

Und, nebenbei bemerkt, Frauen, die dachten, ihnen fehlten hauptsächlich Flirt und Romantik, merken, daß in ihnen sehr wohl etwas schlummert, das nach mehr Sex, anderem Sex, phantasievollen neuen Spielen verlangt.

Der Casanova

Man erkennt ihn auf der Stelle, ob er als neuer Kollege in den Raum kommt, zur Party mitgebracht wird oder am Rande einer Tanzfläche nach Beute Ausschau hält: Es gibt sie noch, die echten Casanovas. Zu entlarven am sofortigen Scannerblick, sobald ein weibliches Beuteobjekt in Reichweite kommt. Als Ehemänner wollen wir solche Burschen nicht (es sei denn, der Casanova kann nicht nur glaubhaft versichern, sondern tatkräftig beweisen, daß er seinen ganzen Charme künftig nur noch für uns sprühen lassen wird – aber eigentlich glauben wir ja nicht, daß das geht).

Also, sich in einen Casanova ernsthaft zu verlieben, könnte unglücklich machen, als Liebhaber verspricht er jede Menge Spaß und Leichtigkeit. Kann sein, daß er mal – wie bei seiner richtigen, offiziellen (Ehe-)Frau, die er vielleicht durchaus hat, manchmal werden Sie auch wechselnde Hauptpartnerinnen miterleben – eine Verabredung verpeilt oder in unserer Gegenwart mit einer neuen Flamme flirtet oder eine alte anruft. Sobald er jedoch seine Aufmerksamkeit wieder der Liebhaberin widmet, ist er ziemlich unschlagbar: Mit Casanova gibt es Flirt, Erotik, auch Nähe und Vertrautheit – alles einfach um ihrer selbst willen, weil diese Gefühle solchen Spaß machen.

Liebe mit dem Casanova ist wie Tanzen mit einem Mann, der nicht der Dauertanzpartner ist oder werden soll, mit dem aber alles wie von selbst klappt: Anfassen, Rhythmus, Blicke, Lachen, die unglaubliche Leichtigkeit ohne Angst vor Komplikationen.

Der Schüchterne

Der Schüchterne oder auch der Gelegenheitstäter ist kein Massenphänomen. Bei Frauen passiert es öfter, daß sie eigentlich gar nichts mit einem Liebhaber im Sinn hatten – und dann plötzlich mittendrin sind in der Liebhaberei, sie haben es dann verstanden, die sich bietende Gelegenheit richtig zu nutzen. Unter Liebhabern ist der Mann, der auf den ersten Blick als Schüchterner oder Gelegenheitstäter zu identifizieren wäre, eher selten – das liegt wohl doch daran, daß Männer vorgeblich aus Lust auf Abenteuer und Erotik zum Liebhaber werden. Der Schüchterne oder der Gelegenheitstäter dagegen bemerkt erst in dem Moment, wo's losgeht oder schon läuft, daß da in ihm offenbar ein Bedürfnis schlummerte.

Wie sich das Verhältnis zu oder mit dem Schüchternen gestaltet, wird maßgeblich von der Frau abhängen, auf die er trifft: Ist sie eine mitreißende Gewohnheitstäterin oder eine Frau, die vielleicht wie er eine bestimmte Form der sexuellen Abwechslung sucht, läuft es wahrscheinlich unkompliziert.

Der Gelegenheitstäter ist der Typus Liebhaber, der sich seiner Gefühle in der Zweitbeziehung oft nicht sicher ist, er sagt Sätze wie: »Ich weiß gar nicht so genau, warum ich das eigentlich mache« – dabei ist es nicht so schwer, das zu wissen: weil es ihm Spaß macht, Lust bereitet. Aber ihn plagt ein bißchen das schlechte Gewissen, weil er etwas tut, das er so nie vorhatte. Er ist auch derjenige, der am ehesten mal eine Weile abtaucht, sich nicht meldet. Schüchterner oder Gelegenheitstäter verabschieden sich aus dem Bühnenleben, wenn es ihnen zu kompliziert wird – oder sie werden verabschiedet und trauen sich dann eben nicht mehr, wieder aufzutreten.

Die Urlaubsliebe

Schwierig, schwierig – wir meinen hier nicht die Blondinenfreunde an den Küsten aller Herren Länder, die auf das Eincremen und Abschleppen alleinreisender Urlauberinnen spezialisiert sind (der gesunde Menschenverstand sagt einem: lieber nicht, bei der Frequenz, HIV und was es sonst so alles gibt… – aber versagt der gesunde Menschenverstand, helfen hoffentlich wenigstens Kondome).

Nein, es sind nicht die Aufreißer gemeint, sondern Männer, in die sich Frauen im Urlaub wirklich verlieben, das können Männer aus der Urlaubsregion oder männliche Miturlauber sein. Auch die Männer verlieben sich, Mann und Frau könnten im wirklichen Leben ein Paar sein – aber auch hier waltet die Vernunft und sagt: Geht nicht, zu weit weg, zu unterschiedliche Leben, die Sprache, wer sollte umziehen?

Und doch ist da in kürzester Zeit Liebe und Vertrautheit, die oft über Jahre hält. Das sieht dann so aus, daß sie regelmäßig in ihrem Urlaub zu ihm fährt, entsprechende Dienstreisen mit Umwegen bastelt, und er macht es genauso.

Das kommt öfter vor, als man denkt – für ihren Partner zu Hause sind die regelmäßigen Spanischkurse oder ihr Bedürfnis, eine Woche im Jahr allein die Seele baumeln zu lassen, ganz selbstverständlich. Und zu Hause wundern sich Freunde und Bekannte, wie cool sie alleine in den Urlaub fährt – daß sie immer sehnsüchtig erwartet wird, ahnt ja keiner.

Der Esoteriker

Sie müssen nicht unbedingt Expertin für Mondphasen, die Heilkraft der Edelsteine oder Chakren und Auren sein, um an einen männlichen Esoteriker zu geraten: Diese Männer interessieren sich einfach für ein ausgesprochenes Frauenthema, und so kann es schon mal vorkommen, daß Ihnen so ein Mann in der Frauenbuchabteilung einer Buchhandlung begegnet, oder er ist der einzige Mann unter Frauen im Yogakurs. Sie können den Esoteriker aber auch einfach so kennenlernen, und er wird Ihnen angenehm sein, weil er gerne redet, gerne zuhört, Gefühle zulassen kann.

Das hört sich an wie der klassische Frauenversteher, der Softie, der sogenannte neue Mann, der vor Jahren so im Trend lag? Ganz egal, wie wir ihn nennen, gerne werden Männern, die gefühlvoller, weiblicher, spiritueller sind als andere Männer, etwas abwertende Etiketten angeklebt, vorzugsweise von Geschlechtsgenossen, die genau merken: Da hat einer Schlag bei den Frauen, ohne ein Macho zu sein.

Also: Keine Angst vor seinen Gefühlen, vielleicht empfinden Sie bald genauso – durch Massagen mit ätherischen Ölen, Liebespicknick bei Vollmond, Tees aus selbstgepflückten Kräutern. Und vielleicht kann er Sie ja auch zum Tantrakurs überreden, der Sie schon immer interessiert hat. Sollten Sie den raren Esoteriker gezielt suchen: Vielleicht sehen Sie sich mal in einer esoterischen Buchhandlung um, greifen sich dort ausliegendes Infomaterial für die verschiedensten Kurse und werfen einen Blick aufs Schwarze Brett.

Achtung Mogelpackung! Der Schattenmann

Als Liebhaber im klassischen Sinne erscheint er meist nur zu Anfang der Beziehung, da hält er sich an die Spielregeln, will sich nicht verlieben, will eine unkomplizierte Liaison, was man so sagt. Nein, der Schattenmann kommt nicht frontal auf Sie zu und sagt: »Laß uns einfach erst mal anfangen, irgendwann läßt du dich scheiden, und wir heiraten.« Dann hätten Sie ja ein Problem. Vermutlich, denn eigentlich wollen Sie Ihre alte Ehe nicht gegen eine neue eintauschen.

Der Schattenmann hat sich etwas ganz Schlaues ausgedacht. Er war solo – mal wieder, endlich oder eigentlich schon immer – jedenfalls gefiel ihm sein Zustand, und den wollte er erhalten. Darum dachte er sich: Such ich mir doch für die Liebe eine Frau, die verheiratet ist. Das hat für mich jede Menge Vorteile. Erstens hat sie nicht endlos Zeit, ich muß sie also nicht täglich treffen. Zweitens hat sie ja einen Mann, will also nicht nach einer Woche schon bei mir einziehen und Yucca-Palmen in meinem Wohnzimmer aufstellen. Und sie wird drittens auch garantiert nicht an mir rumklammern, das würde ja ihrer Ehe nicht bekommen. Was bin ich doch für ein gerissenes Kerlchen!

Ja, aber unser Stratego-Liebhaber vergißt dabei etwas ganz Wichtiges: seine Gefühle!

Es läuft nämlich überraschend alles anders als geplant: Plötzlich merkt er, wie er sich auf jedes Treffen mit seiner neuen Freundin freut! Und wie gerne würde er sie am Freitag abend zu der Party bei Freunden mitnehmen und als seine neue Flamme vorstellen – er fühlt sich so wohl in ihrer Gegenwart und hätte nicht schlecht Lust, stolz mit neuer Begleitung aufzutauchen. Könnte er ja, er ist ja frei.

Aber sie nicht.

Und weil sie das nicht ist, kann sie eben nicht mit, und er darf den Hagestolz spielen.

Sie seinen Freunden vorstellen geht also nicht. Aber das ist nicht alles: Er kann mit ihr auch nicht ins Kino, ins Theater, in Ausstellungen, alles Sachen, die man mit dem geliebten Wesen doch gern macht. Und spontan verabreden, einfach mal anrufen: »Hallo Schatz, ich hab Lust, dich zu sehen« – das geht auch nicht. Da ist unser Stratege plötzlich in einen Strudel geraten und hat sich gleichzeitig ins chancenlose Abseits katapultiert: Er ist der liebende Mann im Dunkel, der Schattenmann.

Er, der so cool rangegangen ist, hat sich verliebt. Das ist

ja auch irgendwie toll und schmeichelt dem Ego der Freundin durchaus. Aber dieser Mann kann schnell belastend werden.

Achten Sie auf den irgendwann auftauchenden Dackelblick *Keiner-wäre-dir-treuer-als-ich.* Vielleicht versuchen Sie noch, ihn daran zu erinnern: »Du hast gesagt, wir sollen uns nicht ineinander verlieben.« Und er wird wahrscheinlich sagen: »Ich verlieb mich ja auch nicht in dich.« Sie glauben es, weil Sie es glauben wollen – aber Sie spüren die Kritteleien: »Na, zu der Premiere wäre ich auch gerne mit dir gegangen, dein Mann hat es gut.« Oder: »Ach, Ihr wart baden am Wochenende? Tscha, mit mir würdest du ja nie schwimmen gehen, obwohl uns da doch wirklich nichts passieren kann.« Das nervt irgendwann.

Bis Frauen sagen: »Hilfe, stop, der klammert«, muß einiges passieren. Üblicherweise fühlen wir uns verantwortlich: Wir wußten ja, daß er allein ist und wir nicht. Natürlich kann es passieren, daß man sich in uns verliebt, so unansehnlich und uninteressant sind wir ja nun auch wieder nicht – und irgendwie tut uns der Mann auch leid, wir sind ja schließlich durch unser bloßes Da-Sein schuld an seinem Elend. Wir machen also lange mit bei dieser Art Beziehung, die Schuldgefühle dem Liebhaber gegenüber können wachsen – und auch die Angst, der eigene Mann könnte doch etwas mitkriegen.

Männer in so einer Situation – zu Hause die Ehefrau, die nicht verlassen werden soll, in ihrer Wohnung die hingehaltene Geliebte, die immer wieder zu hören kriegt: Sobald die Kinder aus dem Haus sind, lasse ich mich scheiden. Männer also in einer vergleichbaren Situation reagieren harsch, wenn die Geliebte rumzickt, lassen sich aber meist wieder (streichel, streichel) besänftigen.

Der Liebhaber in Wartestellung, der Schattenmann, wird selten wirklich auf den Putz hauen: Er wird Ihnen nur latent ein schlechtes Gewissen verursachen. Und meist wird er – ganz Mann – derjenige sein, der die Sache beendet: Er sagt sich irgendwann: Das habe ich nicht nötig, ich suche mir eine andere. Und über diese andere findet er üblicherweise dann den Absprung. Oder er setzt ein Ultimatum: heimlich, nur für sich (»bis Weihnachten noch«) oder das Ganze auch offen der Frau gegenüber. Und dann ist er weg.

Merkt sie dann, daß er ihr doch fehlt, ist die Chance nicht schlecht, einfach wieder anzufangen – bis zum nächsten Ultimatum.

Also: Vorsicht, die Wahrscheinlichkeit, daß ein Solo-Mann mit strategischen Liebhaber-Plänen sich verheddert, ist recht groß. Er kann sich in richtige Verzweiflung reinsteigern, zumal er meist bei seinen Aktivitäten zunehmend einsamer wird. Lernt er Sie kennen, passiert vielleicht noch nichts, dann erzählt er womöglich den Volleyballfreunden beim Bier, was für eine tolle Frau er kennengelernt hat. Die fragen zwei Wochen später nach: »Und wie läuft's?« Er rückt raus, daß Sie verheiratet sind. Die Jungs klopfen Ihrem Schatten auf den Rücken: »Na, komm, ihren Alten hebelst du doch aus, du bist doch bestimmt viel toller als der…«

Sie wollen ja aber gar nicht, daß Ihr Mann ausgehebelt wird, und Schatti hat keine Chance – klar, daß er den Jungs lieber nicht erzählt, daß sich mit seiner Flamme nix rührt, im Zweifelsfalle prahlt er lieber: »Die hab ich abgeschossen« –, und dann kann er mit niemandem über sein Problem reden, daß er immer massiver allein zu lösen versucht. Überlegen Sie sich's also zweimal. Kann natürlich auch mit so einem Mann ganz prima sein und völlig unkompliziert!

Lange hab ich mich gewehrt

Peer, 42, Dozent

Früher wäre ich auf eine Frau wie Beate sofort angesprungen, sie paßt genau in mein Beuteschema: blond, schlank – na ja, fast – frech, vielleicht ein bißchen klein. Also ich muß das genauer sagen: Sie paßte in mein Beuteschema, denn ich hatte nichts mehr mit anderen Frauen, seit ich verheiratet bin mit Steffi, wir kennen uns zehn Jahre, andere gab es seitdem nicht mehr. Beate und ich sind ein halbes Jahr umeinander rumgeschlichen, dann ist es doch passiert.

Ich war schon als Junge der, hinter dem die Mädchen her sind. Als ich meine erste feste Freundin hatte, da war ich 14, sie auch, baggerte eine 20jährige an mir rum, das hat mir natürlich geschmeichelt. Mit meiner Freundin lief noch nichts, also: sie hat nicht mit mir geschlafen, sie fand sich noch zu jung, das war auch okay. Aber dann kommt da eine und serviert dir alles auf dem Silbertablett, da hab ich natürlich zugegriffen. Die 20jährige hatte auch einen festen Freund, wir mußten uns heimlich treffen, einen ganzen Sommer waren wir immer im Wäldchen hinterm Schwimmbad, keiner hat was gemerkt. Die Mutter meiner gleichaltrigen Freundin war total froh, daß ich so vernünftig war, küssen und schmusen reichte mir – ist ja kein Wunder.

Also ich hatte oft noch eine zweite oder dritte neben meiner Freundin, eigentlich immer, oder mal eine zwischendurch. Egal, ob das fremde Mädels waren oder die Freundinnen von Freunden, ich war da hemmungslos. Die Mädels haben sich ja geradezu an mich rangeschmissen, es war so leicht, sie zu haben: Du sagst ein paar nette Sachen, irgendwas ist an jeder schön, wirklich, du streichst hier mal ein bißchen über den Arm oder legst wie zufällig die Hand aufs Bein.

Einmal hätte ein Kommilitone mich fast erschlagen, war

vielleicht auch ein bißchen dreist: Wir, also seine Freundin und ich, trieben es gerade im Ferienhaus seiner Eltern, wir hatten mit unseren Klamotten eine Spur von der Terrasse bis ins Badezimmer im ersten Stock gelegt, da vögelten wir gerade unter der Dusche, als er reinkam. Er mußte wirklich nicht mit mir rechnen, ich war gerade in der Nähe vorbeigefahren, wußte, daß sie da sind, und dachte, ich gucke einfach mal vorbei – Pech, daß er nicht da war.

Ja, ich habe aufgehört mit solchen Sachen. Das habe ich allerdings nicht richtig beschlossen, es ergab sich so: Ich hatte nach einem Autounfall länger im Krankenhaus gelegen, da war ich Anfang 30. Ich lernte Steffi kennen, sie wurde ganz schnell schwanger, und für mich war auch vorher schon klar, daß sie die Richtige ist. Ich mußte mich nicht mehr beweisen, besonders, als die Zwillinge da waren. Geflirtet hab ich natürlich immer noch, und alle denken bestimmt, wunder was da läuft, bestimmt auch mit den Studentinnen, das ist ja das klassische Bild: Professor und Studentin. Aber da war nichts mit anderen Frauen. Auch mit Beate anfangs nicht, die war neu am Institut.

Ich mußte mich aber echt gegen sie wehren. Wie die mich angeguckt hat: im Fahrstuhl, in der Mensa, das ging mir durch und durch. Irgendwann hat sie mich ins Gespräch verwickelt bei einer Dozentenrunde, da war mir schon alles klar, war nur eine Frage der Zeit, die ich sehr genossen habe.

Ihr ging es ähnlich wie mir, wir haben drüber geredet: Sie ist auch verheiratet, sie liebt ihren Mann, sie wollen Kinder. Wir müssen also aufpassen, denn sie will das Kind natürlich von ihrem Mann. Das wäre für uns beide schrecklich, wenn da was schiefläuft, aber das wird es nicht. Beate ist nicht ungeübt mit anderen Männern, sie kennt ihren Florian zwar seit bald 20 Jahren, aber sie hatte oft auch andere. Wir sind uns da ähnlich, wir sind sehr offen und denken beide:

Das Leben ist kurz, nimm mit, was du kriegen kannst. Ich hatte das lange vergessen.

Nach dem ersten Mal mit Beate war mir klar: Ich hatte was vermißt, aber gar nicht gewußt, daß ich es vermisse. Dieses irrsinnige Gefühl, wenn du das erste mal die Hand auf, tschuldigung, unbekannten Titten hast, riechst, wie die Frau duftet, merkst, wie sie sich an dich drückt, weil sie dich will – das gibt es mit deiner Ehefrau eben nicht. Steffi und ich schlafen noch miteinander, ich mag das auch, wirklich, ich begehre sie noch, aber nicht so, ja, wie soll ich sagen, animalisch, bei Beate ist der Kopf völlig ausgeschaltet.

Wir können uns auf dem Gang treffen, sie grinst mich an, ich grinse zurück, und es ist klar, daß wir nach dem Essen beide in der Tiefgarage verschwinden. Nee, also wir treiben's nicht gleich da, ich habe von einem Kollegen den Schlüssel zu seinem Atelier, das ist riesig, da haben wir uns ein Liebesnest gebaut, das heißt: Beate hat das gemacht, zehn Quadratmeter, nur Bett und Kissen, hinterher liegen wir da und gucken auf den Kanal. Irrsinn, mir kommt das immer vor wie ein anderer Planet: Wir verlassen die Erde, mit Lichtgeschwindigkeit geht es raus aus dieser Welt und rein in dieses winzige Universum, wo's nur uns und unsere Lust gibt, oft machen wir's zwei-, dreimal in zwei Stunden, das ging noch mit keiner anderen Frau.

Hört sich nach verdammt viel Sex an, oder? Aber so ist das nicht. Wir haben auch sonst eine Wellenlänge, schon durch die Uni, unsere Interessen, wir hören dieselbe Musik, Dub, Reggae, wir mögen dieselben Filme, wir gehen auch zusammen in Actionfilme, die findet meine Frau voll daneben und Beates Mann auch, um so besser.

Wir reden auch viel: Beate war für mich von Anfang an wie ein Freund, den ich ewig nicht hatte, mit ihr kann ich den ganzen Abend Rotwein trinken und wie früher die Welt revolutionär aus den Angeln heben. Das hat alles mit meiner

Beziehung zu Steffi nichts zu tun, ich liebe sie und unsere Kinder, ich würde das alles nie in Gefahr bringen.

Neulich hab ich in einer Männerzeitschrift gelesen, daß Männer sich eben beweisen müssen, indem sie fremdgehen. Ich fand das albern, das habe ich nicht nötig, mir hat nichts gefehlt in meiner Ehe. Das mit Beate ist auch Liebe, ich kann da vergleichen, ich weiß doch, wie das früher mit anderen Mädels war, da ging's echt nur um das eine.

Ich glaube, ich bin erwachsen geworden. Ich mag mein offizielles Leben, Job, Familie, Steffi, unsere Urlaube, die Wochenendausflüge – aber mit Beate merke ich, daß eben alles doch noch nicht so eingefahren ist. Und ich glaube sogar, daß Steffi indirekt davon profitiert: Ich gebe mir Mühe, ihr mehr Aufmerksamkeit zu geben. Allerdings auch nicht zu viel, damit sie nicht mißtrauisch wird.

Sollte Steffi mal was mitkriegen, werde ich alles abstreiten, Beate und ich haben uns das ausgemacht. So schwer dürfte es nicht sein, denn wir sind ja Kollegen: Da ist es normal, daß man zusammen gesehen wird, und in flagranti erwischen lasse ich mich seit der Nummer im Ferienhaus nicht mehr.

Planet heimliche Liebe

Auch Liebhaber sind vom Mars

»Dieser Arvid ist ja nicht gerade sympathisch!« Mehrere Zuhörerinnen waren sich darin nach meiner ersten Lesung aus dem Buch mit den Männerprotokollen einig – da stand ich nun im Roten Salon der Berliner Volksbühne, und ich nahm die Kritik der Frauen etwas hilflos entgegen: Was mochten Sie an Arvid nicht? Vielleicht etwas, das Frauen an Männern generell nicht mögen?

Ich hatte Arvid bei unseren Interviews ausgesprochen sympathisch gefunden mit seinem spitzbübischen Blick, diesem Lächeln, das besonders dann Fältchen um die Augen machte, wenn er von Erlebnissen mit Igel erzählte, seiner Freundin. Er hatte von besonders frechen Betrugsmanövern erzählt, er war durchaus stolz auf seine verschiedenen Eroberungen neben Igel, er hatte über seine Freundin auch ganz cool gesagt: »Bei mir ist das keine Liebe.«

Das war den Zuhörerinnen in der Lesung besonders im Ohr geblieben. Die Zwischentöne waren offenbar bei meinem Vorlesen zu schnell verrauscht, etwa die Tatsache, daß Igel gern ein Wochenende mit Arvid verbringen würde, ihm ist das nicht so wichtig, aber: »Ich mache das, ihr zuliebe.« Na ja.

Ich beschloß also, diese Geschichte nicht mehr vorzutragen, um Mißverständnisse zu verhindern – als wunderbar geeignet zum Vorlesen erwies sich später die Geschichte von Norbert, der sowohl seine Freundin als auch seine Ehefrau liebt, und das auch so sagt.

Die Reaktion der Zuhörerinnen hatte mir bestätigt, was ich schon bei den Gesprächen mit den Frauen und Männern über ihre Liebhaber-Beziehungen gemerkt hatte: Es gibt grundlegende Unterschiede, mit welchen Erwartungen Männer und Frauen jeweils so eine Liebhaberei beginnen. Sie erleben diese Beziehung unterschiedlich, und sie erzählen auch unterschiedlich darüber. Eigentlich nicht erstaunlich: So verhält es sich bei den offiziellen Beziehungen ja auch!

Daß Frauen beim Liebhaber Gefühle wie Romantik, Abenteuer, Schmetterlinge im Bauch suchen, wissen wir. Die meisten betonen, wie wichtig ihnen die Freundschaft zu diesen Männern ist, die Gespräche … – und sie schwärmen von der körperlichen Liebe, von wieder oder neu entdeckter Erotik, vom Mut, Phantasien auszuprobieren. Erst die Seele, dann der Körper – genau in dieser Reihenfolge berichten

Frauen zumeist von ihrer Liebhaber-Beziehung, so scheinen auch die Beweggründe gewichtet, überhaupt eine Liebhaber-Beziehung zu beginnen.

Und die Männer? »Sie wollen immer nur das eine«, heißt es nach wie vor, warum sollten ausgerechnet Liebhaber da aus der Reihe tanzen? Klar wollen Männer Sex, und sie stellten es in den Gesprächen für die Bücher auch gerne so dar, daß Lust auf sexuelle Abwechslung ihr Antrieb dafür war, sich eine Freundin zu suchen, eine Beziehung zu beginnen. Das ist aber nur der Anfang des Gesprächs, in dessen Verlauf dann auch die Männer von ihren Gefühlen, von Freundschaft, von Liebe berichten.

Ich fasse mittlerweile gern folgendermaßen zusammen, was sich Männer und Frauen von einer Liebhaber-Beziehung jeweils wünschen: Männer wollen Sex und räumen Gefühle ein, Frauen wollen Gefühle und räumen Freude am Sex ein. Männer und Frauen kommen also auf einen gemeinsamen Nenner, der sich so umschreiben läßt: Die ideale Liebhaber-Beziehung ist eine Freundschaft zwischen einer Frau und einem Mann, die über das Platonische hinausgeht, die also Erotik mit einschließt.

Frauen berichten über diese Beziehung anders als Männer – weil sie eben Frauen sind. Für die Frauen war ich meist nicht die erste Gesprächspartnerin, eigentlich alle haben eine Freundin oder Freundinnen, Schwester, Mutter oder Tochter, die eingeweiht sind, mit denen durchs bloße Erzählen die Freude geteilt wird – und wenn es mal notwendig ist, können die Frauen auch Trauriges erzählen, denn geteiltes Leid ist halbes Leid. Frauen sind es ja gewohnt und entsprechend geübt darin, über Gefühle zu reden – wir verstanden uns beim Reden für gewöhnlich ohne größere Probleme.

Hatte ich das, was die Frauen mir erzählten, zu Papier gebracht, wurde geprüft: Stimmt auch alles? Im großen und ganzen meist ja, wenn aber korrigiert wurde, ging es um das genaue Beschreiben der Gefühle: »Ich möchte doch noch genauer sagen, was ich für meinen Mann empfinde, ich will nicht, daß er irgendwie schlecht wegkommt, da würde ich ihm unrecht tun.« Wohlgemerkt: Nie sollte der Ehemann überhaupt davon erfahren, daß seine Frau einen Liebhaber hat – und daß das auch noch aufgeschrieben wurde. Auch die Feinheiten im Gefühlsleben gegenüber dem Liebhaber wollten die Frauen meist gaaanz genau ziselieren – und sie erwarteten auch durchaus, daß die Liebhaber dies später lesen und wertschätzen.

Oft wurde ich bei Lesungen gefragt: »Waren Ihre Gespräche mit den Männern denn anders als mit den Frauen?« Ja, waren sie. Das geht schon am Anfang los: Einige Männer kamen zum verabredeten Treffpunkt ins Café, wir begrüßten uns, und dann sprach er: »Ich weiß gar nicht so genau, warum ich eigentlich gekommen bin und das erzählen will, unterwegs habe ich noch gedacht: Ich drehe um.« Aber: Ein Mann, ein Wort, er hatte versprochen, zu kommen und zu erzählen, also tat er es auch. Warum – das werden wir noch erfahren.

Viele Männer kamen zu unserem Gespräch mit einem vorbereiteten Zettel, auf dem in Stichpunkten die Chronologie der Ereignisse festgehalten war: dann und dann das erste Mal gesehen, dann und dann das erste Treffen, der erste Kuß… Das Memo verschwand dann aber meist sehr schnell in der Tasche, und auch die Männer erzählten drauflos. Nie, wirklich nie, hatte eine Frau für unser Gespräch eine Chronik vorbereitet – daß manche Tagebücher oder Briefe dabeihatten, ist etwas anderes, das wiederum kam bei den Männern nicht vor.

Also: Ein Mann erzählt mir mit glänzenden Augen von seiner Freundin, am Ende des Gesprächs zückt er doch sicherheitshalber den Zahlenzettel, um nachzusehen, ob wir auch nichts vergessen haben, und dann kommt etwas Überraschendes: »So, Frau Rellin, nun habe ich Ihnen so viel erzählt, nun habe ich ein paar Fragen an Sie. Sie als Frau können mir doch bestimmt sagen, warum meine Freundin sich in der und der Situation so und so verhalten hat…« Konnte ich, klar, als Frau kann man das. Männer nutzten die Gelegenheit, mit jemand anderem als der eigenen Liebhaberin über diese Liebe zu reden, denn das taten sie sonst nicht! Anders als bei den Frauen, die alle eine oder mehrere Vertraute haben, war ich für die meisten Männer der erste außenstehende Gesprächspartner, noch dazu einer, bei dem Moralisieren, Warnen, Spotten nicht zu erwarten ist. Ja, auch hier ist es wie bei den festen Partnerschaften: Männer reden zwar weniger über ihre Gefühle, aber sie können es durchaus, wenn sie wollen.

Jetzt geht's los?

Wo lerne ich meinen Liebhaber kennen?

Die meisten *richtigen* Pärchen lernen sich bei der Arbeit oder im Bekanntenkreis kennen – warum sollte das bei Liebhaber-Paaren anders sein? Ein guter Grund, warum es besser anders sein sollte, ist natürlich: die übliche Gefahr, erwischt zu werden. Ein aufgeflogenes Verhältnis bringt ohnehin schon genug Trouble zu Hause, kriegen aber Bekannte und Arbeitskollegen das Ganze mit, wird es noch heikler – und schließlich sind die betrogenen Partner ja auch noch Teil dieses Umfelds, das Sie zu allem Überfluß nicht einfach so verlassen können, wenn's unangenehm wird.

Das mußte gesagt werden als Warnung, aber Sie wären nicht die erste, die meint, das Risiko des Wilderns im vertrauten Revier abschätzen zu können – schließlich müssen

Sie ohnehin vorsichtig sein, und der zusätzliche Druck macht wahrscheinlich auch Sie besonders wachsam.

Überlegen Sie jedoch, wo Ihre persönlichen Grenzen sind, die Sie nicht überschreiten wollen, und halten Sie sich nach Möglichkeit dran (im Zweifelsfalle: mal ab Seite 181 gucken!).

Don't fuck in the factory?

Auch wer Kollegen für grundsätzlich tabu hielt, ist schon überraschend in eine Arbeitsplatz-Liebe hineingeschlittert. Wohlgemerkt: Es geht hier nicht um sexuelle Nötigung am Arbeitsplatz, um Sex mit Abhängigen oder gar Minderjährigen – es geht einfach um die Geschmacks- und Temperamentsfrage: Lasse ich mich mit einer Kollegin, einem Kollegen ein?

Denken Sie mal dran: Auch Kollege und Kollegin mit *ernsthaften* Absichten verstecken ihre Liebe oft zu Anfang, zu groß ist die Sorge vor dem Getuschel der Kollegen, der üblen Nachrede: »Die X ist ja nur befördert worden, weil sie jetzt mit dem Y zusammen ist.« Oder die X wird eben gerade deswegen *nicht* mehr befördert. Irgendwann wird sich das offizielle Paar zwangsläufig outen, im Zweifelsfalle sucht er oder sie sich dann einen neuen Arbeitsplatz.

Für Liebhaber-Pärchen am Arbeitsplatz geht das natürlich zu weit. Ist auch nicht nötig, sofern die üblichen Geheimhaltungsregeln noch strenger beachtet werden. Es darf eben keiner im Job etwas merken, also: kein Liebesge-

> »Ich wollte also fremdgehen. Wenn's im Kopf klar ist ... Ich habe also den Kreis eingegrenzt, und es stand schnell fest: In der Firma kriegst du am günstigsten Kontakt. Da war eine ... Ich hatte richtig erotische Vorstellungen, ja, das wäre nicht schlecht mit der, dachte ich.«
> *Wolfgang, 49, Angestellter*

flüster per Telefon oder Mail am Schreibtisch, den Quicky im Kopierraum nur, wenn er hundert Prozent sicher ist (unmöglich!).

Auch wenn *echte*, also offizielle Liebespaare am Arbeitsplatz heute stärker akzeptiert werden als früher, gilt das *Don't-fuck-in-the-factory:* bitte kein Liebesspiel im Unternehmen, für Liebhaber-Paare generell weiter. Eine Affäre zwischen den Schreibtischen oder an den Werkbänken soll die Arbeitsmoral untergraben – Expertinnen meinen, sie steige immens!

Um jedenfalls aufkeimenden Verdacht zu zerstreuen, empfehlen liebeserfahrene Kollegen: Zeigen Sie mehr Distanz als nötig. Claudia und Bernd haben ein richtiges Spiel daraus entwickelt. Sie arbeiten in einer Werbeagentur, in der die Kollegen ohnehin nicht mit Kritik untereinander sparen. Claudia, 34, Grafikerin: »In unseren Kreativrunden stellt jeder seine neuen Ideen vor – für mich ist es ein Fest, dann Sachen zu sagen wie: ›Also mit dieser Idee hat der gute Bernd den Goldenen Nagel ja sicher…‹ Der Goldene Nagel ist eine hohe Auszeichnung in unserer Branche. Als ich das einmal gesagt und dann noch weiter rumgekrittelt habe, hat Bernd mich am Abend gleich hinter der Tür unseres Hotelzimmers abgefangen, mir die Arme auf den Rücken gedreht und den Slip runtergerissen. Er hat seinen Schw…, also, na ja, zwischen meine Beine geschoben und mich ein bißchen angefaßt, mich hat das halb wahnsinnig gemacht, ich hätte ihn so gerne in mir gespürt. Er hat nur gesagt: »Nein, den Goldenen Nagel mußt du dir verdienen, heute darfst du nur ein bißchen dran lecken.« Daran müssen wir jetzt beide immer denken, wenn in unserer Runde über ADC-Preise geredet wird. Neulich habe ich mir dabei ganz

»Als sie zu mir reinkam ins Baubüro wußte ich: Mit der Frau landest du im Bett. Die Liebe in dem Sommer hat mich wirklich getroffen wie ein Warmwasserwaschlappen.«
Steffen, 42, Architekt

genüßlich über die Lippen geleckt, und Bernd wußte genau, wie das gemeint war.«

Inserate: Er sucht sie – sie sucht ihn

Kontaktanzeigen in Zeitungen und Zeitschriften stiften viele, viele Liebhaber-Beziehungen – die Vorteile der Suche per Inserat liegen auf der Hand: Man umgeht das explosive Gelände mit bekannten Gesichtern, man kann die eigene Identität dosiert preisgeben, je nach Wunsch mehr oder weniger eindeutig sagen, was man möchte. Für diejenigen, die mit dem Liebhaber oder der Liebhaberin bewußt erotisches Neuland beschreiten wollen oder die schon wissen, daß sie Lust auf Fesselspiele haben, für diese Suchenden ist die Kontaktanzeige ideal, weil sie ihre Wünsche von vornherein äußern können und sich nicht mit dem *normal* kennengelernten Liebespartner vorsichtig rantasten müssen.

Außerdem: Die Kontaktaufnahme via Anzeige entwickelt für die meisten ihren ganz eigenen Reiz, bevor etwas Konkretes passiert, schon das Formulieren oder Lesen der Inserate vermittelt den ersten Hauch der Abenteuer, die hoffentlich bald kommen.

Bei den meisten erwacht das Interesse an den Kontaktanzeigen der Tageszeitung oder der Stadtillustrierten von selbst, man liest einfach mal zum Spaß, liest vielleicht sogar dem Partner am sonntäglichen Frühstückstisch was vor: »Hör mal: *Phantasievoller Er, 44, tageslichttauglich, gebunden, sucht ebensolche Sie, die ihre erotischen Träume ausleben möchte. Telefon dümdümdümdümdüm.* Meinst du nicht auch, daß das ein ganz häßlicher Hansel sein muß? Tageslichttauglich, ihhh!«

Ja, das nächste Mal lesen Sie vielleicht schon nicht mehr laut vor, sondern alleine, denken auch manchmal: Ob ich mal anrufe? Ob ich 'ne Mail schreibe? Das prickelt dann schon ein bißchen, vielleicht regen einige kurze Zeilen auch die eigene Phantasie an: ... *suche W, die wie ich Freude an frivolem Ausgehen hat*... Was will der wohl: Nichts an unterm kurzen Kleid in einer lauen Sommernacht? Verkleidet in den Pärchenclub? Die Gedanken machen Spaß – aber antworten?

Die meisten Frauen trauen sich nicht, einfach die angegebene Rufnummer anzurufen, der Schritt zur Antwort wäre nicht schwierig, per Mail, an eine Chiffre-Nummer (Sie schreiben in verschlossenem Umschlag an den Verlag, Absender unnötig – in Ihrem Brief, der weitergeleitet wird, steht, wie man Sie erreicht) oder manchmal ja immer noch an ein Postfach – aber wie mit dem eigenen Namen, einer Anschrift oder Mailadresse oder der Telefonnummer umgehen, was preisgeben?

Männer antworten meist fixer, spontaner, sie haben aber auch noch immer die kleinere Auswahl unter weniger inserierenden Frauen!

Viele steigen schon im Frühstadium aus der Kontaktanzeigen-Kiste wieder aus, ohne richtig eingestiegen zu sein: Sie sind allein durchs Lesen so sensibilisiert dafür, daß sie augenscheinlich jemanden suchen, es ist so, als wenn Scheuklappen von ihnen abfielen, und dann begibt es sich, daß die Einladung des Kollegen Y zum Weintrinken plötzlich angenommen wird und sich tatsächlich mehr draus ergibt.

Andere hadern weiter mit der Frage: Soll ich, soll ich nicht per Inserat? Irgendwann sagen sie sich, daß die Liebhaber-Suche auf diesem Wege ja nun viel einfacher sein sollte, als per Anzeige einen Lebenspartner zu suchen. Jene Anzeigen, die meist Partnerschafts- oder Heiratsanzeigen heißen, lassen sie links liegen, denn dort wird ja meist die *ernsthafte Bindung* samt Familiengründung angestrebt.

Konzentration also auf *Bekanntschaften* oder *Kontakte*, manchmal gibt es Unterrubriken für besondere sexuelle

Wünsche, manchmal wird die Suche jetzt schon aufs Internet ausgeweitet. Egal, denn irgendwann kommt endgültig die Stunde der Wahrheit: Antworten – oder eine Anzeige aufgeben und abwarten.

Vorweg schon mal: Die Trefferquote bei Kontaktanzeigen ist nicht zu verachten. Die Wahrscheinlichkeit, daß sich die Richtigen finden, steigt mit der an den Tag gelegten Ehrlichkeit: Warum beschreiben Sie sich als locker-flockig, wenn Sie in Wirklichkeit doch eher zurückhaltend sind? Ist die Anzeige ehrlich formuliert, fällt auch die Antwort entsprechend aus, dann muß nur noch der nächste wichtige Schritt klappen: das Auswählen.

Jedem gefällt ja ein unterschiedlicher Ton, und man merkt schon, ob eine Anzeige eher selbstironisch, verschmust, romantisch, frech, leidenschaftlich, sinnlich, klug bis intellektuell, offen und ehrlich wirkt – oder ob da jemand unfreiwillig komisch, verklemmt oder sexprotzmäßig rüberkommt. Wenn dann noch die Grundinformationen paßt: männlich, weiblich, Alter, Ziel der Anzeige und Wohngebiet (wer will schon fürs erste Treffen quer durch Deutschland fahren – Kontaktanzeigen in regionalen Tageszeitungen und Stadtmagazinen kommen ja meist aus der Umgebung, für Überregionales brauchen Sie den Hinweis auf *Raum Postleitzahl xy* oder *Raum Niedersachsen),* melden Sie sich. Telefonieren kostet viele zwar Überwindung, man merkt aber schnell, ob man wieder auflegen möchte (und auch, wenn Sie bisher nicht wußten, wie die Rufnummernunterdrückung bei Ihrem Telefon geht: Suchen Sie die Gebrauchsanweisung raus, pfriemeln Sie sich durchs Menü oder fragen Sie eine technisch begabte Freundin – für mehr zur Tücke Telefon bitte unbedingt mal in die Hinweise ab Seite 118 gucken... Ist Ihnen zu kompliziert? Und überhaupt: Sie wollen gleich jetzt telefonieren: Warum nicht aus der guten alten Telefonzelle?).

Egal, ob Sie per Telefon oder schriftlich auf eine Kontaktanzeige antworten, Sie werden nicht gleich Ihren vollen Namen, Adresse, Handynummer oder Telefon von zu Hause angeben. Ob Sie sich Ihre Antwortpost an eine Freundin schicken lassen können oder die für Sie ein Fax entgegennehmen kann – das müssen Sie ausloten. Ganz schnell, unkompliziert, kostenlos und sicher können Sie sich eine E-Mail-Adresse im Internet zulegen, dort auch ihre Post geheim aufbewahren (siehe unbedingt Seite 129). Chiffrean zeigen könnten sie sich postlagernd zuschicken lassen – aber möchte man heute so unmodern erscheinen (und dazu noch aufs Postamt laufen? Vielleicht wird da gerade Ihre Nachbarin eingearbeitet ...).

Wird Ihr Handy garantiert nur von Ihnen benutzt, hört man von Ihrem Anrufbeantworter nur » Hallo « oder » Hier Telefonnummer blablabla «. Falls Sie sich trauen, können Sie ja Ihre Nummer verraten (gerade wenn Sie denken: Was soll mit meinem Handy schon groß passieren, lesen Sie aber unbedingt das Kapitel dazu). Bleiben Sie vorerst noch anonym bei der Kontaktaufnahme, können Sie durchaus ein bißchen was von sich verraten. Frauen tun das meist ohnehin, und Männer sollten das auch – sonst werden sie nämlich aussortiert. Irgendwann muß man schon ein bißchen aus der Deckung kommen, um zu merken, ob es etwas werden könnte.

Jetzt mal speziell für Männer, die sich wundern, daß keine anbeißt (ich weiß: Solche Männer lesen dieses Buch nicht! Trotzdem, weil es so hanebüchen ist). Bei Zuschriften auf Chiffre-Anzeigen kann man Nullachtfuffzehn-Antworten sofort erkennen: Der Zeitungsverlag schickt der Inserentin einen Stapel Briefe, darunter solche, die sie nach einiger Erfahrung gleich wegwirft: die ohne Briefmarke, steht nur Chiffre xy0815 drauf – weil dieser Umschlag mit ungefähr zehn anderen ähnlich beschrifteten in einem großen Sammelumschlag zum Verlag geschickt wurde, und frecherweise schreibt der Typ allen Frauen dasselbe: *Deine Anzeige hat mich angesprochen, bin 44, sauber, Nichtraucher und habe Spaß an Sex, ruf mich an: Tel. ...* Wer will schon Teil eines lieblosen Rundumschlags sein?

Was Frauen noch aussortieren: Psycho-Problemfälle, schmierige Anbaggerei, Klammeraffen (die *Kontakt* mit *lebenslänglich* verwechseln), Leute, die schlimmer in der alten oder neuen Rechtschreibung schreiben als sie selbst, Angebertypen, Sexprotze, Männer, die Schlechtes über ihre eigene Frau oder Verflossene ablassen, fettiges Briefpapier, das Nikotinschwaden ausdünstet (und glauben Sie bloß nicht, daß Frauen das per E-Mail nicht riechen: In allen Frauen steckt ein Zollhund!). All das Grauen der Vor-Zeilen erschreckt den männlichen Leser dieses Buches null, ich weiß – denn nun ist völlig klar, warum er sein Heil getrost per Kontaktanzeige suchen kann und finden wird: Er ist eben nicht *so einer*, und die Urheberin der Kontaktanzeige wird das sofort spüren.

Frauen machen beim Antworten auf Kontaktanzeigen weniger falsch als Männer (Kunststück, sie antworten ja auch seltener). Was nicht die Sache eines jeden Mannes ist: Problemfälle, Klammeräffchen, Oberlehrerinnen und Chefesoterikerinnen (die beiden letzteren Minderheiten wissen das ja, sorry). Sogar parfümiertes Briefpapier geht bei Männern durch (sind eben keine Zollhunde).

Kennenlernen übers Internet

Wenn Sie als Mann bereit sind, für die Vermittlung von schnellem Sex im Internet ordentlich zu blechen – bitte. Frauen finden Anbieter meist suspekt, die Männer zur Kasse bitten, Frauen kostenlos aufnehmen – ob Sie da wirklich als Liebhaber-Pärchen ideal zusammenfinden?

Von erklecklichen Trefferquoten berichten Männer und Frauen, die die üblichen gedruckten Angebote (Zeitung, Stadtzeitschrift) in ihrer Web-Version aufgesucht haben. Und Menschen mit neuen speziellen sexuellen Interessen entwickeln normalerweise schnell das Geschick, die seriösen Angebote in ihrer Region herauszufinden (Internetcafé entern, Google aufrufen, eingeben: *Interesse,* Region/Ort...).

Aber man muß sich im Web gar nicht auf Erotik-, Sex- oder Kontaktseiten tummeln, um eine Frau oder einen Mann gleicher Wellenlänge kennenzulernen. Zum ganz heißen Treffpunkt haben sich beispielsweise die Chats und Foren regionaler Radiosender entwickelt. Das ist logisch: Man hört denselben Sender, mag also schon mal dieselbe Musik, lacht über dieselben Scherze, hat ein ähnlich stark entwickeltes Interesse an Politik, Kultur, dann ist man zusammen im Chat – na, und wenn es da von Bildschirm zu Bildschirm ein bißchen funkt, dann ist die Hemmschwelle nicht sehr groß, sich beispielsweise zu so etwas wie der *Schönen Party* des Brandenburger Senders *Radio eins* locker zu verabreden. Sie kommt mit Freundinnen, er guckt einfach mal so vorbei, und bei Großveranstaltungen gibt es immer ein stilles Eckchen, in dem man sich mal unverbindlich zuprosten kann.

Natürlich sind auch Themen-Chatrooms prima – warum nicht einen anderen sympathisch und mehr finden, der sich wie man selbst für Krimis interessiert...

Sie werden jede Menge unkompliziert zugängliche Chats finden, keine Sorge – Ihre anonyme Web-E-Mail-Adresse bei hotmail oder gmx hilft Ihnen dabei, und falls Sie fürchten, Sie verstehen nicht, wie das alles geht: Ihr *Kann mir mal jemand sagen, wie das hier geht* bleibt in der Regel nicht ungehört.

Machen Sie sich aber klar: Man kann sich im Internet ebenso verlieben wie im richtigen Leben, es werden immer mehr Menschen, denen das gelingt. Also: Gefahrlos ein bißchen gucken unter dem Motto *Ich will ja niemanden in natura kennenlernen*? Sehr zweifelhaft, daß Sie standhaft bleiben, wenn da jemand im virtuellen Raum interessant erscheint – wie aufregend mag der erst in natura sein?

Das erste Rendezvous – aber wo?

Eigentlich muß man nicht extra warnen, aber auch durchaus vernünftige erwachsene Frauen verabreden sich manchmal mit Männern, die sie noch nicht persönlich kennen, bei diesen Männern in der Wohnung. Oder sie empfangen diese Männer bei sich zu Hause als Besuch. Lassen Sie sich besser nicht darauf ein: Meist wäre eine solche Verabredung zu Hause sicher völlig unproblematisch, aber was, wenn *er* plötzlich auf dem Rückweg vom Kaffeeholen aus der Küche die Haustür abschließt? Das reicht doch schon für Panik, da muß keiner anzüglich oder gar zudringlich werden. Und dann vielleicht noch der Gedanke: »Keiner weiß, wo du bist…« Und selbst wenn, würde einer, der Böses vorhat, sich von dem Hinweis »Meine Freundin hat Ihre Telefonnummer« abschrecken lassen?

In Berlin gab es lange Jahre den Hinweis im Kleinanzeigenteil eines Veranstaltungsmagazins: »Frauen, geht nicht allein zu Wohnungsbesichtigungen.« Wer den Liebhaber in spe besichtigen will, tut dies wahrscheinlich lieber allein – aber wozu gibt es Cafés, Restaurants, Hotelbars, Marktplätze, (belebte) Parks… Die sind fürs erste Treffen sicher nicht verkehrt.

Thomas aus dem Männer-Buch hatte sich mit seiner künftigen Liebhaberin zum Kennenlernen mitten im Wald verabredet! Allein der Gedanke: mit einem Unbekannten zwischen hohen Bäumen, die Äste knacken, es raschelt in

Unterholz, und das Käuzchen schreit auch noch – guckt man da nicht unwillkürlich, ob er einen Spaten dabei hat und Handschuhe an?

Gestatten, Mister Unbekannt

Egal, ob Sie sich über eine Kontaktanzeige aus der Zeitung oder aus dem Internet kennen, auch egal, ob Sie sich beim *Nur-so-zum-Spaß-ein-bißchen-Chatten* im Internet kennengelernt haben und *eigentlich* mit Ihrer Bekanntschaft nie in die Realität wollten: Sie haben sich verabredet. Glückwunsch, die erste Hürde haben Sie damit schon hinter sich.

Ob man vor dem ersten Treffen Fotos austauschen möchte, ist sicher eine Geschmacksfrage – vielleicht mögen Sie drauf verzichten, denn sehr, sehr oft habe ich von Frauen, die mit ihrem Liebhaber heute sehr glücklich sind, gehört: »Vom Optischen her war er nicht unbedingt mein Fall. Aber seine gewinnende Art, sein Charme…« Na, eben alles Sachen, die man nur in natura erleben kann – das gilt umgekehrt (er über sie) natürlich ebenso.

Haben Sie keine Angst, daß Sie sich im Café nicht erkennen: Der suchende Blick führt Sie zueinander, auch ohne eine mitgebrachte Blume, die Zeitung oder dieses Buch auf dem Tisch (falls Sie sich damit aber sicherer fühlen: Erkennungszeichen verabreden).

Sind Sie beide mit (sicherem!) Handy unterwegs, können Sie sich sogar auf einem Wochenmarkt oder dem Rummel ganz kommod orten.

Wenn Sie nun Ihre Verabredung erblicken und denken: Am liebsten würde ich auf dem Absatz kehrt machen – tun Sie's nicht. Vielleicht haben Sie jetzt nur Angst vor der eigenen Courage. Außerdem: Da hat sich jemand Zeit für Sie genommen, wartet – vielleicht wird es sehr nett. Und wenn

Sie sich nicht zu erkennen gäben, wäre das nicht nur arg unhöflich – es würde das die Lust des anderen auf weitere Versuche mit anderen Menschen sicher nicht gerade beflügeln.

Sollten Sie jedoch den Ort der Überraschung erreichen und selbige läßt Ihnen die Haare zu Berge stehen: Sagen Sie dem 60jährigen Bierbauch ruhig, daß es eine Unverschämtheit ist, sich als *40 plus und schlank* zu bezeichnen. Aber normalerweise gibt es keine bösen Überraschungen, denn durch Schreiben, Mailen, Telefonieren haben Sie schon ein Gefühl dafür bekommen, was Sie vom anderen zu halten haben.

Wenn der eine meint, es funkt, der andere merkt aber nichts, ist das keine Katastrophe, Sie sind ja zu nichts verpflichtet. Und manchmal ist nicht mal an ein Fünkchen zu denken, und trotzdem hat man Spaß am gemeinsamen Kaffee trinken und reden und sogar Lust, (nur) das zu wiederholen.

Vielleicht funkt es sofort – dazu ist nicht viel zu sagen. Das erste Mal kommt früher oder später – oder gleich? In diesem Buch jedenfalls erst ab Seite 104.

Da will einer mit dir Kaffee trinken gehen …

Es muß nicht immer der Unbekannte aus dem Inserat sein, mit dem Sie sich zum ersten Treffen verabreden. Vielleicht haben Sie aus Scheu vor dieser Situation die Kontaktanzeigen ganz aus Ihrer Vorstellungswelt gestrichen. Aber das Interesse, jemanden zu treffen, noch nicht so ganz, denn plötzlich klingt das »Lassen Sie uns mal einen Kaffee oder Wein trinken gehen« von Ihrem Kollegen, dem Mann aus der Nachbarschaft so anders.

Ein Satz wie dieser sagt erst mal nicht mehr und nicht weniger als »Wir trinken einen Kaffee oder Wein zusammen.« Darum können Sie auch getrost »Ja klar, machen wir«, sagen. Es bleibt Ihnen überlassen, ob Sie gleich anfügen: »Nächste Woche hätte ich Dienstag oder Donnerstag Zeit«, und Sie können auch gezielter steuern: »Ich kann aber nur mittags« oder »Abends ist mir immer am liebsten.«

Wenn Sie das Bedürfnis haben zu sagen: »Das kommt ja gar nicht in Frage«, dann haben Sie klar etwas aus dieser Wein-Einladung herausgehört, was mit hoher Wahrscheinlichkeit mit gemeint war: Da hat jemand Interesse an Ihnen. Nun kann es sein, daß sie das ängstigt, weil Sie auch schon gemerkt haben: Mensch, wenn dieser Kollege mit am Tisch sitzt, muß ich ihn andauernd angucken.

Jemand, der unverbindlich zum Kaffeetrinken auffordert, wird sich also in den seltensten Fällen ein krasses »Mit Ihnen würde ich noch nicht mal Kaffee trinken« einhandeln, denn in der Regel wäre das arg unhöflich. Kaffee trinken ist nun wirklich harmlos, und wir sind Gott sei Dank nicht mehr im 19. Jahrhundert, so daß Sie den Satz als Frau auch ruhig aussprechen dürfen. Nur Mut, die Aufmerksamkeit des möglichen Objekts ihrer Begierde dürfte ihnen gewiß sein, denn soooo üblich ist die Initiative von Frauen nun auch wieder nicht, Sie haben auf jeden Fall ein Plus auf Ihrer Seite.

Es ist soweit, Sie treffen sich, zum Kaffee am Tage, oder Sie haben diese Stufe der konventionellen Annäherung übersprungen und sitzen abends beim Wein beisammen. Wenn Sie sich vorher Gedanken hingegeben haben, wo dieses Treffen hinführen kann, was Sie sich erhoffen, was Sie wünschen, was Sie keinesfalls wollen, wird Sie nichts überraschen, und Sie können drauf vertrauen, daß Sie schon das Richtige tun werden. Und sei es, daß Sie feststellen: »Ach, dieser Mann ist ja doch nicht so, wie ich dachte.« Dann können Sie immer irgendwann, und gewiß nicht zu spät, sagen: »So, ich muß nun mal, morgen gcht's früh raus. War ein schöner Abend, und tschüß.«

Zugegeben, es besteht immer ein bißchen die Gefahr, an so einem Abend mit den frisch pediküren Füßen in einen unverhofften Fettnapf zu tapsen. Mir steigt jetzt noch Röte ins Gesicht, wenn ich an den netten Abend mit einem Kollegen denke. Wir hatten lange gearbeitet, waren beide noch hellwach und schon öfter nach gemeinsamer Spätschicht einen Wein oder ein Bier trinken gegangen. Auch an diesem Abend ist alles nett und lustig, wir reden über alles mögliche, und plötzlich steuert er auf ein Thema zu, bei dem ich merke, daß ich es bisher immer abgebogen habe: Männer, Frauen, wen wir so gut finden.

Ich lenke ab, so gut ich kann, mir schießt immer wieder durch den Kopf: Verdammt, was soll das, ich hatte doch immer das Gefühl, er ist schwul, Hilfe-Hilfe-Hilfe, da mache ich einen entscheidenden Fehler: »Ja, sag mal, X-Y, was für Frauen findest du denn gut?« Und er sagt: »Kannst du dir nicht vorstellen, daß ich Frauen wie dich gut finde?«

Ich hätte in den Erdboden versinken mögen. Als ich das aber trotz intensivsten Wünschens nicht tat, hob ich, intensiv hoffend, das Kerzenlicht möge meine aufsteigende Schamröte in mildes Orange retten, mein Weizenbierglas und sagte völlig blödsinnig: »Prost.«

Ehrlich gesagt setzt hier die Verdrängung ein, ich weiß nicht, wie das Gespräch wirklich weiterging. Ich vermute, X-Y hat mein *Prost* so verstanden, wie es ja auch gemeint war: Punkt. Schluß mit Reden in dieser Richtung. Wahrscheinlich haben wir dann wieder über Politik oder die Kollegen gesprochen. Puhu.

Aber es kann ja auch ganz anders kommen. Sie beide wollen mehr!

Sex ja – aber sicher!

Früher verstand man unter Verhütung, einer unerwünschten Schwangerschaft vorzubeugen. Ob man dazu die Pille, Spirale, Kondome, die Abzählmethode nach Knaus-Ogino oder die Roulettevariante Aufpassen anwandte, war eine Frage von Geschmack und Temperament. Wie's in der festen Partnerschaft aussieht, ist oft Gewohnheitsrecht.

So, nun aber ein Liebhaber. Möchten Sie sich nach dem ersten Liebesglück des Nachts im ehelichen Bett wälzen, es piekst ein ungewohntes schlechtes Gewissen, grübelnd liegen Sie im Dunkel des Schlafzimmers, immer wieder blitzt die Buchstabenkombination H-I-V vor Ihrem inneren Auge auf, das Wort Aids treiben Ihnen Schweißperlen auf die Stirn, und überhaupt: Es gibt ja auch noch Hepatitis und Syphilis und und und... Da fragen Sie sich: Muß ich meinen Mann, oder muß ich meine Frau da neben mir im Ehebett jetzt vor mir schützen?

Das fragen Sie sich zu Recht, haben Sie mit ihrem neuen Geschlechtspartner die Spielregeln nicht eingehalten, die da heißen: Kondome, Kondome, Kondome. Sie wissen, daß HIV-Viren nicht durchs Trinken aus dem gemeinsamen Sektglas übertragen werden – aber dabei ist es heute Abend nicht geblieben! Zungenküsse? Experten sagen: Da kann eigentlich nichts passieren.

Aber da ist eben noch das, was man gepflegt Geschlechtsverkehr nennt. Egal, ob Sie sie nun Kondome, Gummis oder Präservative nennen: Sie schützen damit nicht nur Ihre Gesundheit, sondern auch die Ihres Partners – und damit auch Ihr Gewissen.

Bei Jugendlichen nimmt die Bereitschaft, beim ersten Mal an Kondome zu denken, bekanntlich ab – nun sind Liebhaber-Menschen ja meist dem Jugendalter entwachsen und entsprechend fit. Mir erzählten die Männer und Frauen aus den Liebhaber-Büchern, daß die Kondom-Frage völlig selbstverständlich mit » Klar, machen wir« geklärt wurde.

Gudrun, die wußte, sie würde nicht die richtigen Worte finden weder für das, wofür das Kondom denn Verwendung finden sollte noch für die Tatsache, daß *dafür* dann etwas überzustülpen ist, schob einfach im Café ein Gummitütchen neben den Zuckerwürfel und grinste vielsagend.

Einmal entpuppten sich Liebhaber und Liebhaberin in spe als passionierte Blutspender – sie verzichteten schon beim ersten Mal auf Kondome, weil sie sich sicher waren: Mein Blut ist untersucht, seit der letzten Untersuchung war nichts – nur mein Ehepartner, und bei dem bin ich mir sicher, daß er nicht fremdgeht. Und dem anderen wurde das so auch geglaubt.

Aber Sie merken schon. Hier kann sich ein schwieriges Feld auftun: Weißt du wirklich, was dein Partner tut? Weiß Ihr Liebhaber, was seine Partnerin…? Vielleicht gibt es auch in Ihrer Ehe so etwas wie eine Übereinkunft: *Wenn* doch mal etwas mit anderen ist: nur mit Gummi.

Man kann sich mit diesen Gedanken um den Schlaf bringen. Vielleicht helfen ein paar Zahlen: Jährlich sterben in Deutschland 8 000 Menschen bei Verkehrsunfällen und 42 000 an den Folgen von Alkoholmißbrauch. Die Zahl der Aidstoten in Deutschland gibt das Robert-Koch-Institut mit 700 im Jahr an, rund 2 000 infizieren sich jedes Jahr neu. Daß die Therapiemöglichkeiten mittlerweile weit entwickelt sind, Sie nicht unbedingt zur Hauptrisikogruppe gehören, mag in durchwachter Nacht ein schwacher Trost sein. Aber seien Sie gewiß, daß das ungewohnte schlechte Gewissen einen nicht geringen Anteil an Ihren Sorgen hat. Notfalls können Sie einen Test machen, etwa drei Monate *nachher* liefert er zuverlässige Auskunft, Gesundheitsämter informieren Sie anonym, dort können Sie den Test meist auch machen, genauso wie beim Arzt.

Also, vielleicht als letzten Denkanstoß zum Thema noch, was mir die 38jährige Daniela erzählt hat, eine Gewohnheitstäterin in Sachen Liebhaber:

»Natürlich macht man sich seine Gedanken: Wenn der Typ jetzt hier direkt aus der Discothek mit dir ins Bett geht – dann bist du nicht die erste, und die vor dir war wiederum auch nicht nur mit einem im Bett ... Da kann einem schwindelig werden. Andererseits weiß ich ja von mir: So oft kommt es ja nun auch nicht vor, daß ich mit einem neuen Mann schlafe. Und natürlich immer mit Kondom. Wenn wir auf das Kondom verzichten, so wie mit Andy, gehört dazu schon eine ganze Menge. Ich habe vor zwei Jahren einen Test machen lassen, ohne konkreten Anlaß, es war mehr so ein Gefühl ... War natürlich alles in Ordnung. Die Tage, die man auf das Ergebnis warten muß, waren nicht schlimm. Aber als ich im Wartezimmer auf das Gespräch mit der Ärztin gewartet habe: Die sagen einem das Ergebnis ja nicht am Telefon ... Ich saß also da und konnte mich noch nicht mal auf die Zeitschriften konzentrieren, in mir rauchte es nur: Was mache ich, wenn ich hier ein schlechtes Ergebnis kriege.

Mensch, das hat mich schon ordentlich geschlaucht. Also. War alles in Ordnung. Seitdem war fast nichts: mein Mann, ein alter Liebhaber mit Gummi.

Ja, und Andy war sich auch ganz sicher, daß bei ihm nichts sein kann, er wollte so gerne ohne Gummi, was ihn mir sehr verdächtig gemacht hat. Wenn er sich bei anderen Frauen auch so charmant ranschmeißt wie bei dir, dachte ich, so unter dem Motto: Du machst mich so an, ich möchte dich gerne ohne alles spüren.

Er hat dann irgendwann einen Test gemacht und mir den dann vor der Nase geschwenkt. Also, ich wollte ja auch gerne ohne ...

Ich denke ja, daß die bisexuellen Männer besonders

gefährlich sind: Also, wenn einer auch was mit Männern hat, dann durchmischt sich das ja doch mit homosexuellen Kreisen, und da ist Aids ja weiter verbreitet.

Weißt du, was ich mache, wenn ein Mann ganz neu ist, so am Anfang? Wenn man beim oder meinetwegen auch vorm Sex so ins Reden kommt, sich Phantasien erzählt und so, dann frage ich: ›Sag mal, wie ist es denn, wenn du es mit einem Mann machst? Da wäre ich ja gerne mal dabei, ich würde gern mal sehen…‹ Und so. Meistens kommt dann wie von Andy, und zwar wie aus der Pistole geschossen: ›Ich bin doch nicht schwul! Mit einem anderen Mann: ausgeschlossen.‹ Mich beruhigt das kolossal, ich lege es den Männern ja geradezu in den Mund, daß ich es sexy fände. Finde ich es ja tatsächlich, also rein theoretisch.

Ich finde es trotzdem schwer, diese Sache mit Aids. Eine Freundin von mir – so eine ganz treue, der könnte ich nie erzählen, daß es Andy gibt, die wird dann stellvertretend für mich nervös sozusagen, die hat mir erzählt, daß ihr Mann sie betrogen hat. Mit einer Kollegin, wie das so ist. Das Schlimmste für meine Freundin war: Sie hat danach mit ihm geschlafen, ohne Gummi, wie immer. Als sie rausgefunden hat, daß er was mit einer anderen hatte, hat sie ihren Mann gelöchert, wollte alles genau wissen, wie lange das ging mit der anderen, wo sie sich wie oft getroffen haben, ich fand das geradezu masochistisch. Ihr Mann hat zwar gesagt, daß er immer einen Gummi genommen hat, aber meine Freundin hat ihn angeschrien: ›Und du glaubst, du darfst mir die Entscheidung abnehmen, wie ich mich vor Aids schütze? Wenn du glaubst, ein Kondom reicht, bitte. Aber ich habe jetzt indirekt auch mit dieser Person geschlafen.‹

Davon wurde ihr richtig übel. Meine Freundin hat dann so lange nicht mit ihrem Mann geschlafen, bis die Ansteckungszeit um war, da mußte er einen Test machen und ihr versprechen, daß er ihr nächstes Mal wenigstens sagt, wenn wieder was vorgefallen ist, damit sie dann selbst entscheiden kann, ob sie mit ihm schläft.

Also das ist ja alles Humbug: Eigentlich will sie nur eins: daß er ihr treu ist.«

Wie wer es mit sicherem Sex hält ist eben nicht unbedingt eine ganz persönliche Sache, und darum ist es doppelt wichtig, sich *vorher* klarzumachen und mit dem neuen Partner zu einigen, wie man damit umgeht.

Das erste Mal – mit dem anderen

Für viele Erwachsene ist es überraschend und auch erschreckend, daß das erste Mal mit dem neuen Partner, der fremden Frau, nicht so ganz glatt über die Bühne geht. Plötzlich ist wieder alles wie vor 20 Jahren, als Teenager. Gerade beim Mann: Entweder, es fällt ihm schwer, überhaupt zu können, oder es geht zu schnell. Und glauben wir nicht, daß das eine wie das andere Männern nichts ausmacht.

Folgerichtig sind es die Herren der Schöpfung, denen vom *ersten Mal mit ihr* besonders in Erinnerung bleibt, *wie* es lief, besonders, wenn es *nicht so* läuft, der 36jährige Thomas erinnert sich: »Für unser erstes Mal sind wir in den Wald gefahren. Wir waren also im Auto, und die ersten zwei-, dreimal waren voll daneben. Es ging einfach zu schnell oder gar nicht. Ich muß sagen: Marianne war sehr geduldig. Nach einem dieser halben Akte am Anfang hat sie gefragt: ›Ist es normal so bei dir? Wie war's mit anderen Frauen?‹ Da habe ich dann zugegeben, daß es mich irritiert im Auto, das hatte ich bis dahin einfach noch nie gemacht.«

Sicher kann die Ausnahmesituation, in der Liebhaberin und Liebhaber ihr gemeinsames erstes Mal erleben, ebenso prickelnd sein wie herausfordernd. Es locken einerseits Lust und Vorfreude, andererseits sind da Unsicherheiten: Welche

Folgen wird mein Tun haben? Speziell beim ersten Fremdgehen überhaupt: Wie werde ich damit klarkommen, werde ich ein schlechtes Gewissen haben? Und wenn es nicht die erste Begegnung außerhalb der festen Partnerschaft ist: Wie wird es mit diesem Liebhaber, dieser Liebhaberin werden – wird er oder sie die Spielregeln einhalten?

Viele erleben es wie Thomas: Verunsicherung am Anfang, dann Beruhigung: Es geht schon alles glatt, Thomas berichtet: »In den ersten Wochen habe ich ihr mal gesagt: ›Ich will nicht wissen, ob ich gut war, ob es dir gefallen hat.‹ Aber ich habe mich schon gewundert, daß sie sich so mächtig Zeit mit mir gelassen hat. Im Juni, Juli hat es sich dann langsam eingespielt.«

Gott sei Dank sind Liebhaber-Menschen ja keine Teenager mehr, wissen also, was da wieso passiert oder auch nicht, und können gelassen beobachten, wie sich die Dinge entwickeln.

Zeichnet sich insbesondere für Frauen ab, daß das erste Mal für sie problematisch sein könnte, zögern sie es meist so lange heraus, bis sie ein gutes Gefühl dabei haben können, und das stellt sich dann tatsächlich meist ein.

Für manche Menschen wiederum ist das berühmte erste Mal überhaupt kein Problem, im Gegenteil: Im Zweifelsfalle sind es auch die ersten paar Male, die für manche Männer und Frauen so spannend sind, daß sie diese Situation immer wieder suchen.

Sieht man's mir an?

Andrea hatte sich richtig lange den Kopf zerbrochen, ob sie ihrem Mann wohl in die Augen sehen könnte, wenn sie nach dem Treffen mit Dirk nach Hause käme, es war völlig klar, daß der noch auf sein würde. Es war auch klar, daß *es* heute abend passieren sollte. Tat es auch, nicht nur einmal. Aber ihrem Mann brauchte Andrea hinterher nicht in die Augen zu sehen – der blickte nämlich kaum auf vom Fernsehschirm, als sie mit einem »Guten Abend« an der Wohnzimmertür vorbeistrich.

Schon der Gedanke, der feste Partner oder die Partnerin könne *es* Ihnen ansehen, verursacht bei manchen Frauen und Partnern hektische rote Flecken – im Zweifelsfalle sind dann nur die auffällig. Im Ernst: Je gelassener und ruhiger Sie selbst sind, desto weniger laufen Sie Gefahr, daß Ihr Partner irgend etwas merkwürdig findet und einen Verdacht entwickelt. So einen Anfangsverdacht, wie er im Kriminalerdeutsch heißt, gilt es unbedingt zu vermeiden.

Wenn Sie fürchten, es könnte für Sie schwierig sein, sozusagen vom fremden Bett ins eheliche zu springen: Tun Sie sich das einfach nicht an, organisieren Sie sich den Abstand, den Sie brauchen.

»Aber irgendwann muß ich doch nach Hause, mit meinem Mann wieder sprechen« – klar, und das werden auch Sie gut hinkriegen.

Gemeinerweise hat die Natur uns Frauen mit ein paar Skrupeln mehr bedacht – doch freundlicherweise hat sie das wieder ausgeglichen durch ein Quentchen mehr Gleichgültigkeit bei den (Ehe-) Männern, die meisten werden also nichts argwöhnen. Umgekehrt heißt das: Der Liebhaber, der da ganz beschwingt von seiner neuen Liebsten nach Hause kommt, der läuft Gefahr, daß seine Ehefrau etwas argwöhnt.

Weil die gute Liebhaberin um diese Männermacke weiß, wird sie Ihrem Liebsten beim Abschied außer einem Kuß auch den guten Rat geben: »Mundwinkel nach unten – sonst glaubt sie dir nie, daß du noch was nacharbeiten mußtest!«

Kleine Warnung: Klappe halten

Ihre Liebhaber-Beziehung hat begonnen! Wenn Sie singen und tanzen könnten vor Freude über Ihr neues Glück – tun Sie's, aber lassen Sie sich dabei nicht beobachten. Außerdem gilt: Lieber tanzen, als drüber reden – schon gar nicht mit Ihrem festen Partner.

Auch wenn *Sie* jetzt die Welt aus den Angeln heben könnten – glauben Sie wirklich Ihr Partner würde die Ärmelchen hochkrempeln und Ihnen dabei helfen, nur weil Sie ihm sagen: »Ich hab da jemanden kennengelernt, ich möchte mich nicht hinter deinem Rücken verabreden, du hast doch Verständnis?« Die Wahrscheinlichkeit, daß Ihnen ein solches Geständnis das Gewissen erleichtert und den Weg ebnet, tendiert gegen null.

> »Abends habe ich mir anfangs schon manchmal die Frage gestellt: Und wenn ich mit der Neuen ganz zusammen wäre? Gerade in der Anfangszeit ist es also wichtig, Pflöcke einzuschlagen. Ich habe mir gesagt: Ich will bei Christina, meiner Frau, bleiben, als Primärbeziehung.«
> *Johannes, 31, IT-Branche*

Sollten Sie sich jetzt wider Erwarten völlig durch den Wolf gedreht fühlen, zweifeln, wie es mit Partner und/oder Liebhaber weitergehen soll, nehmen Sie sich Zeit zum Nachdenken und um auf Ihr Gefühl zu hören, bloß keine überstürzten Aktionen.

Überlegen Sie auch in Ruhe, wem Sie von Ihren Erlebnissen und Gefühlen erzählen, wen Sie ins Vertrauen ziehen möchten.

Ihre Gefühle werden sich ordnen, Ihr Gewissen wird Ihnen zeigen, ob Sie mit der neuen Situation klarkommen – bevor Sie durchs Erzählen neue Fakten schaffen, lesen Sie doch einfach erst dies Buch zu Ende, besonders auch die Zeilen zum Gewissen (Seite 151) und den Freundinnen (Seite 155).

Jetzt geht's weiter

Wir treffen uns in der Natur

Spätestens wenn Sie diesen Abschnitt gelesen haben, werden Sie nie mehr ohne Hintergedanken mit dem Auto auf der Straße durch den Wald brausen – da steht ein Wagen am Beginn des Forstwegs, da am Schlagbaum stehen sogar zwei! Pilzsammler, Freunde der großen deutschen Waldheidelbeere, na klar, im Mai: Die gucken eben schon mal, wo sie im Herbst die Körbe füllen können. Von wegen! »Wir treffen uns in der Natur«, »Wir gehen in die Botanik« (Berliner!) oder »Wir haben eben unsere Wiese« sind die netten Umschreibungen für die Liebe unter freiem Himmel – besonders Frauen erzählen in diesem Zusammenhang auch gerne von knackenden Ästen, pieksenden Tannenzapfen, lästigen Ameisen. Aber was macht das alles, wenn man frisch oder mittelfrisch verliebt ist und das Wetter mitspielt?

Das Lieblingsplätzchen im Wald ist tatsächlich ein idealer Treffpunkt: Man kann einzeln hinfahren, im Kofferraum Decken, Kissen, Picknickkorb transportieren, kühle Getränke schnappt man sich notfalls an der Tankstelle auf dem Weg. Männern macht es einen Höllenspaß, im Wald den Beschützer zu geben, und Frauen haben dann entsprechend wenig Sorgen, was soll auch passieren.

Wobei Sie sich schon klarmachen müssen: Wo geliebt wird, sind möglicherweise auch die Augen des Spanners nicht weit, im Wald wie auf einschlägig bekannten Parkplätzen und Straßenrändern. Sehen und gesehen werden, vielleicht auch nicht – das macht den Reiz für den Spanner aus, mehr will er meist nicht. Gerade Frauen finden die Anwesenheit eines unerwünschten Dritten oft trotzdem nicht besonders prickelnd.

Wenn Ihnen der Gedanke an Spanner die Lust verdirbt, suchen Sie Ihr Plätzchen besonders sorgfältig aus. Vielleicht reicht Ihnen aber auch das Wissen: Die Zentralverriegelung des kräftigen Geländewagens ist zu, die Scheiben sind getönt (Tip von Arvid aus dem Männer-Buch), und bei entsprechender Aktivität beschlagen die Scheiben sowieso von innen (ob man in so ein Auto an diesem Tag noch andere Menschen lassen mag, hängt davon ab, wieviel Zollhundgene sie in diesen Menschen vermuten, Ehefrauen haben die Nase voll damit). Wenn Sie glauben, außer Spannern könnten Sie im Wald ja nicht vielen begegnen, irren Sie. Gut, der Förster. Viel gelacht wird in meinen Lesungen immer, wenn das Pärchen auf der Lichtung gerade wieder die Augen aufschlägt und auf der anderen Seite der Böschung eine Gruppe Wanderer entdeckt, alle Mann die Ferngläser noch vor den Augen.

Oder stellen Sie sich vor, Sie genießen gerade die traute Zweisamkeit auf der Wolldecke, der Sekt ist noch nicht ausgetrunken, plötzlich dringt durch den dunklen Tann eine knarzende Stimme, das Rascheln der Blätter wird übertönt von einem knatternden: »Achtung, Achtung, hier spricht die Polizei. Der Fahrer des Pkws mit dem amtlichen Kennzeichen HH XY 007 wird gebeten, sich an seinem Fahrzeug einzufinden. Noch einmal. Herr Peter Meier wird gebeten, umgehend zu seinem Fahrzeug zu kommen.« Fehlt noch der Hinweis, daß es sonst kostenpflichtig umgesetzt wird – aber warum, es steht ganz friedlich im Walde so vor sich hin. Und wieso soll nur *er* kommen, *ihr* Auto steht doch auch …

Unser Peter Meier ordnet also sein güldenes Haar und trapst Richtung Auto, wo die Ordnungshüter schon gespannt warten, wer wohl auftauchen wird, die sind ja auch nicht blöd. Aha, da isser. Mit einem freundlichen »Da haben Sie aber Glück gehabt« drücken sie dem Verdutzten dessen teure Lederjacke, Handy und Geldbörse in die Hand – hatte er alles in froher Erwartung der Momente mit seiner Liebsten im Wagen auf der Rückbank liegenlassen, Tür nicht verriegelt (daß er sie ermahnt hatte: »Hast du abgeschlossen, Schatz?« versteht sich von selbst). Die Polizei war übrigens nicht einfach Streife gefahren – ein aufmerksamer Bürger hatte beim Ausflug in die Natur das Auto mit wertvollem Inhalt und offener Tür entdeckt und natürlich gleich ein Kapitalverbrechen, Entführung, Mord vermutet – warum sonst sollte jemand sein Auto unverschlossen mit Wertsachen zurücklassen.

Daß die Herren Wachtmeister nun anderweitig ermittelnd tätig werden müßten, stand natürlich nicht zur Debatte. Liebe an der frischen Luft ist nämlich grundsätzlich nicht verboten. Die sprichwörtliche *Erregung öffentlichen Ärgernisses* gibt es zwar immer noch (§ 183a Strafgesetzbuch), aber um da belangt werden zu können, müßten Sie schon mit dem ulkigen Vorsatz rangehen, *dabei* oder *damit* andere ärgern oder beeinträchtigen zu wollen – wer will das schon.

Und wer Sie bei der Erregung beobachtet und sich in seinem sittlichen Empfinden beeinträchtigt fühlt, der muß erst mal die Wachtmeister holen.

Die Liebe im Hotel

»Wie ist das mit dem Hotelzimmer?« Das ist die von Frauen mit Abstand am häufigsten gestellte Frage nach der Praxis. Der Gedanke, selbst ein solches Zimmer zu organisieren, ist für viele Frauen der blanke Horror – was ist, wenn die an der Rezeption unsere Ausweise sehen wollen? Gucken die nicht komisch, wenn wir nach zwei Stunden wieder gehen? Und zwei Stunden bleiben und die ganze Nacht bezahlen – kann man nicht wenigstens sagen, daß man kein Frühstück braucht?

Männer sind da cooler, die sehen ihr Ziel: das Bett für sich und Ihren Schatz, und das organisieren sie dann schon. Überlassen Sie die Hotelsuche also getrost Ihrem Liebsten, wenn sie Ihnen unangenehm ist.

Welches Quartier ist geeignet? Spielt Geld keine Rolle, muß es nur einfach gefallen und so gelegen sein, daß man nicht unbedingt damit rechnet, Bekannten zu begegnen. Folgendes gilt für alle Hotels, Pensionen, Ferienwohnungen (problematisch: die teure Endreinigung…): Wie kommt man hin, wo steht das Auto? Über kurz oder lang landen die meisten Pärchen in Hotels am Stadtrand oder in einem Viertel der Großstadt, in dem sie natürlich nicht selbst wohnen. Auch wer vom Land kommt, bevorzugt die nächstgelegene Klein- oder Großstadt – und sieht man sich da auf dem Hotelparkplatz um, fallen einem plötzlich jede Menge Autos mit einheimischem Kennzeichen auf! Was sagt uns das? Klar, lauter Menschen, die mit anderen Angereisten zum Geschäftsessen verabredet sind!

Wer auf dem Parkplatz schwarz auf weiß vom Nummernschild abliest, daß er hier nicht allein in geheimer Liebesmission reist, ist meist eher beruhigt als nervös. Und wenn Sie beim Einsteigen beobachten, daß auch andere Pärchen gemeinsam aus dem Haus kommen (die Vorsichtsmaßnahme Einzelnkommen – Einzelngehen, lassen viele nach einer Weile weg), dann in getrennte Autos steigen, wissen Sie Bescheid.

Sollten Sie wirklich mal einen der Einsteigenden kennen und der winkt dann perplex herüber, was soll dann sein? Vielleicht stottert der Bekannte noch: »Ach, Sie auch hier? Was für ein Zufall!«, dann blicken Sie natürlich durch. Und wenn der Ertappte was von »…habe den Konferenzraum besichtigt…« oder »…die haben hier ein super Angebot für unsere Betriebsfeier…« murmelt, dann werden Sie ihn nicht mit einem »…und ich hatte gerade flotten Sex, aber bitte nichts meinem Mann sagen« schockieren. Erlaubt ist die

Bitte zu schweigen durchaus, und zwar wie folgt: »Ich will meinen Mann mit einem Brunch zum Hochzeitstag überraschen, jetzt gucke ich schon mal, was so in Frage kommt, und hier macht das ja einen ganz netten Eindruck. Aber nix verraten, ja?« Unwahrscheinlich, daß Ihr Gesprächspartner in den nächsten Tagen Ihren Mann trifft und dann auch noch brühwarm erzählt, daß er Anlaß hat, Ihre schönen Überraschungspläne nicht ernst zu nehmen.

Aber außer der Logistik spielt die Preisfrage eben doch meist eine Rolle: Sie wollen kein ranziges Zimmer mit Schleiflack-Charme. Etagenbetten müssen Sie bestimmt nicht fürchten, aber auch Besucherritzen stören, am liebsten hätten Sie eine Badewanne... Wenn's halbwegs schön sein soll, wird sich wahrscheinlich einer von Ihnen überwinden müssen, potentielle Liebesnester zu inspizieren und über den Preis zu reden, vielleicht fragen Sie elegant nach einem Tageszimmer. Das bieten insbesondere die großen Häuser oft an, aber deswegen muß dieser Preis im Hotel der vielen Sterne noch lange nicht so sein, daß sie ihn akzeptabel finden.

Gehen Sie ohnehin von Zeit zu Zeit gern als Gast in ein Fitneßstudio, dort auch in die Sauna, und tut ihr Liebhaber-Pendant das auch, dann rechnen Sie doch mal gemeinsam, ob das dort zu zweit ausgegebene Geld nicht besser angelegt ist für ein Zimmer in einem Hotel mit ebendiesem Angebot: Schwimmbad, Fitneß, Sauna – das machen Sie dann natürlich alles, ergänzt um Ihre ganz privaten Wellnessübungen. Und *sollte* Sie im Hotel jemand gesehen haben – dann waren Sie dort eben schwimmen!!! Das können Sie im Zweifelsfalle auch zu Hause erzählen, viele Menschen ziehen die ruhigere Atmosphäre einer Hotelsauna dem aufgeregten Treiben im Fitneßclub vor.

Erfahrene Liebhaber-Pärchen lachen irgendwann über ihre Anfangsschwierigkeiten, das passende Quartier zu finden. Erscheint eines sicher, ist erschwinglich, mit angenehmem Bett, dann findet sich der Rest – das bißchen, was störend sein könnte, gleichen Profis aus durch Vorhang zuziehen, Teelichter an, Lieblings-CD in den selbst mitgebrachten Ghettoblaster (da können Sie sich dann trösten: Auch Hotels mit vielen Sternchen vergattern Sie in punkto Musik meist zum Radiohören aus billigsten Monoempfängern der Nachkriegszeit oder dem Lautsprecher des Fernsehgeräts, beides nicht toll!). Ansonsten sind Sie und Ihr Liebster sich ja selbst genug.

Zeitaufwand und Mühe des Suchens haben sich gelohnt, wenn Sie Ihr Stammquartier gefunden haben. Das kann auch durchaus in einer privaten Pension oder einem kleinen Hotel sein. »Lieber nicht!«, las ich zur Pensionsfrage mal in einem anderen Buch, lieber nicht, denn es könne sein, daß der private Pensionsbesitzer was gegen Seitensprünge habe und sich daher die Mühe mache, über ihr Autokennzeichen Ihre Identität zu erkunden, um dann dem Ehepartner…

Diese Bedenken erzählte ich einer Frau, die gerade ihr vierjähriges Liebhaber-Jubiläum in *ihrem* Bett in so einer lauschigen Vorortpension gefeiert hatte – der Geschäftsführer hatte zur Feier des Tages die Sektflasche, die sich das Pärchen dort selbstverständlich kaltstellen darf, gegen Champagner ausgetauscht. Unsere Expertin meinte: »Leute wie wir sind doch Stammkundschaft in Hotels und Pensionen, wir sind doch eine sichere Bank – und Geschäft ist Geschäft, schließlich kann das Zimmer noch mal vermietet werden, wenn wir wieder weg sind, welcher Geschäftsmann denkt da an Moral?« Vielleicht sollte man sich nicht unbedingt eine Bleibe suchen, in der schon über der Rezeption ein Kruzifix hängt.

Manche sorgen sich, daß es Probleme mit der Anmeldung, einem Meldeschein geben könnte – die kann man beruhigen, egal, was auszufüllen ist, das tut vernünftigerweise nur einer von zweien, und kein normaler Rezeptionist piesackt Sie mit dem Ansinnen, das, was da aufgeschrieben steht, mit den Daten in Ihrem Ausweis vergleichen zu wollen. Wenn Sie Angst vor dem Postleitzahlen-Suchprogramm des Computers haben, dann geben Sie eben eine Adresse aus dem Telefonbuch oder einer Firma an.

Da Sie gleich und bar zahlen, gibt es auch keine Probleme mit dem Kreditkartenzettel, Rechnung oder Quittung vernichten Sie sofort. Und selbstverständlich vergessen Sie nichts in diesem Zimmer – ein hängengelassenes Kleidchen *könnte* man Ihnen (Gott sei Dank!) nicht nachsenden (falsche Adresse…), ein vergessenes Portemonnaie oder Unterlagen mit Ihrer richtigen Adresse – das könnte unangenehm werden.

Das private Bett auf Zeit

Meine Nachbarin liebte Australien, das erste Mal fuhr sie dorthin in den Urlaub, und weil die Reise weit und der Flug nicht billig war, wollte sie gleich sechs Wochen bleiben und ihre Wohnung in der Zeit vermieten. Ihr Chef kriegte das mit: den langen Urlaub, im Gespräch dann auch das Vermieten. Und als Cornelia, angefüllt mit Bildern vom Ayers Rock und Känguruhs, zurück war, fragte der Mann irgendwann ganz diskret: Er hätte da eine Bekannte, die hätte ein Problem – sie bräuchte ab und zu eine Wohnung für ein paar Stunden… Ob sie, meine Nachbarin Cornelia, mit der Frau nicht mal sprechen könnte. Gesagt, getan.

Eines Abends beim Wein erwähnt meine Nachbarin ganz nebenbei: »Wunder dich nicht, wenn jetzt manchmal tagsüber jemand in meiner Wohnung ist…«

Der Bekannten vom Chef konnte gegen einen kleinen Betriebskostenzuschuß geholfen werden. Fortan kam montags so gegen zwei jemand, ein Schlüssel drehte sich im Schloß, Tür auf, Tür zu. Ein Viertelstündchen später klingelte es… Nummer zwei.

Musik, manchmal waren sie auch zu hören…

Als ich mal an einem Montag abend bei meiner Nachbarin in der Küche saß, sah ich zwei frisch abgewaschene Sektgläser auf der Spüle stehen… »Guck mal«, sagte Cornelia und öffnete den Kühlschrank, um uns ein neues Glas Prosecco einzuschenken, »die stellen sich jedes Mal Nachschub fürs nächste Mal kalt.« Champagner, feine Sache.

Nach ein paar Monaten – das Pärchen kam wirklich regelmäßig – fragte mich die Nachbarin: »Sag mal, hast du den Mann eigentlich schon mal im Treppenhaus gesehen?« Hatte ich, aber meine Beschreibung reichte nicht aus.

Irgendwann konnte ich dann eine genauere liefern: eher klein, schütteres, graues Haar, vielleicht Mitte 40. »Das kann doch nicht wahr sein…« Cornelia kicherte vor sich hin: »Ich freß 'n Besen, wenn das nicht mein Chef selber ist.«

Ihr Chef – sein Bettzeug für die speziellen Stunden in einer Schublade von Cornelias Kommode, hin und wieder kam die Freundin mit großer Tasche und brachte frische Wäsche mit, packte die alte ein…

Die Idee des Pärchens war nicht dumm: Beide waren verheiratet, beide Geschäftsleute. Bei Treffen im Hotel in der eigenen Stadt war ihnen mulmig geworden: Was, wenn jemand aus dem Bekanntenkreis sie dort sähe? Die Wahrscheinlichkeit erschien ihnen hoch.

Dagegen eine Privatwohnung in einem Mietshaus mitten in der Stadt: Hätte jemand die Frau nachmittags um zwei in unserem Hauseingang verschwinden sehen, hätte sie in dem Zwanzigparteienhaus immer eine neue Bekannte besuchen können. Einen verdächtigen Namen hätte selbst ihr Ehemann am Klingelschild nicht ausmachen können.

Und der Chef – hätte seine Frau ihn zufällig in unserer klitzekleinen Straße erblickt und aufs Klingelschild gesehen, hätte sie den Namen einer Infotypistin aus der Firma entdeckt. Daß meine Nachbarin etwas mit ihrem Chef haben

115

könnte, hätte für die Ehefrau so unvorstellbar sein müssen wie für alle anderen auch. Aber das war's ja nicht allein: Cornelia war montags um zwei nachweislich in der Firma, immer!

Schlau ausgedacht – und der Chef wußte, daß er sich auf seine ebenso vergnügte wie loyale Mitarbeiterin verlassen konnte.

Von diesem Chef kann man, was seine Phantasie anbelangt, eine Menge lernen. Werfen Sie einen Blick in die Mitwohnangebote der Stadtmagazine, strecken Sie die Fühler aus – vielleicht können Sie mit einem privaten Vermieter etwas ähnlich Keckes aushandeln wie mit Cornelia. Auf jeden Fall: Ihre Tasche verschwindet in der fremden Wohnung dezent im Schrank, eigene Bettwäsche, Kerzen, Sekt, Naschereien, Picknick, Musik verwandeln den Ort des Geschehens in Ihr perfektes Liebesnest.

Nicht ohne Sekt und Erdbeeren

»Wir haben uns Sekt und Erdbeeren mitgebracht« – »Ich habe noch schnell eine Flasche gekühlten Sekt an der Tankstelle besorgt« oder: »Er hatte alles vorbereitet: Der Sekt war in einer Kühlmanschette, die Erdbeeren standen in einem Schälchen.« Ob ausgesprochene Romantiker wie Gabi und Uli oder ob Pärchen, die miteinander hauptsächlich neue sexuelle Welten entdecken möchten: Sekt und Erdbeeren sind fast immer dabei, das unvermeidliche Handy natürlich auch, aber wenn's so richtig kuschelig und aphrodisierend werden soll, gesteht sogar ein scheinbar widerstrebend zum Liebhaber gewordener Mann wie Sven: »Im Hotel trinken wir so süßen Sekt, das ist pervers, das würde ich sonst nie trinken, dieses klebrige Zeug... Was mich immer erstaunt, wie sehr diese Atmosphäre, dieser Spannungsbogen sich auswirkt...« Ja Sven, genau.

Klassische Aphrodisiaka wie Spanische Fliege müssen nicht sein, aber jeder weiß, daß leckeres Essen die Liebe durchaus beflügeln kann: Wenn sie keine Angst vor Entdeckung haben müssen, lassen sich auch Liebhaber-Pärchen vorher oder hinterher nur zu gern beim Italiener Saltimbocca in den Mund springen, das mehrgängige Menü im Spitzen- oder In-Lokal ist auch für verwöhnte Gaumen meist tabu (Bekannte…), aber irgendwie schaffen es alle, die Liebe auch ein bißchen durch den Magen gehen zu lassen.

Wer die Öffentlichkeit absolut scheuen muß, deckt sich das Nachttischchen, stellt die Leckereien neben die mit duftendem Schaum gefüllte Badewanne oder breitet die Picknickdecke aus. Wie gesagt: Sekt und Erdbeeren führen eindeutig die Hitliste der beliebtesten Naschereien. Und wenn Sie demnächst in der Feinkostabteilung Ihres Kaufhauses, am Salatstand auf dem Wochenmarkt oder auch der Käsetheke im Supermarkt von einem Bein aufs andere treten, weil da mal wieder jemand wählerisch Miniaturportiönchen kauft – denken Sie dran, daß »ein kleines Schälchen Krabben und dann noch eines mit diesem leckeren Flußkrebssalat« oder »ein winziges Stück von dem schönen Munster, der ist doch genau richtig gereift? Und paar Röllchen Tête de Moine« wahrscheinlich nicht für den familiären Abendbrottisch gedacht ist, sondern fürs Naschen vorher oder danach (mittendrin dann eher: Erdbeeren).

Liebhaberinnen und Liebhaber genießen dieses Einkaufen, das Suchen nach überraschenden Köstlichkeiten, geradezu, gibt es ihnen doch die Möglichkeit, in Vorfreude zu schwelgen, ohne daß sie sich großartig verdächtig machen – und das glückliche Gesicht des Liebsten oder der Liebsten beim vergnügten Liebespicknick ist natürlich auch etwas anderes als mit knurrendem Magen dran zu denken, daß man vorm Nachhausefahren dringend einen Schokoriegel verschlingen oder sich zu Hause gleich auf den Kühlschrank stürzen muß.

Aufpassen, aufpassen, aufpassen!

Gehen Sie auf Rufnummer sicher

Wenn es sich irgend vermeiden läßt, telefonieren Sie mit Ihrem liebsten Wesen nicht von Ihrem Telefon zu Hause. Denken Sie an Ihre Großmutter, die hatte auch kein Telefon, und wenn sie ihr Gschpusi wieder treffen wollte, mußte sie mit ihm vereinbaren: nächsten Mittwoch um acht unter der Linde. Punkt. Aber wir leben doch heute im Zeitalter der Kommunikation, sagen Sie, man habe sich so ans Telefonieren gewöhnt, und man könne doch auch ganz vorsichtig sein. Man kann aber auch schlicht mal vergeßlich sein oder der Partner zufällig mit großen Ohren hinter der angelehnten Tür – oder mit voller Absicht auf Beweissuche!

Nein, auch wenn Sie dran denken, daß Ihr Telefon zum Beispiel eine Wahlwiederholung hat… Davon hören Sie das erste Mal? Ich meine die kleine querliegende Acht auf einer der Tasten neben den Zifferntasten. Drücken Sie mal drauf bei aufliegendem Hörer, und noch mal und noch mal. Möglicherweise haben Sie jetzt drei verschiedene Rufnummern gesehen, die Sie kennen, die von Omi, vom Büro und dem Schulfreund Ihres Sohnes. Vielleicht sahen Sie auch Null, noch mal die Null und noch mal Null?

Das würde mich sofort stutzig machen: Da hat jemand (Ihr Mann? Ihre Frau?) den Hörer abgehoben, die Null gedrückt, aufgelegt, noch mal und noch mal das Ganze. Warum? Schusseligkeit? Wohl kaum – da wurden absichtsvoll gewählte Rufnummern rausgekickt, die sonst nachvollziehbar gewesen wären. Wahlwiederholung *intelligent* löschen ist das mindeste nach dem Anruf beim Liebsten, also Rufnummer Omi wählen, auflegen, dasselbe mit Büro und

Schulfreund, wie oft Sie das wiederholen hängt von der Zahl der gespeicherten Wiederholer ab.

Lassen Sie das Telefonieren vom heimischen Apparat trotzdem lieber. Natürlich haben Sie schon vom sogenannten Einzelverbindungsnachweis gehört, bei dem die Telekom Nummer für Nummer der Verbindungen, die zustande kamen, auflistet. Auch solche, die mit Call-by-Call-Anbietern gemacht werden, also mit Fremdfirmen. Und es ist fast egal, ob in dem Einzelverbindungsnachweis die ganze Nummer steht oder die letzten Ziffern fehlen. Selbst einem wenig mißtrauischen Ehepartner kann auffallen, daß Sie regelmäßig – und auch mal mitten in der Nacht – eine Mobilfunknummer oder einen Festnetzanschluß in Essen oder Erfurt anrufen.

> »Manchmal ist es auch passiert, daß wir bei ihr zu Hause waren und gerade Sex hatten und ihr Mann rief an. Sie ist halt ans Telefon gegangen. Ich glaube, das können nur Frauen. Ich als Mann würde es klingeln lassen.«
> *Wolfgang, 49, Angestellter*

Nun haben Sie ja zu Hause keinen Einzelverbindungsnachweis, das wissen Sie genau, fein! Aber wiegen Sie sich nicht in Sicherheit: Wenn jemand möchte, zum Beispiel, weil er meint, die Telefonrechnung sei aber diesmal besonders hoch ausgefallen: Dann bekommt er von der Telekom problemlos den Einzelverbindungsnachweis für die vergangenen Wochen nachgeliefert! Na, was würde Ihnen in so einem Fall um die Ohren fliegen?

Also: Wer auf Nummer sicher gehen will: Hände weg vom Anschluß zu Hause.

Versteht sich von selbst, daß es auch nicht besonders helle ist, wenn der Liebhaber Sie von seinem heimischen Apparat anruft und so seiner Frau Indizien liefert. Außerdem könnte es ja passieren, daß Ihr Mann rangeht... Sagen Sie jetzt nicht: Nein! Es *kann* passieren. Selbst wenn Ihr Liebhaber

119

dann sofort auflegt: Es gibt Menschen, die sich mit einem Blick auf das Display die angezeigte Telefonnummer merken! Und wer denkt – außer Ihnen – schon immer daran, die Rufnummerunterdrückung (im Menü einstellen!) für den eigenen Anruf einzuschalten.

Das Handy und seine Abgründe

Selbstverständlich hat das Handy das Liebhaberwesen revolutioniert: Hier mal schnell eine SMS *Ild* (Ich liebe dich), da mal schnell auf dem Nachhauseweg durchgeklingelt. Es macht vieles einfacher, nicht nur für heimliche Liebesbeziehungen – Scheidungsanwälte verzeichnen in ihren Kanzleien immer mehr Mandanten, die ihrem Scheidungsbegehren Nachdruck verleihen, indem Sie mit abgefischten Handyrechnungen des Partners oder dessen ausgedruckten Flirt-SMSen wedeln.

Kaum jemand, der im normalen Alltag kein Handy benutzt, Liebhaberinnen und Liebhaber haben meist ihr eigenes, schon lange, ganz für sich, es ist selbstverständlich, daß der Partner oder die Partnerin nicht rangeht, schon gar nicht in den Speichern stöbert – man liest ja auch nicht im Tagebuch des anderen (ähem).

Viele wiegen sich in trügerischer Sicherheit, besonders dann, wenn der Ehepartner so gar kein Interesse für diese Technik zeigt. Wir wollen nun nicht ausgerechnet ihrem Ehepartner unterstellen, daß er heimlich hin und wieder auf Ihren privaten kleinen Tasten herumdrückt – aber manche tun's doch. Lassen Sie Ihr Handy einfach nicht frei rumliegen. Und wenn Sie dafür einen gruseligen Motivationsschauer brauchen: Woher kann der schöner kommen als aus dem Sex-and-Crime-geprüften England? Über die Hälfte der Engländerinnen räumen ein, regelmäßig die SMSe ihrer

Partner auf deren Handys zu checken. Ist es wirklich tröstlich, daß das umgekehrt nur ein Drittel der Männer taten? Was könnte sich Agatha Christie heute alles für tolle Fälle ausdenken.

Wer sich gut auskennt mit dem Handy, mag das Risiko einschätzen können. Natürlich werden alle Anruflisten regelmäßig gelöscht, das ist dann notfalls Ihre *Macke,* die haben viele. SMSe vom und an das liebste Wesen löschen Sie (und schreiben Sie nicht vorher irgendwohin ab, Sie übertragen Sie auch nicht auf Ihren Computer!).

Daß das liebste Wesen nicht mit genau diesem Namen in Ihrem Telefonverzeichnis steht, ist selbstverständlich – was sonst, wenn Ihr Telefon zwar leise gestellt ist, auch nicht vibriert beim Anruf, aber im Display liest Ihr Mann oder Ihre Frau zufällig *Anruf liebstes Wesen,* und er oder sie denkt: Wieso, ich telefoniere doch gar nicht? Da ist es schon besser, für den Fall, daß das liebste Wesen seine Rufnummerunterdrückung vergessen haben sollte, im Display erscheint *Rezept-Hotline* oder *Börsen-News* (so ins Telefonnummernverzeichnis, Rufnummer liebstes Wesen, fertig).

Wer im Leben *vor* dem Liebhaber ohne Handy auskam, jetzt dringend eines braucht, sollte besonders vorsichtig sein, gerade wenn der Lebenspartner in der Handytechnik einen Wissensvorsprung hat. Zuallererst ist klar: Sie kaufen sich ein Handy mit Prepaid-Karte. Sie laden diese Karte auf und telefonieren sie ab, das heißt: Es gibt keine verräterischen Abrechnungen, keine Abbuchung vom Konto (die wollen Mobilfunkfirmen nämlich sicherheitshalber).

Warum Sie plötzlich ein Handy brauchen, obwohl Sie nie eines wollten, ist auch klar: Alle haben eins, und außerdem machen Sie ja gerade diesen Kurs an der Volkshochschule (nicht wahr? Sie pflegen jetzt mehr eigene Hobbys, Sie brauchen ja mehr flexible Zeit!), auf dem Rückweg ist es schon dunkel, da ist es mit Handy einfach sicherer.

Sie werden als Handy-Einsteiger nicht den Fehler machen, den die Handy-Junkies verinnerlicht haben: per Handy immer und überall erreichbar zu sein. Das mag gehen ohne Liebhaberei, aber wenn es klingelt, gerade wenn's mal wieder am schönsten ist, das stört!

Auch Handy-Junkies haben eine Möglichkeit, sich aus ihrer Abhängigkeit und allzeitigen Verfügbarkeit zu befreien. Äußern Sie zu Hause ihr Unbehagen über die immer mehr zunehmende Strahlung durch Mobilfunkantennen. Und stellen Sie nicht auch fest, daß Sie nach längeren Telefonaten mit dem Handy so einen gewissen Druck im Ohr verspüren, der mit Normaltelefonen nie aufkommt? Da erscheint es nur folgerichtig, daß Sie die Strahlung einschränken, indem Sie das Handy künftig so viel wie möglich ausschalten (»Es ruft mich ja ohnehin nur die Firma an, Liebling«).

Falls Ihr plötzliches Ökobewußtsein verdächtig wirken würde: Entpuppen Sie sich als Entschleuniger: »Liebling, ich finde diesen Streß mit dem Handy, daß man immer verfügbar ist, furchtbar, ich habe da gerade wieder so etwas Interessantes gelesen, es ist viel besser, das Telefon öfter abzustellen oder wenigstens leise zu machen. Gerade beim Autofahren oder bei der Arbeit geht das doch eigentlich gar nicht, daß man immer auf Empfang ist. Ich finde, wir sollten auch unseren Anrufbeantworter wieder öfter einschalten – wenn wir essen, essen wir und wollen nicht telefonieren...«

So oder ähnlich. Künftig werden Sie Ihr Telefon bedenkenlos für zwei, drei Stunden leisestellen können. Ihre Frau oder Ihr Mann hätte in der Zeit sowieso nicht angerufen, und wenn doch: Dann haben Sie wenigstens noch Gelegenheit, sich zu überlegen, was Sie sagen, wo Sie sind, vielleicht können Sie sogar für den Rückruf eine Kneipe oder eine Straßenbahn aufsuchen...

Ihr Handy als elektronische Fußfessel!

Wenn Sie denken, beim Thema Handy seien Sie absolut sattelfest, kann ich nur sagen: dachte ich auch. Natürlich kann man mit Handys nicht nur telefonieren oder simsen.

Eines Tages sprach mein Freund: »Paß auf, ich zeig dir was. Stell dir vor, du schläfst. Augen zu. Nun nehme ich dein Handy mit. Du schläfst weiter.«

Er geht an den Computer, in Nullkommanichts ist er im Internet auf der Seite von meinem Mobilfunkanbieter. »So, jetzt nehmen wir mal die Funktion *Handy finden*.« Zum Einloggen gibt er meine Rufnummer an, die Pin oder Kennziffer fehlt ihm, aber nach ein paar Mal Tastendrücken bekommt er eine zugesandt – auf mein Handy. Ich merke nichts, ich schlafe ja! »Piep, Piep« macht mein Handy, da steht die Zahl. Die gibt er ein, und siehe: Auf dem Bildschirm erscheint ein Stadtplan, dazu ein Symbol, das mein Handy sein soll: Es befindet sich in Hamburg, Eppendorfer Landstraße. Das Handy-Symbol auf der Karte ist zwar ein bißchen in eine Seitenstraße verrutscht, aber wäre ich jetzt in der blöden Lage einer Ehefrau, die zu Hause erzählt hat, sie sei in Lübeck oder habe vor, in Hamburg am Neuen Wall zu bummeln … Hmm, hmm.

Könnte ja auch sein, daß der Spion, der für sein finsteres Tun nur die Handynummer und die erschlichene Kennzahl braucht, schon einen bestimmten Ort als verdächtig im Sinn hat – der Handy-Finder liefert den Beweis.

Sicher ist es nicht nett, dem anderen im Schlaf das Handy zu entwenden, man muß auch wirklich nicht damit rechnen, aber das ist es ja gerade: Die meisten Menschen wissen gar nicht, wie dieser Handy-Finder funktioniert, daß es reicht, daß der neugierige Partner sich einmal Zugang zu Handy und Internet verschafft, um eine Zugangsnummer zu erhalten – und fortan kann er dich und dein Handy orten, wann immer er will.

Na, haben Sie jetzt einen gründlichen Schrecken bekommen beziehungsweise: Juckt es sie als Ehefrau oder Ehemann, Ihren Partner bei nächster Gelegenheit dranzukriegen? Überlegen Sie's sich gut, denn wenn Sie die Aktion *Handy finden* durchgezogen haben, wissen Sie zwar Bescheid, wo das Handy mit dranhängendem Partner ist – aber Ihr Partner bekommt fairerweise eine SMS, die tröstlich wäre, hätte er sich unrettbar in den Tiefen eines finsteren Waldes verirrt, auf dem Display erscheint: Ihr Handy wurde gefunden!

Was macht man, wenn man diese Nachricht bekommt? Den vermuteten Spion ansprechen, wenn man wirklich nur auf harmlosem Terrain geortet wurde? Nichts sagen und künftig noch vorsichtiger sein, Zusatzhandy anschaffen, das alte zu Übungszwecken und in Ernstfällen regelmäßig ausschalten (ein abgeschaltetes Handy läßt sich nicht orten ...)?

Sie merken schon, die vielen neuen Möglichkeiten der Technik machen das Leben auch komplizierter, und man kann nicht ständig auf dem laufenden sein, was noch Neues entwickelt wurde. Darum: Vorsicht!

Die fiese, fiese Handy-Rechnung

Carl, 42, selbständiger Elektrotechniker

Carl und Jutta trafen sich regelmäßig alle vier bis sechs Wochen, und das seit drei Jahren. Beide hatten ihr eigenes Handy, es bestand keine Gefahr, daß Carls Frau oder Juttas Mann die Handy-Rechnungen zu sehen bekam, alles prima.

Da begab es sich, daß Carl seinen Handyvertrag kündigte und einen neuen abschloß. Er dachte nicht, daß daran irgend etwas gefährlich sein könnte. Aber statt die Rechnung wie bisher nur online auf den nur ihm zugänglichen Computer zu bekommen, flatterte die Abrechnung plötzlich in einem

Briefumschlag ins Haus. Im Grunde unproblematisch, denn eigentlich macht Carl seine Post selbst auf. Nun war Carl gerade, was sonst nie-nie-nie vorkommt, ein paar Tage auf Dienstreise, und seine Frau machte versehentlich (?) seine Post auf. Hätte sie eine seiner alten Rechnungen vom alten Anbieter gesehen, wäre das keine Katastrophe gewesen, denn die hatte keine einzeln aufgelisteten Gespräche mit Rufnummer und Uhrzeit. Hatte die neue aber ...

Daß Carl eine Rufnummer öfter anruft, auch manchmal zweimal am Tag, *tagsüber*, zu christlichen Zeiten, das wäre seiner Frau vielleicht noch nicht mal aufgefallen, sie wäre wohl auch kaum auf die Idee gekommen, diese Nummer einfach mal zu wählen und zu horchen, wer sich meldet (wie neutral ist doch als Angerufene ein freundliches »Hallo?«, das man sich leicht angewöhnen kann für Anrufe mit unbekannter Rufnummer. Und auf die Mailbox kann man sprechen: Hier ist der Anschluß 789 789 789 statt zu sagen: Hallo, hier Martina Rellin).

Also, Carls Frau hat nirgendwo angerufen, das nicht, aber als Carl von seiner Geschäftsreise wiederkam, hat sie ihn einfach gefragt: »Sag mal, wen rufst du eigentlich mitten in der Nacht, zwischen zwei und drei Uhr, viermal hintereinander an, alle Viertelstunde????«

Tscha, genau so war's gewesen, Carl und Jutta hatten sich nach sechs Wochen mal wieder getroffen, auf halber Strecke zwischen den Wohnorten der beiden, im Hotel. Offiziell war Carl an dem Abend mit den Sportfreunden versumpft, er hatte extra den original Kneipengeruch hergestellt mit einem Absacker in der Bahnhofsgastronomie ...

Ja, aber er hatte Jutta auf dem Nachhauseweg wirklich viermal angerufen – weil er Angst hatte, sie würde sonst am Steuer einschlafen, sie hatte sich nämlich nur mit Mühe wieder aus der gemeinsamen Bettstatt gehangelt.

Und nun wollte seine Frau also wissen, wen er da angerufen hatte. Carl hatte eine Chance zu lügen: Er hätte sagen können, er habe den Kumpel angerufen, der nach dem Kneipenbesuch so müde war. Dann hätte er schnell Jutta informieren müssen, daß die ihr Handy ausmacht. Dann hätte schnellstmöglich ein Mann Juttas Mailbox besprechen müssen: »Hier ist der Anrufbeantworter von Carls Kumpel Jochen, falls irgendwelche Zweifel an der Identität dieses Anrufbeantworters bestehen...«. Ja, das wäre gegangen, dann hätte Carl am nächsten Tag nachmittags, wenn seine Frau immer noch eine Schnute zieht, gesagt: »Komm, jetzt rufen wir die Nummer mal an... Siehst du...«

Zugegeben, es gehört nicht wirklich zum Thema Handy, aber sicher wollen Sie wissen, was weiter passiert ist?

Carl hat – einfach die Wahrheit gesagt. »Ich habe eine Freundin, das geht schon eine Weile so, ja, und ich habe nicht vor, die Sache zu beenden, es ist etwas ganz anderes als mit uns, es ist deine Sache, wie du nun damit umgehst.« Das kann man nun nett finden oder nicht so nett, jedenfalls: Wegen der Sache mit dem Handy ist die Affäre aufgeflogen.

So war das mit Jutta nicht vereinbart, im Zweifelsfall gilt ja immer: Nur zugeben, was einem klar nachgewiesen werden kann. Es jetzt anders zu machen, war Carls einsame, vielleicht sogar spontane Entscheidung. Die Jutta auch durchaus gefallen hat: Es schmeichelte ihr, daß er auf diese Weise zu ihr stand, denn er hat die Beziehung zu Jutta nach der Offenlegung nicht abgebrochen.

Trotzdem: Was mit Carls Ehe weiter passiert, liegt mehr oder weniger in den Händen seiner Frau. Wenn seine Frau wollte, könnte sie aber auch Jutta (und deren Mann!) auf den Pelz rücken, die Handynummer hat sie ja schon...

Wir lassen uns das Beispiel Warnung sein: Mit dem eigenen Handy kann man so sorgsam sein, wie man will – das

Handy des anderen birgt auch Risiken. Carls Frau hätte Juttas Namen herausbekommen können, recherchieren, wer sie ist, sie unangemeldet zu Hause aufsuchen können – und dann womöglich auf ihren Mann treffen. Hätte, hätte, hätte – hat sie aber nicht (Notbremse: schlimmstenfalls hätte Carl dann Juttas Mann anrufen und sich für seine bedauernswerterweise krankhaft eifersüchtige Frau entschuldigen können. Hätte Juttas Mann schlucken können. Hätte – mußte er ja aber nicht, weil es gar nicht so weit kam).

www.nicht-erwischen-lassen.de

Sie möchten nicht, daß Ihr Ehepartner die zärtlichen Mails an Ihren Liebsten liest? Sie wollen nicht, daß im Betrieb offenbar wird, auf welchen Webseiten Sie nach Hotels gesucht haben? Hundert Prozent Sicherheit bringt nur: Finger weg vom Computer.

Das fällt Ihnen schwer, das ist einzusehen, und darum erwägen Sie doch ernsthaft die zweitbeste Lösung, die umzusetzen immer leichter wird: Machen Sie Pause im Internetcafé, schicken Sie Ihre Liebes-Mails über die nur Ihnen bekannte Web-Mail-Adresse, verabreden Sie sich möglicherweise sogar zum Chatten für Ihre Zeit im Internetcafé (hinterher sicherheitshalber noch im Menü unter *Verlauf* die angewählten Seiten löschen, zeigt Ihnen notfalls ein Mitarbeiter).

Gut, Sie wähnen sich schon heute auf der sicheren Seite, weil Sie nie im Büro privat surfen oder mailen, und daher werden Sie auch nie ärgerliche Post vom Webmaster der Firma nach Hause bekommen, möglichst noch mit Abrechnung für die penibel aufgelisteten Aktionen, die Sie da während der Arbeitszeit vollführt haben. Passiert Ihnen nicht.

Aber der Computer zu Hause – wenn Sie ihn zusammen mit Ihrem Partner benutzen ist ohnehin schon Vorsicht geboten. Gemeinsamer E-Mail-Account: geht gar nicht. Ihr Partner kann auch mal aus purem harmlosen Versehen eine Mail öffnen, die für Sie bestimmt ist.

Sie haben zu Hause einen eigenen Computer – nie war er mit einem Paßwort geschützt, aber jetzt plötzlich tun Sie geheim. Machen Sie das nur, wenn Sie eine einleuchtende Erklärung dafür haben – mir fiele lediglich die *Angst vor Einbrechern* ein, aber wenn Ihr Partner meint, er sei ja kein solcher, und womöglich sogar noch fragt: »Hast du was zu verbergen?« Mit welcher ausgefeilten Technik stellen Sie sich dann bockig?

Im Zweifelsfall helfen nur Prinzipienreiten und Totschlagargumente: »Also mich nervt es kolossal, daß man jetzt auch privat zum gläsernen Menschen wird, überhaupt, du mutierst allmählich zum eifersüchtigen Ehemann, du wirst richtig besitzergreifend, Mann, ey, ich halte das bald nicht mehr aus, daß du mich dauernd kontrollierst.« Fies, fies, fies, aber vielleicht die letzte Rettung?

Auf jeden Fall ist Ihr Paßwort so gewählt, daß Ihr Partner auch beim geheimen Panzerknackereinsatz an Ihrem Computer nicht draufkommt, also nicht die Namen von den Kindern, auch nicht der vom Familienhund, keine Geburtsdaten oder ähnliches.

Einen Ordner mit eindeutigen Texten haben Sie ja nicht auf dem Computer abgelegt – und wenn doch, dann hoffentlich unter einem absolut unverdächtigen Namen (es ist trotzdem nicht schwer, in letzter Zeit oft benutzte Ordner herauszufiltern). Auch wenn Sie glauben, einschlägige Mails immer gelöscht zu haben, ebenso wie den *Verlauf* ihrer Ausflüge im Internet, also die Liste der gesuchten Websites – haben Sie auch immer-immer-immer den Papierkorb leer gemacht? Und daß auch bereits gelöschte Texte von findigen

Experten wieder auf der Festplatte herbeigezaubert werden können, meistens ja sehr zu unser aller Segen, das haben Sie gewiß auch schon gehört.

Wer sich ganz sicher glaubt, mailt vielleicht trotzdem mit dem Liebsten über eine Web-Mail-Adresse (kostenlos und relativ einfach angelegt bei hotmail, web oder gmx.de – hier können Sie auch Ihre Mails gemütlich, kostenlos und unterschiedlich lange lagern).

Das Tückische an der Computerei: Fliegen Sie dadurch auf, haben Sie schlechte Karten mit der bewährten Strategie Alles-leugnen. Es fällt schwer zu sagen: »Ooch, das läuft noch nicht lange«, wenn der Partner die gesammelten Mails seit 1805 in der Hand hält!

Sie selbst können am besten einschätzen, wie fit Ihr Partner mit der Technik ist und wie groß seine Neugier. Auch wenn Ihr Partner sich für Handys und Computer null interessiert: Das kann von heute auf morgen anders werden, und es gibt immer einen computerfitten Freund, der gerne hilft… Und man kann nicht immer auf dem laufenden sein, was Neues entwickelt wird.

Vorsicht: Das sieht man Ihnen wirklich an!

Oft haben mir Frauen erzählt, daß sie von Frauen aus ihrer Umgebung angesprochen worden seien: »Mensch, du siehst aus wie frisch verliebt. Kann das sein?« Nie hat mir eine Frau erzählt, daß der eigene Mann das gesagt hätte.

Sieht der eigene Mann nichts? Oder sagt er nur nichts?

Würde er etwas sagen, bekäme er eine ähnliche Antwort wie alle anderen, denen was auffällt: »Hach ja, im Job läuft im Moment alles so prima… Das macht sich schon bemerkbar.« Oder: »Mir tut es einfach gut, daß jetzt endlich Frühling ist, wahrscheinlich ist es das.«

Die Figur. Schlimm genug, daß man Verliebtsein sehen kann – oft kommt aber noch dazu weniger Appetit, der die Pfunde purzeln läßt. Und wo sie das schon mal tun, wie herrlich, wird eine Diät draus gemacht, damit man sich mit diesem rattenscharfen schwarzen Body belohnen kann.

Was tun, damit das plötzliche Körperbewußtsein wenigstens nicht auffällt? Sie können nicht ewig im Hängerchen rumlaufen, wollen Sie ja auch nicht. Viele Frauen verbünden sich mit Freundinnen, die von diesem Bündnis noch nicht mal offiziell etwas wissen müssen (wenn Sie sie einweihen mögen, um so besser): Da schleppt man sich dann eben plötzlich wieder gegenseitig zum Aerobic-Kurs oder radelt ins Schwimmbad. Das war dann natürlich nicht Ihre Idee: »Du, Frank, die Katja hat mich gefragt, ob ich mir das Fitneßstudio nicht mal ansehen will, und eigentlich hat sie ja recht, ich finde ja auch, daß ich ein bißchen sehr zugelegt habe. Der Vorteil vom Fitneßstudio ist ja auch, daß man nicht nur Kurse zu festgelegten Stunden besuchen kann, sondern man hat die Trainingssachen einfach immer im Kofferraum und geht, wann man Zeit hat…« (Genau! Variable Termine brauchen Sie ja jetzt jede Menge).

Oder wie wär's mit Schwimmen mit Carolin? Schwimmen ist überhaupt eine schöne Sache, gerade wenn Ihr Mann bekanntermaßen nicht gerne mit *Menschenmassen* in viel zu schlammigen Teichen badet – das können Sie dann nächsten Sommer allein machen, weil es doch zu schade ist, Sonnenstunden im Hallenbad zu verbringen…

Klamotten. Neue Liebe, neue Kleider – Gründe, besonders attraktiv aussehen zu wollen, gibt es ja nun genug. Vielleicht noch nicht mal in erster Linie den neuen Mann in Ihrem Leben, denn gewiß gehören Sie zu den Frauen, die sich vor allem selbst gefallen wollen. Gut so, denn denken Sie dran: So, wie Sie Ihren Liebsten kennengelernt haben, haben Sie ihm augenscheinlich gefallen, das kann also auch in Jeans und Pulli auf dem Weg zum Einkaufen gewesen sein.

Ihr Liebhaber ist zwar ein Mann, aber er ist nicht *Ihr* Mann, darum macht er Ihnen wahrscheinlich Komplimente für Ihr leichtes Sommerkleid, das Ihr eigener Mann schon lange unter Inventar bucht.

Als Sie noch für die Aufmerksamkeit Ihres Mannes strampelten, hatten Sie auch mal nichts an unter dem Kleid, wissen Sie noch? Aber das hat er im Laufe des Abendessens dann vergessen, und später, vorm Computer, ist es ihm auch nicht wieder eingefallen… Der Neue hingegen wird auch das Nichts bemerken, garantiert.

Mit an Sicherheit grenzender Wahrscheinlichkeit wird der Liebhaber auch bei Ihnen Pfunde purzeln lassen. Das ist natürlich ein Grund, neue, frechere Sachen zu kaufen. Sie wären nicht die erste, die plötzlich, nach Jahren in bequemen Hosen und lockeren Pullovern, wieder Röcke und Kleider kauft. Und Sie wären auch nicht die erste, deren Mann dazu nichts sagt. Aber vielleicht findet er unbewußt irgendwann mal etwas merkwürdig, ihre andauernde gute Laune zum Beispiel. Ganz zufällig spricht er mit jemandem drüber, schlimmstenfalls mit einer Frau, Schwester, Nachbarin, Kollegin, und die sagt dann in aller Unschuld: »Mensch Frank, so wie die Gabi in letzter Zeit aussieht, dann noch, was du sagst – kann das nicht sein, daß sie einen anderen hat?« Puhu!

Haare. Sie kennen das: Wenn Frauen stramme Veränderungen im Leben haben, lassen Sie sich die Haare abschneiden. Oder umfärben. Radikal kurz. Radikal blond. Dazu haben Sie vielleicht auch richtig Lust, weil *er* jetzt da ist. Wohl derjenigen, die gerade einen runden Geburtstag vor sich hat: Zum 30., 40. oder 50. darf man schon mal in den Farbtopf greifen, das verstehen alle!

Gott sei Dank gibt es jetzt den großen Wellness- und

Schönheitsrausch, und vielleicht hat sich Ihr Mann schon gewundert, daß Sie noch nicht mit Ihrer Freundin zu so einem Wochenende waren – wenn Sie fahren, nutzen Sie die Gelegenheit zu radikalen Veränderungen: An den roten Locken hat dann eben die Farbberaterin schuld (»Die war sehr fit, und die Beratung hat sogar nichts gekostet.«)

Vielleicht nehmen Sie auch einfach mal an einem Kosmetikkurs teil, dessen Leiterin Sie dann die Schuld an Veränderungen in die Schuhe schieben können. Oder Sie lassen sich mal an einem ganz normalen Wochentag bei Douglas oder im Kaufhaus schminken – kost' nichts, Sie probieren Neues aus – das macht Ihnen bestimmt Spaß, und vielleicht erzählen Sie Ihrem Mann dann ja auch von der Farbberatung im Kaufhaus: »Die meinen, ich sei ein Wintertyp und müßte dringend mehr blaustichiges Rot tragen.« Her mit der neuen Haarfarbe und einem farblich passenden Kleid.

Wäsche. Können Sie sich an die Szene in Doris Dörries Film *Männer* erinnern (ja, wir sind eben in dem Alter…), als die Hauptdarstellerin auf dem Weg zu ihrem studentischen Geliebten ist und sich im Treppenhaus den BH gekonnt unter Ihrem Oberteil herauswindet? Oben ohne war damals Mode, und wer möchte beim neuen Liebhaber altmodisch erscheinen? Heute müßte man sich für die Treppenhausszene eher vorstellen, wie String oder Push-up unters Kleid gezogen werden, nun gut.

Aber ernsthaft: Wenn Sie immer schon drunter das anzogen, was Ihr Liebhaber Ihnen nun ausziehen soll, gibt's ja nichts zu ändern. Ist Ihr Mann aber an sportliche Baumwolle gewöhnt und Sie wollen nun Spitzenbodys, halterlose Strümpfe statt Strumpfhose sowieso, dann hilft nur Umziehen.

Ob Sie Ihre neuen Sachen getrost in Ihr Wäschefach legen können, werden Sie wissen, manchmal geht's, denn bislang hat Ihr Mann doch auch nicht Ihre Hemdchen sortiert, oder? Wenn doch: Vielleicht die Spitzenteilchen in einem gefalteten Winterpulli schlummern lassen? Oder in einem Kopfkissenbezug, wenn er nie die Betten bezieht. Oder einfach eine spezielle Plastiktüte, ein schlabberiges T-Shirt und ein Buch mit rein (»Ach, das ist Evis Tasche, die wollte ich ihr morgen mitbringen.«) Die Hinweise eben fallen übrigens nicht in die Rubrik *Verstecke,* vor denen ab Seite 140 generell gewarnt wird. Das ist nicht Frauen-Unlogik, nein: Eigene hübsche Wäsche ist ein Menschenrecht und nicht (wie ein Tagebuch oder ein Liebesbrief) ein gefährliches Beweisstück.

Aller Art. Wenn andere Bücher Ihnen raten, sich bloß keine neue Schamhaarfrisur zuzulegen (kein Witz!), dann machen Sie gewiß trotzdem, was Sie wollen, weil Sie genau wissen, was zu Hause auffällt und was nicht. Und was Sie erklären können. Sie wären nicht die erste, die gegebenenfalls scheinheilig fragt: »Liebling, wie würde dir denn das und das gefallen?« Und die dann zur Tat schreitet.

Sie merken schon: Die äußeren Veränderungen durch eine neue Liebhaber-Beziehung erscheinen nicht so gefährlich. Bei Frauen sowieso nicht, weil sie vorsichtig sind und ihre Männer nicht sehr weitsichtig. Und die männlichen Bestandteile des Liebhaber-Pärchens sind eben Männer – die wollen nicht plötzlich neue rote Haare, ist auch besser so, denn das würde ihre Frau schon merken, noch bevor *er* den Friseursalon verlassen hätte.

Wenn Sie als Frau (oder als Mann) etwas anders machen als sonst: Entfalten Sie Phantasie für die Erklärung, warum Sie es tun. Aber lenken Sie nicht zu viel Aufmerksamkeit auf Dinge, die Ihr Mann von alleine gar nicht bemerken würde. Warum mit den Zehen wackeln und fragen: »Sag mal, Liebling, wie findest du mein neues Rot?« Vielleicht sagt er ja nach einem halben Jahr: »Du hast ja wieder lackierte᾿ Fuß-

133

nägel.« Dann verdrehen Sie die Augen und sagen: »Mensch, das mach' ich doch schon lange wieder. Kann man mal sehen, wie genau du mich anguckst.«

Profis knutschen dir keinen Fleck!

Seitenweise habe ich in einschlägigen Ratgebern zum Fremdgehen schon über das Vertuschen von Knutschflecken und Kratzspuren gelesen, da gibt es ausgeklügelte Strategien wie den Stich eines exotischen Insekts vorzutäuschen, indem man mit Mückensalbe auf dem Fleck rumrubbelt und dann vertuschi-vertuschi ein Pflaster aufklebt. Praxisfern, sagen Profi-Liebhaberinnen und -Liebhaber, absolut praxisfern. Denn: Profis hinterlassen keine Spuren!

Erstens weiß jeder verantwortungsvolle Liebhaber, jede einfühlsame Liebhaberin, in welch' Bedrängnis man den anderen durch Knutschflecke und Kratzer bringt – und zweitens: Genauso wie man bewußt Spuren als Beweis der Leidenschaft anbringen kann, kann man die Wahrscheinlichkeit der Spuren echter Leidenschaft mindern, wenn man es möchte: Fängt an bei kurzen Fingernägeln und einem einfachen Sich-Zurückpfeifen. Tatsächlich. Frauen, die es wissen müssen, sagen: »Ich kratze nicht, wenn ich nicht will, wenn ich weiß, was das anrichten kann.«

Gibt es doch mal aus Versehen eindeutige Spuren, hat sie meist die besseren Karten: Normalerweise interessiert sich ihr Ehemann nicht besonders für ihre Haut (darum hat sie ja den Liebhaber), einen Druckfleck am Arm wird ein Mann meist akzeptieren: »Da habe ich mich gestoßen.« Es gibt ja auch wirklich Phasen, in denen man ständig irgendwo anstößt oder gegenläuft, manche Menschen fangen extra an, zu Hause Möbel zu rücken, um sich dann an der ungewohnt in den Raum ragenden Tischkante gestoßen haben zu können. Andere besuchen wieder die Schwägerin, nur weil die eine Katze hat, die Kratzspuren gemacht haben könnte.

Frauen haben es auch besser als Männer, wenn doch mal ein Knutschfleck am Hals verschwinden muß – der eigene Ehemann wundert sich vielleicht noch nicht mal im Sommer über einen Rollkragenpulli, und es gibt ja auch welche *mit ohne Ärmel*, die sind dann eben gerade der letzte Schrei… Oder: Seidentuch um den Hals…

Bei Frauen ist auch schnell ein Abdeckstift zur Hand, fest oder ein luxuriöser flüssiger, der leistet ganze Dienste – und ist generell eine geniale Anschaffung, blaue Augenschatten verschwinden darunter, daß es die helle Freude ist, und wenn's mal hartnäckiger ist: Experimentieren Sie mit grünem Abdeckstift für rote Flecken und Besenreiser (auch eine prima Investition).

Männern kann man ähnliches Vorgehen zwar auch empfehlen, aber sie müssen mit den Indizien unter den wachsamen Augen der Ehefrau am Abendbrottisch sitzen (»Ein Rolli im Juli? Ausziehen, sofort!!!«). Gott sei Dank weiß die einfühlsame Geliebte, worauf andere Frauen achten, und sie wird daher versuchen, keine Liebesspuren zu hinterlassen.

Warnhinweis. Ertappt der Liebhaber seine Gespielin immer wieder mit ausgefahrenen Krallen und saugschmerlenartig geschürzten Lippen, sollte er vielleicht mal fragen: »Würdest du mich heiraten, wenn ich mich scheiden lasse?« Wenn sie ja sagt, kann er immer noch überlegen, ob er das möchte – will er das nicht, hilft nur flüchten, sonst ritzt sie Ihnen irgendwann untilgbar »Er hat gefragt, ob ich ihn heiraten will« in den Rücken!

Schön, daß es das noch gibt: Bargeld!

Sie planen, sich einen Liebhaber oder eine Geliebte zuzulegen? Hoho, dann fangen Sie am besten sofort zu sparen an, denn das wird teuer! So habe ich es in einschlägigen Ratgebern gelesen, die Tips dazu wirken einigermaßen hanebüchen. Wer nur vorhat, also plant, demnächst irgendwann fremdzugehen, sollte beispielsweise sofort einen Liebessparstrumpf anlegen (kein Witz), in den dann jeder überzählige Euro für die erst noch kommende Affäre wandert. Sie könnten sich heimlich Butterbrote schmieren und so das Geld fürs Kantinenessen sparen (Sparstrumpf…), den Latte Macchiato, gar noch mit Karamel, ersetzen Sie geizig durch Grünen Tee aus der Thermoskanne. Fehlt nur noch der Vorschlag, die Sparstrumpfkohle auf ein zinsbringendes Schotten-Tagesgeldkonto zu häufeln.

Das ist alles sehr, sehr lebensfremd, ähnlich wenig aus der Liebhaber-Welt wie die Tips für Menschen, die *immer* alles mit ihrem (Ehe-) Partner gemeinsam machen und sich daher für die neue Beziehung geheime Freizeit erkämpfen müssen.

Die meisten Männer und Frauen, die mir von ihren Liebhabern und Liebhaberinnen erzählt haben, kennen das Problem nicht, kein *eigenes* Geld für eigene, also auch geheime Zwecke ausgeben zu können, denn sie verdienen selbst, haben ein eigenes Konto – und wenn es doch ein gemeinsames Konto mit dem Partner gibt, hat trotzdem jeder frei verfügbares Geld.

Daß Ihre Geldausgaben im Zusammenhang mit der Liebhaberei weder bei gemeinsamem noch bei eigenem Konto dummerhafte Kontoauszüge oder Kreditkartenabrechnungen produzieren sollten, versteht sich von selbst: Auch Ihnen dürfte die spontane Phantasie fehlen, wenn die liebe Ehefrau am Abendbrottisch plötzlich mit dem A4-Blatt von Master-

Card winkt und sagt: »Na, mit wem waren wir denn im Restaurant Romantik-Schloßmühle?« oder »Hmhm, warum kriege ich denn deine neue Unterwäsche nicht zu sehen, die du mit EC-Karte in Leipzig bezahlt hast – oder sind die 198 Euro für einen Spitzenbody für die Dame draufgegangen?« Ein Kontoauszug kann immer mal irgendwo rumflattern, da muß nicht groß rumgeschnüffelt worden sein. Also am besten: bar zahlen, Quittungen vernichten, ganz einfach.

Wenn es lediglich um die Frage geht, welche Lücken Ihr neues Hobby in Ihr Budget reißt: So schlimm wird es schon nicht kommen. Sofern Ihr neuer Liebster oder Ihre neue Dame nicht gerade in Nizza oder am anderen Ende der Republik wohnt, aber selbst da helfen ja jetzt Billigflieger. Meist ist es ja ohnehin so, daß man diese weit entfernt lebenden Menschen bei passender Gelegenheit, also auf Geschäftsreise oder im Urlaub, kennengelernt hat, und das Wiedersehen läßt sich entsprechend einrichten.

Mich hat dieses Brimborium in manchen Büchern um die *Kosten* der Liebhaberei fast empört, denn Klagen, die Liebhaberei sei so kostspielig, habe ich in den vergangenen Jahren wirklich nicht gehört. Teure Geschenke wie Brillantarmbänder oder Sportwagen fallen nicht an, denn die Liebste muß nicht mit teurem Glitzer bei Laune gehalten werden, und der Liebste ist kein Gigolo – es ist ja im Gegenteil sogar so, daß jedes Geschenk nur unerwünschte Aufmerksamkeit bei den Ehepartnern erzeugen könnte.

Fast kommt es mir so vor, als sollten Männer und Frauen mit der vorgezeigten Kostenkeule von ihrem Tun doch noch abgehalten werden – aber welche Liebhaberinnen und Liebhaber lassen sich davon beeindrucken? Denken Sie mal an Ihren Stamm-Italiener: Es wäre total ehrlich von ihm – aber irgendwie nicht wirklich nett!!! –, wenn er Ihnen auf die Speisekarte zu jedem Gericht die Kalorienzahl und die genaue Zahl der Gramm Fett schreiben würde, oder? Selbst wenn er das nur bei den wirklich fiesen hausgemachten Nudeln mit viiiiieeel Sahne täte, das verdirbt einem doch den Appetit.

Und wenn Sie sich fürs Wochenende einen Roadster mit ein paar PS mehr leihen – wollen Sie dann im Handschuhfach die fotokopierte Unfallstatistik für Deutschlands schönste Alleen vorfinden? Sehen Sie! Entsprechend schüttele ich mich als Leserin, wenn ich in einem Ratgeber zum Fremdgehen als Ouvertüre eine abgedruckte Unterhaltstabelle finde – wen soll die abschrecken? Frauen? Haha.

Männer? Na ja.

So wie die Tabelle *gemeint* ist (Achtung, kann teuer werden), soll sie natürlich Männer ansprechen, die im Falle eines Falles wirklich bluten müßten, weil ihre Frauen nicht berufstätig sind. Da es das Prinzip des Verschuldens bei der Ehescheidung nicht mehr gibt, wird die Tabelle umgekehrt Hausfrauen nicht vom Techtelmechtel abhalten – das muß sie auch gar nicht, den Hausfrauen tun so was bis zum Beweis des Gegenteils ja nicht. Nein, wer vorhat, fremdzugehen oder es schon tut, wird hemmungslos seine Tortellini mit Sahne schlemmen, den Fahrtwind und die vorbeifliegende Landschaft im offenen Wagen genießen, dran denken, die Quittungen von Restaurant und Autoverleiher wegzuwerfen – und folglich die Unterhaltstabelle nie brauchen, jedenfalls nicht wegen einer aufgeflogenen Affäre.

Achtung Radarfalle!

Wissen Sie, wie man ein Postfach einrichtet? Brauche ich nicht, mögen Sie denken, früher konnte man da die Zuschriften für Kontaktanzeigen hinleiten, aber wozu gibt es heute E-Mail? Vielleicht glauben Sie doch eines Tages, ein Postfach könnte Sie retten, einschlägige Ratgeber empfehlen das manchmal! Zum Beispiel, wenn Sie befürchten müssen, daß Ihr Partner, Ihre Partnerin Ihre Post öffnet und sieht, was besser geheim bleibt. Die meisten der Männer und Frauen, die mir von ihren Affären berichteten, haben da kein Problem: Selbstverständlich öffnen sie ihre eigene Post *selbst* und der jeweilige Ehepartner seine, genauso wie die meisten eigene Konten haben.

Wenn das aber nicht so ist, man Gefahr läuft, daß die Post geöffnet wird – vielleicht auch durch eine Dienstreise, Urlaub, Krankenhausaufenthalt –, dann soll notfalls ein Postfach helfen? Vielleicht haben Sie Lust, prophylaktisch einmal die zentrale Postnummer 0 18 05 / 48 36 80 für 12 Cent die Minute zu wählen und zu fragen, ob denn gegebenenfalls Postfächer frei wären, falls nein, wie lang die Wartezeit wäre. Ich habe spaßeshalber bei der Post angerufen, und mir wurde angedeutet, daß es ein Postfach sowieso nur gäbe, »so ab 35 Sendungen die Woche«. Leuchtet ein, aber nicht die viele Post ist Ihr Problem, sondern dieser eine Brief! Nicht jedes Dörfchen hat eine solche Postfachanlage – die Post kann aber zur nächstgrößeren Einheit umgeleitet werden, den Antrag müssen Sie immer persönlich im Postamt stellen.

Schätzen Sie selbst ein, ob das Unheil zwischenzeitlich nicht schon seinen Lauf genommen hat, zum Beispiel so: Sie wissen, Sie sind zur Unzeit am falschen Ort geblitzt worden, trotz aller Vorsichtsmaßnahmen, Sie wissen ja, daß Sie aufpassen müssen. Sie erwarten also den Bußgeldbescheid und denken, daß Sie den nicht unbemerkt verschwinden lassen können (auch nicht, wenn Sie allmittäglich kurz nach Hause fahren und vorm Liebling die Post rausnehmen?). Ob's Postfach da noch helfen kann?

Eine Radarfalle haben Sie ja vielleicht bemerkt, aber es gibt manchmal auch überraschend Knöllchenpost für Falschparken, dann nämlich, wenn das Zettelchen unterm Scheibenwischer weggeflattert ist.

Falls also bei Ihnen zu Hause wider Erwarten kein Postgeheimnis gilt, kann man Ihnen nur raten, sich sklavisch an die Straßenverkehrsordnung zu halten, was Sie ja ohnehin tun.

Und noch was: Besser ist es, der Wagen, in dem Sie zum Rendezvous unterwegs sind, ist auf Sie zugelassen – der Ehepartner muß doch nicht unbedingt ihre intimen Knöllchen bezahlen …

Wozu denn ein Versteck?

Am besten, Sie haben nichts zu verbergen, dann brauchen Sie auch kein Versteck! Tagebuch, Briefe, ausgedruckte Mails, abgeschriebene SMSe horten – furchtbar, verkneifen Sie sich das. Auch ein geheimes Handy: ganz furchtbar! Sie können es noch so gut verstecken, dem hirnrissigen Tip folgen, ein handygroßes Loch im Inneren eines Buches auszuschnipseln (ich habe das wirklich irgendwo gelesen!) – wenn Sie einmal vergessen, das Ding auszuschalten (keiner ist unfehlbar), und es klingelt dann gedämpft aus Ihrer vermeintlichen Lektüre oder der Brotbüchse: wie albern. Auch wenn Sie zum Typus Sammler oder Romantikerin gehören: Im Zusammenhang mit der Liebhaber-Geschichte sollte es nichts Eindeutiges, Anfaßbares zu verstecken geben.

Was mache ich denn mit so etwas Heiklem wie diesem Buch, fragen Sie. Sie merken schon, daß Sie es nur in der Straßenbahn lesen, dann in der Handtasche verschwinden lassen. Wenn Sie beim Blick ins Vorwort noch dachten: Prima, klar, Tiefkühlschrank, das ist klasse. Dann sind Sie jetzt vielleicht schon so gelassen, daß Sie als Frau wissen: Dein Mann wird dieses Buch genauso uninteressant finden wie die ganze andere Erbauungsliteratur zum Thema Partnerschaft. Wahrscheinlich täuschen Sie sich kolossal darin, daß Ihr Ehepartner, wenn er männlich ist, sich wirklich für dieses Buch interessieren könnte. Als Mann wissen Sie mittlerweile: Vorsicht, Vorsicht.

Was blöde wäre: Buch verstecken, und dann wird's entdeckt. Dabei geht es nicht um dieses Buch, sondern ums Verstecken überhaupt. Ausdrücklich sei gewarnt vor der Kinderei, aber *wenn* dann doch mal ein Buch im Versteck entdeckt wird, hilft nur ein knalliges »Klar hab' ich einen Liebhaber, zwei, drei, mehrere, hatte ich doch immer, aber bist du dabei zu kurz gekommen? Wie wär's übrigens?« Oder eine Ausrede: »Ich dachte mir ja, wie du reagierst, darum. Das Buch gehört Uschi, sie hat es mir geliehen, weil sie da ein Problem hat und mit mir drüber reden will…«

Daß das mit Büchern geht und mit Briefen, Mails und ähnlich persönlichen Dingen wohl kaum, versteht sich von selbst. Simpler Merksatz: Immer, wenn Sie das Bedürfnis haben, etwas zu verstecken, droht Gefahr. Am besten, Sie entsorgen das zu versteckende Corpus delicti. Schöne Erinnerungen können Sie doch auch in Ihrem Herzen speichern! Und gucken Sie sich auch mal die Rubrik Geschenke und Erinnerungen an…

Rote Rosen haben ihre Tücken

Ihre Liebhaber-Beziehung ist taufrisch, auch Sie und Ihr Liebhaber fühlen sich wie durch den Jungbrunnen geschwommen, seit Sie sich kennen. Eines Abends beim Restaurantbesuch stehen Sie da mit Ihrem Glück – und Blumen. Er konnte sich die nicht verkneifen, er hat (jaha!!!!) sogar mitgedacht: keine roten Rosen. Ein bunter Strauß – aber wie sollen Sie zu Hause erklären, wo der herkommt? Wo Sie doch beim Frauenstammtisch waren? Gefunden? Von Uschi übernommen, weil die morgen in den Urlaub fährt? Wohl der, die sagen kann: »Hab' ich mir selbst gekauft, Liebling, du machst ja so was nicht.«

Es ist völlig normal (im Sinne von weit verbreitet) daß Männer ihren (eigenen) Frauen nach Ablauf einer Schamfrist keine Blumen mehr schenken, wer sich mit Scheidungsabsichten trägt und Gründe dafür schaffen möchte, strenge mit seinem Partner eine Diskussion der Sorte an: *Nie-schenkst-du-mir-Blumen-zum-Valentinstag* oder *Es-nervt-mich-kolossal-zu-deinem-Geburstag-an-Blumen-denken-zu-müssen.* Richtig eingefädelt fliegen bald die Fetzen. Die harmlosen Blümchen bieten Sprengstoff für viele Beziehungen – darum schrillen bei ihrem plötzlichen geballten Auftreten als üppiger Strauß oder kondensiert als einzelne rote Rose die Alarmsysteme! Auch wenn der Alarm eigentlich nichts mehr bewacht, ist es ein Gebot der Höflichkeit, die florale Erscheinung wenigstens mit einem: »Wer hat dir die denn geschenkt« zu würdigen. Das ist überhaupt nicht schlimm, wenn Ihnen »im Bus auf der letzten Bank gefunden« oder »selbst gekauft« locker über die Lippen geht, falls Ihr Mann nicht sagt: »Oder hast du die etwa von deinem Liebhaber«, könnten Sie sogar selbst sagen: »Du glaubst auch alles, die sind natürlich von meinem neuen Liebhaber.«

Blumen sind ob ihres immensen Symbol- und Streitpotentials hypergefährlich, denken Sie an Frauen, die sich schon selbst Blumen gekauft haben, um ihren Mann eifersüchtig zu machen! Also!

Zurück ins Restaurant und zu Ihnen und Ihren ersten Blumen. Natürlich müssen Sie die nicht zwingend im Restaurant stehenlassen, als Schwarzen Peter an eine andere Frau im Lokal weitergeben oder – wenn Sie Ihrem Liebsten gegenüber nicht offen sein mögen – heimlich in die Biotonne im Hinterhof werfen. Falls Sie die oben beschriebene Inquisition zu Hause nicht befürchten müssen. Falls doch: Blumen unbekannt verschenken, einer Freundin vor die Tür stellen, so in

Kellerzugang, Hauseingang, Papiermülltonne deponieren, daß Sie sie morgen mit an Ihren Arbeitsplatz nehmen können.

Und dann erzählen sie morgen beim Abendessen, daß Sie in diesem Buch, äh, in einem Zeitungsartikel gelesen haben, wie sehr Blumen auf die Psyche wirken, bei jeder Jahreszeit: »Was meinst du, Liebling, ob hier bei uns Rosen auch Stimmung machen würden? Ach, ich glaube, ich muß mal wieder welche hinstellen. Wenn du mir schon keine mehr mitbringst.« (Wutsch-wutsch).

Und fortan dekorieren sie mit eigenen Blümchen – die vom Liebhaber schneiden Sie kurz und stecken sie dazu, ganze Sträuße reihen sich unauffällig ein.

Erinnerungen und Geschenke ohne Risiko

CDs. Die allerunauffälligste, weitverbreitete Erinnerung, oft gleichzeitig Geschenk: Eine CD mit Musik, die Sie an gemeinsames Glück erinnert – Schmusiges, bei der Liebe gehört, Popmusik im Auto auf dem Weg zur Ostsee: Natürlich haben Sie beide die gleiche CD und wissen, dem anderen macht's genausoviel Spaß wie Ihnen, sich so heimlich zu erinnern.

Fotos. Viele Liebhaberinnen und Liebhaber hätten gern ein Foto Ihres liebsten Wesens, trauen sich aber nicht, das aufzubewahren. Gut so, als Mann ein Frauenfoto in der Brieftasche? Wie hört sich die Ausrede »Hab' ich gefunden« für Sie an? Also. Als Frau ein Männerfoto im Portemonnaie – geht schon eher, wahrscheinlich wird Ihr Mann es nie entdecken, aber man muß das Schicksal nicht herausfordern.

Was sicher pfiffig ist: Handelt es sich beim Liebhaber um einen Kollegen, haben Sie einfach ein Gruppenfoto von der Betriebsfeier in der Schublade, am besten, Sie sammeln dort alle Firmenfotos…

Vom Nicht-Kollegen oder Nicht-Sportfreund fertigen Sie sich selbst ein Gruppenbild: einfach den Liebhaber (oder die Liebhaberin) in eine Gruppe Touristen bei der Stadtbesichtigung stellen und abdrücken – das Foto haben Sie dann gefunden. Oder noch besser: Sie stellen sich beide in die Gruppe, versetzt hintereinander, einer aus der Touri-Gruppe knipst – das Foto können Sie wahrscheinlich getrost aufbewahren –, Sie haben es aus Dank für Ihre Hilfsbereitschaft vom Reiseleiter zugesandt bekommen (Polaroid erscheint noch plausibler, bitte als Reisegruppe keine Japaner auswählen...).

Daß Sie beim Fotografieren mit Digitalkameras vorsichtig sein müssen, ist Ihnen klar: Ihr Ehepartner könnte spontan zu diesem (Ihrem) Gerät greifen, weil er schnell etwas bei e-Bay ins Netz stellen möchte und ein Foto braucht oder warum auch immer – wenn er da gespeicherte Fotos findet... Auch vermeintlich gelöschte Fotos können Spezialisten auf der Speicherkarte wieder lesbar machen!

Alltagsdinge. Lassen Sie Ihre Phantasie spielen, was noch eine schöne Erinnerung sein könnte oder ein schönes Geschenk – im Zweifelsfalle geht alles, was *normal* aussieht, nur Sie wissen, was damit verbunden ist. Der Stein auf Ihrem Schreibtisch – keiner sieht diesem Briefbeschwerer an, daß Sie ihn nicht allein gefunden haben, daß der Liebste ihn in der Tasche trug. Kaufen Sie sich zusammen die gleichen Schreibgeräte, egal, ob teurer Füller oder Souvenirbleistift vom Ausflug: Das fällt nicht auf. Das schöne Foto einer Blume, die *er* Ihnen geschenkt hat könnte Ihr unverfänglicher Bildschirmschoner werden. Sogar einer schnöden Bürotasse sieht niemand an, von wem sie stammt – und daß schon mal zu zweit Wein aus ihr getrunken wurde.

Leihgaben. Sie können sich auch das Vergnügen gönnen, sich gegenseitig Bücher zu leihen – wenn Sie genau hinschnuppern, duftet es beim Umblättern der Seiten vielleicht sogar nach ihm oder ihr. Allerdings sollte es ihrem festen Partner nicht auffallen, wenn ein Buch dann wieder aus Ihrem Haushalt verschwindet (»War nur von Uschi geliehen« – nie wird Ihr Mann Uschi danach fragen, und wenn doch, haben Sie sich eben versprochen, war Ulla).

Frech bis dreist. Geschmacksfragen sind sicher solche wie diese: Kann man der Ehefrau das Parfüm schenken, das auch der vertraute Duft der Liebsten ist? Praktisch wäre es... Abgesehen davon, daß Anne zu Hause natürlich nicht aus allen Wolken fallen darf, wenn ihr plötzlich zwischendurch ein Parfüm verehrt wird (»Wie kommt das denn, einfach so, außer der Reihe? Hast du ein schlechtes Gewissen?« – Oh oh!). Vielleicht bietet sich eher ein unauffälliger Anlaß wie Geburtstag oder Weihnachten an. Und bei verständlichen Skrupeln ob der Gründe für die Wahl gerade dieses Duftes: Vielleicht finden Sie für Anne einen anderen.

Ja, stimmt, oft hilft die Liebhaberin dabei, und er erzählt zu Hause, wenn Anne sich sehr freut: »Ja, die Beratung in der Parfümerie war echt klasse, Spitzenkraft, die hat Ahnung!«).

Wo man schon mal in der Parfümerie ist, kauft sich das Liebespärchen auch was. Es schnuppert gemeinsam bei den Unisexdüften oder den frischen Varianten Herrenparfums, die Frauen auch oft mögen. Da kriegt dann jeder sein Fläschchen, kann künftig geruchsmäßig nicht mehr verdächtig auf den anderen abfärben, wie praktisch.

TEST   Strategin oder Schlamperlieschen?

Ihr Liebhaber wohnt in derselben (Groß-)Stadt wie Sie, das Ganze läuft schon ein Jahr. Er will Sie spontan von der Arbeit abholen, dem steht nichts im Wege. Sie sagen:

○ ● » Mein Wagen steht in der Tiefgarage, Parkdeck C. Du hast doch einen Schlüssel, setz dich einfach um fünf rein, wir fahren dann ein bißchen raus ...«

○ ▨ » Um drei im Café am Markt?«

○ ▲ » Ja, komm nur, ruhig ins Büro, die anderen werden bestimmt schon weg sein, und ich habe noch die schweren Einkaufstüten zu tragen ...«

Seine heißen E-Mails schreibt Ihnen Ihr Liebster

○ ▲ an den gemeinsamen Account mit Ihrem Mann – wenn der den Absender deine-liebe-schulfreundin liest und in der Betreffzeile *für Ulla*, dann macht er die Mail schon nicht auf.

○ ▨ an Ihre Büroadresse mit dem Betreff: Ihre Besorgung.

○ ● an eine Webadresse, deren Paßwort bestimmt nicht der Name Ihres Ehemannes ist.

Ein Foto von Ihrem Liebsten haben Sie

○ ● überhaupt nicht, fiele mir nie ein.

○ ▲ gut versteckt in einem Buch wie diesem.

○ ▨ in Ihrer Schreibtischschublade im Büro an einem Gummiband befestigt wie einen Spickzettel in der Schule.

Ihr Liebster sagt, er könnte nächsten Monat problemlos ein Wochen-ende Abwesenheit von zu Hause erklären. Sie wollten schon lange ein Wochenende mit ihm in ein Kuschelhotel. Sein Angebot ist für Sie

○ ● kein Problem. Sie können Ihrem Mann einen Flamen-co-Intensivkurs unterschieben, den Sie schon lange machen wollten – warum auch nicht, schließlich haben

Sie Ihre offizielle Trainingsfrequenz in letzter Zeit von einmal die Woche schon auf drei Abende gesteigert.

○ ▲ die Aufforderung, sofort ein Arrangement in der Ferienanlage zu buchen, in der Sie im Sommer mit Mann und Kindern waren – muß herrlich sein, dort einfach nur zu relaxen.

○ ▨ eine Herausforderung – mal sehen, ob Ihr Mann es Ihnen abnimmt wenn Sie sagen: »Liebling, es ist in letzter Zeit alles soviel für mich, ich brauche mal ein Wochenende für mich am Meer.«

Ihr Handy ist

○ ▲ ein Gebrauchsgegenstand für die ganze Familie – klar, wenn der Akku vom Handy Ihres Mannes muckt, darf er natürlich Ihr Telefon mitnehmen.

○ ● Ihnen heilig, und Ihr Mann weiß das – Sie gehen auch nicht an seins.

○ ▨ meist frei von verräterischen gespeicherten SMSen, und die Nummer Ihres Liebsten ist unter *Julia* gespeichert.

Sexy Dessous haben Sie

○ ▨ schon immer getragen, und Ihr Mann hat das noch nie bemerkt.

○ ▲ auf Abruf im Kleiderschrank hinter den Angorahemdchen.

○ ● nicht nötig: Ihr Liebhaber steht auf die Marilyn-Monroe-Nummer: nackt bis auf einen Tropfen Chanel No. 5.

Auflösung. *Drei* ▲ *und mehr: Mit Verlaub: Sie möchten erwischt werden, oder? Drei* ▨ *und mehr: Na, na, na! Bloß nicht nachlässig werden! Drei* ● *und mehr: Mit Ihnen möchte man lieber nicht verheiratet sein, oder?*

Genießen und schweigen

Zum Grillfest mit dem Liebhaber?

Ginge es nach Quadratzentimetern nackter Haut, zur Schau gestellt am Zeitschriftenkiosk und im Fernsehen – man sollte vermuten, alle wüßten alles über Erotik und die körperliche Liebe, es gibt nix, was es nicht gibt, und nichts, worüber man nicht an der Kaffeetafel sprechen könnte: keine Tabus mehr bei Fetischis- und Flagellantismus, keine Hemmungen selbst bei den eigenen sexuellen Vorlieben, die mittlerweile vielleicht sogar im Gespräch unter Freunden angedeutet oder offen geäußert werden (»Wir waren schon mal in Disneyworld, klar, und im Swingerclub auch schon, ja…«). Aber das persönliche Bekennen einer der traditionellsten Sexualpraktiken ist tabu: die aushäusige.

Sie können als Frau nicht einfach locker sagen: »Ach, zu eurer Sommerparty kommt mein Mann wohl nicht mit, der ist ja sowieso immer so stoffelig, wenn viele Leute da sind – ich bringe lieber meinen neuen Liebhaber mit, ja?« Und als Mann würden Sie auch kaum erzählen: »Ja, ich fahre wieder eine Woche Segeln. Meine Frau mochte das doch nie und war die letzten Jahre schon gar nicht mehr an Bord – aber meine neue Liebhaberin hat sogar ein eigenes Schiff. Mit dem fahren wir beide im Juli weg, zwei Wochen ganz alleine.«

Jahrhunderte Übung, Religion, Tradition, Konventionen – vielfältige Gründe spielen eine Rolle für das Tabu um den Liebhaber. Seine bloße Existenz stellt indirekt die Institution Ehe in Frage – nicht nur die Ihre, auch die der anderen, und wer mag sich das schon eingestehen (Liebhaberinnen und Liebhaber natürlich, siehe auch Seite 225 ff.).

Die Gesellschaft, Bekannte, Freunde, die Familie honorieren Offenheit im Fall des Fremdgehens nicht mit Zustimmung und Ermunterung. Darüber zu reden ist nicht üblich, weil es das Umfeld unweigerlich zu den üblichen Reaktionen zwingt: den Fremdgeher, die Fremdgeherin zu verurteilen, den Betrogenen Partner zu bedauern, ja, dem Betrogenen gilt das ganze Mitgefühl, kaum einer fragt: Wie kam es eigentlich dazu? Das ist so üblich, jeder darf erwarten, daß auch ihm Verständnis und Mitleid der anderen gelten, macht er die schmerzvolle Erfahrung des Betrogenwerdens – es gilt in so einem Fall, zusammenzustehen und die herrschende Ordnung festzuzurren: die monogame Ehe als festen Baustein der Familie, die wiederum als kleinste Einheit der Gesellschaft oder des Staates.

Natürlich wissen wir alle, daß die vermeintlich festgefügte Ordnung bröckelt und bricht, wo man nur hinsieht: Immer mehr Ehen werden geschieden, der Richtwert, *jede dritte Ehe wird geschieden,* verschiebt sich in den letzten Jahren stetig Richtung *jede zweite Ehe wird geschieden* (und denken Sie einmal darüber nach, wieviel wirklich glückliche Paare Sie kennen beziehungsweise bei welchen Sie sagen würden: Na, die sollten sich auch besser trennen), entsprechend wachsen immer mehr Kinder in Eineltern- oder Patchworkfamilien auf.

Außer mit Verständnis und Mitgefühl darf der Betrogene noch mit eindeutigen Aufforderungen rechnen, auf jeden Fall wird der Betrogene von seinem Umfeld genötigt, klare Verhältnisse zu schaffen: »Schmeiß sie raus« und »laß dich scheiden« oder »Das würde ich mir nicht bieten lassen«. Der äußere Druck kommt zum Gefühlschaos des Paares dazu: Was tun, damit schnellstmöglich wieder geordnete Verhältnisse herrschen? Die meisten sind diesem Durcheinander nicht gewachsen, und so ist schnell wieder eine Scheidung eingereicht. Sie können mit der Begeisterung Ihres Umfelds also nicht wirklich rechnen, sollten Sie planen, ganz locker

149

und unkonventionell offen mit der Sache umzugehen. Vielleicht höchstens, wenn Sie sich mit Ihrem Partner im Vorfeld einigten: »Wir leben jetzt ganz offiziell nur noch als WG zusammen, ein erotisch liebendes Paar sind wir schließlich schon lange nicht mehr.« Dann können Sie ja mal probieren, entweder mit dem einen oder mit dem anderen zum Kegelabend zu erscheinen.

Trotzdem wird Ihre Umgebung schlucken und kommentieren: »Also, für mich wäre das ja nichts. Du (wahlweise: Frank) – einer von euch muß doch leiden unter der Situation.«

Aber diese Offenheit gibt es in den seltensten Fällen, meist soll der Partner ja nichts erfahren, was heißt: stramm den Schnabel halten.

Ich würde meinem Mann gern alles sagen

»Der Gentleman genießt und schweigt.« Das ist eine Redewendung geworden, und für gewöhnlich werden wir damit verbinden: Da ist ein Mann, der erlebt ein amouröses Abenteuer, macht eine Eroberung – aber keiner darf davon wissen, weil das die Frau, mit der unser Gentleman sein Glück erlebt, in Teufels Küche bringen würde. Sie ist eine *anständige* Frau, was in diesem Falle meist heißt: Sie ist verheiratet. Es ist also natürlich nicht ganz neu, daß verheiratete Frauen fremdgehen und daß nichts auffliegt – die aufgeflogenen Beziehungen

»Ich glaube grundsätzlich, daß es ganz wichtig ist, in seiner Beziehung vom Liebhaber nicht zu erzählen, das würde nur belasten, den anderen völlig unnötig belasten.«
Felicitas, 33, Bürokauffrau

sind dann der Stoff für Literatur. Auch für die fremdgehende Frau gilt selbstverständlich: genießen und schweigen.

Klar wäre es schön, wenn Sie Ihrem Mann sagen könnten:

»Du, ich hab' da jemanden kennengelernt, mit dem unterhalte ich mich echt nett, und ich habe große Lust, mit ihm ins Bett zu gehen. Samstag abend sind wir verabredet, das paßt doch gut, da siehst du ja sowieso am liebsten *Sportschau* im Fernsehen, und mich interessiert das nicht. Also, Samstag abend bin ich dann weg, und wenn wir wirklich noch Sex haben, dann würde ich gleich bei Uli schlafen und frühstücken. Bist du so lieb und denkst dran, Sonntag Mutti anzurufen, falls ich nicht da bin...«

So geht das nicht, aus dem einfachen Grund, weil es noch nie so ging. Selbst wenn es objektiv völlig schnurzpiepe ist, ob Sie, während Ihr Mann fernsieht, in einem Buch lesen oder in den Augen Ihres Liebsten. Die Regeln in unserem Kulturkreis gebieten, daß Ihr Mann wenigstens so tut, als mache es ihm etwas aus, daß da ein anderer ist. Gehen wir mal davon aus, daß es Ihrem Mann wirklich was ausmachen würde – so wie Sabine, die Ehefrau Ihres Liebhabers, es auch nicht witzig finden würde, vom Liebesglück ihres Mannes zu erfahren.

Geübte Liebhaberinnen und Liebhaber wissen: Sie könnten ihr eigenes schlechtes Gewissen zwar entlasten durch *Ehrlichkeit*, aber gucken wir uns diese Ehrlichkeit mal genauer an. Die an sich gute Ehrlichkeit ruft böse Gefühle auf den Plan: Schmerz. Eifersucht. Angst vorm Verlassenwerden. Mißtrauen. *Sie* haben nach der Generalbeichte vielleicht kein schlechtes Gewissen mehr, weil Sie ja ehrlich waren, wie herrlich – aber Ihr Partner oder die Partnerin ihres Liebhabers hat all diese schlechten, belastenden Gefühle.

Und seien Sie gewiß, daß Ihnen Ihre Liebhaber-Bezie-

> »In einem Punkt bin ich mir ganz sicher: Mein Mann traut mir mein Doppelleben nicht zu. Aber wenn er es wüßte, wäre er enttäuscht, eine Welt würde für ihn zusammenbrechen. Ich habe aber überhaupt kein schlechtes Gewissen.«
> *Bettina, 52, Sekretärin*

hung, überschattet von den durch sie ausgelösten schlechten Gefühlen, auch weniger Spaß machen wird.

Vielleicht wird Ihr Sich-ehrlich-Machen der Anfang vom Ende nicht nur Ihrer Neben-, sondern auch Ihrer Hauptbeziehung sein. Wenn Sie das wollen, können Sie das einfacher und schmerzfreier haben!

Die Hunderte von Gesprächen mit Menschen in Liebhaber-Beziehungen haben mir gezeigt: Beim Beichten ist der Ehrliche meist nicht nur der Dumme, er gilt auch als der Grausame. Das wollen Sie doch nicht wirklich, oder?

Soll man es dem Partner sagen?

Armin, 48, Vermesser

Als ich mich in Antje verliebt habe, wollte ich ehrlich sein. Ich meine: gegenüber meiner Frau. Ich hatte erwartet, daß Miriam sich für mich freut. Heute weiß ich: Das war naiv. Aber ich wollte Miriam nicht belügen oder hintergehen.

Immer, wenn ich mit Antje verabredet war, habe ich das gesagt, auch, daß ich spät nach Hause komme. Ich bin wirklich immer nach Hause gekommen. Miriam hat dann schon geschlafen oder so getan als ob. Irgendwann konnte ich das Gefühl nicht mehr ertragen: Ich bumse hier mit Antje, und Miriam liegt zu Hause und heult ins Kissen.

Miriam hat manchmal ein Gespräch angefangen: »Warum machst du das? Warum brauchst du das?« Es war wirklich der Klassiker: Was hat sie, was ich nicht habe? Ich wollte das gar nicht beantworten. Ich hätte natürlich sagen können: »Du bist schlank und blond, sie ist rund und dunkel. Oder: Du bist vertraut, ordentlich, zuverlässig, strebsam, sie ist überraschend, spontan, chaotisch.« Aber es ist ja gar nicht der Unterschied zwischen den Frauen, es ist eher der Unterschied in mir: Ich kann mit Antje ganz anders sein als mit

Miriam, das ist wie ein Neuanfang, natürlich ohne daß man das Alte aufgeben muß.

Sie merken schon, ich habe Antje nicht aufgegeben, das mit uns geht jetzt seit drei Jahren. Miriam meint, daß es vorbei ist. Nach einem halben Jahr hatte ich nämlich gemerkt, daß es so nicht weitergeht: Ständig das Gefühl, das Miriam leidet, mir hinterherspioniert. Als unser großer Sommerurlaub, vier Wochen Portugal, anstand, nutzte ich ganz spontan einen kurzen Telefonanruf bei uns zu Hause: Ein Möbelhaus hatte nur gesagt, daß ich den bestellten Sessel jetzt abholen könnte, das Gespräch war ganz kurz, ich hatte nur meinen Namen gesagt und »ja« – da hatte der Mitarbeiter schon aufgelegt. Ich hatte ja in Gedanken schon alles mögliche durchgespielt, wie ich aus meiner blöden Lage rauskommen könnte, plötzlich ging alles wie von selbst.

Ich brüllte in den Hörer: »Antje, verdammt, nun reicht es, ich habe dir gesagt, daß wir uns nicht mehr sehen, akzeptiere das bitte, ich will nicht, daß du mir hinterhertelefonierst!« Ich wurde so laut, daß ich genau wußte, Miriam konnte durch die offene Wohnzimmertür alles mithören, ob sie wollte oder nicht. Daß am anderen Ende der Leitung keiner war, konnte sie ja nicht wissen. Ich hab' eine entsprechende Pause gelassen und dann in den Hörer gebrüllt: »Nein! Ich sage dir doch: nein.« Dann habe ich wieder Pause gemacht, ein paar Neins – so hatte ich Zeit zum nachdenken. Am Ende des Gesprächs, also na ja, Gespräch … Jedenfalls habe ich gesagt: »Ich finde, wir hatten so eine schöne Zeit, daß es jetzt unwürdig ist, wenn wir uns so anblaffen. Das hast du doch auch nie gewollt.« Dann wieder Pause. Und noch ein paar Mal: »Ja.« Und Pause. »Ja«. Und Pause. Am Ende habe ich sogar noch gesagt: »Ja, für mich auch, laß es dir gutgehen.«

Dann bin ich zu Miriam ins Wohnzimmer, habe mich auf einen Stuhl plumpsen gelassen und gesagt: »Nun brauch' ich einen Cognac.« Sie hat auch einen getrunken und Gott sei Dank nichts gefragt. Nie wieder. Der Urlaub, daß wir dann vier Wochen zusammen weg waren, war natürlich auch günstig.

Antje habe ich erzählt, was ich gemacht habe. Sie hat gelacht, für sie war das ja nicht schlimm, denn sie und Miriam kennen sich bis heute nicht. Antje war auch erleichtert irgendwie, sie hoffte, daß jetzt Ruhe sein würde an meiner Front zu Hause. Sie war nämlich von Anfang an dagegen, daß ich zu Hause was erzähle. Sie hat zwar gesagt: »Wäre ja toll, wenn du das mit Miriam irgendwie hinkriegen würdest«, aber sie hat nicht geglaubt, daß es klappt. Ich war da irgendwie naiv. Also, naiv ist vielleicht nicht das richtige Wort: Ich hatte dieses Wunschdenken, ehrlich sein zu wollen, ich wußte ja auch, daß ich nicht zu Antje überwechseln will, sie ist schließlich auch verheiratet und hat nicht vor, ihren Bernd zu verlassen.

Ich bin jetzt einfach obervorsichtig bei allem, was Antje betrifft. Miriam hat zwei-, dreimal gefragt, ob wir uns noch sehen, ich habe zugegeben, daß wir mal Kaffee trinken waren, aber mehr nicht. Mehr gibt es ja eigentlich auch nicht zu sagen.

Beste Freundin in Not: »Hach, paß bloß auf ...«

Natürlich, die beste Freundin ist für eine Frau die nächstliegende Adresse, wo sie sich das gerade frisch Erlebte von der Seele reden kann, wo sie jemanden findet, der die neue Freude zumindest im Geiste teilt, und vielleicht später bei Gelegenheit mal mit einem Alibi hilft.

Doch Vorsicht: Überlegen Sie vorher genau, wen Sie einweihen wollen. Es kann sein, daß sich Ihre Freundin überfordert fühlen wird. Das ist sehr wahrscheinlich, wenn Ihre

Freundin Ihren Mann gut kennt, Sie und Ihr Mann als Paar auch mit Ihrer Freundin und deren Mann befreundet sind. Da kann die Freundin durchaus in einen Loyalitätskonflikt geraten, weil sie nicht mehr weiß, wie sie mit Ihrem Mann umgehen soll. Schlimmstenfalls wird sie sogar mit ihrem Mann über Ihr Verhältnis sprechen, der dann wiederum...

Oder ihre Freundin hat einfach Angst um Sie: »Mein Gott, mein Gott, mein Gott, was machst du bloß, du bringst doch deine Familie in Gefahr, es ist doch alles so schön, ihr habt gerade das Haus fertig. Und dann ausgerechnet mit Dominik, der ist doch nun wirklich...«

Wenn Sie merken, verdammt, ich überfordere meine Freundin oder auch die Schwester, Mutter oder Tochter mit diesem Wissen, ich bürde ihr ein schlechtes Gewissen auf – nehmen Sie es ihr wieder ab.

Wie? Ganz einfach, indem Sie ebenso bald wie beiläufig erzählen, Sie hätten die Beziehung beendet. »Schluß, aus, vorbei, aber bitte: pschschscht, ja?«

Normalerweise wird Ihre Schwester oder Freundin dann nicht wieder nachfragen – erstens, weil sie Ihnen wirklich glaubt, und zweitens, falls sie das nicht tut, als gute Freundin zu schätzen weiß, daß sie entlastet ist.

Manchmal hält die Schwester das Wissen um den Liebhaber gerade noch aus – aber wenn Sie dann zum Beispiel schwanger werden – wir setzen natürlich voraus, von Ihrem eigenen Mann –, was mag dann in Ihrer Vertrauten vorgehen? Also: Im Zweifelsfall bitte den Liebhaber wieder aus dem Gedankenkreis der Nahestehenden entfernen.

Es kann gut sein, daß eine vielleicht gar nicht so nahe Freundin viel geeigneter ist für ihr Vorhaben, dieses Geheimnis zu teilen. Vielleicht ist es eine, die sowieso gerne spitze Bemerkungen über Ihren Mann gemacht hat: »Also so dürfte mich keiner behandeln, du mußt doch nicht springen, wenn er sagt, der Wein hat Kork, kann er doch selbst in den Keller gehen.« Erinnern Sie sich, daß Sie Ihren Mann in solchen Fällen verteidigt haben? Macht nichts, tun fast alle Frauen. Aber diese Freundin, die würde ihnen bestimmt liebend gern beim Alibi helfen.

Oder Sie gewinnen eine *neue* Freundin für diesen Fall: Gucken Sie doch mal bei den Kolleginnen, da ist doch die flotte aus der Hauptabteilung A, die immer so bunt und jung angezogen ist und seit ihrer Scheidung allein lebt, vielleicht reden Sie mal ein bißchen länger mit ihr oder mit der Kollegin drei Schreibtische weiter, die mittwochs seit einiger Zeit immer früher geht, ach was, geht, rennt, um nämlich den Zug zu kriegen, der sie flugs für zwei Stunden in die Arme des Liebhabers bringt.

»Mein bester Freund wohnt woanders, er ist Pate unserer Kinder, er ist mein Trauzeuge. Aber über meine Geliebte reden, das geht nicht. Frauen erzählen sich mehr.«
Sven, 37, Betriebsleiter

Wenn Sie selbst plötzlich in der Situation sind, sich zu Hause erklärbaren Freiraum schaffen zu müssen, dann nehmen Sie die Frauen in ihrer Umgebung plötzlich mit anderen Augen wahr und merken vielleicht: Wir sitzen in einem Boot. Da kommt man sich schnell näher.

Und: Auch ein Kollege, ja, ein Mann, könnte der richtige Komplize für Sie werden. Denken sie dran: Männer haben es meist viel schwerer, einen Verbündeten für ihre Affäre zu finden, weil sie ja nicht so gerne so viel über Gefühle reden, auch unter Männern nicht. Vielleicht kommen Sie da gerade recht und können sich gegenseitig helfen.

Ohne Vertuschen und Verschleiern läuft leider nichts

Vom Lügen und geschickten Schweigen

Lügen kann schwer sein: sich dazu zu überwinden, sich eine kluge Lüge auszudenken, die durchzuhalten – und sich dann vier Wochen später genau dran zu erinnern, was man gesagt hat, wenn der eigene Mann feststellt: »Aber wieso hast du dir den Amélie-Film denn gestern noch mal angeguckt? Den hast du doch neulich schon mit Renate gesehen.« Damals waren Sie froh, daß er solche Filme nicht mag und natürlich nicht mitwollte, jetzt können Sie nur stammeln: »Der Film war so toll, den mußte ich noch mal sehen.«

Besser fahren die meisten mit der abgespeckten Form der Lüge, der Lüge light sozusagen. Sie laufen weniger Gefahr, sich zu verheddern, wenn Sie zwar die Wahrheit sagen, aber einfach einen Teil weglassen. Manche empfinden das genausowenig als Lügen, als wenn man von der Tafel Schokolade ein Stückchen übrigläßt, macht auch weniger dick.

Es ist recht einfach: Sie gehen wirklich ins Fitneßstudio, aber eben nicht volles Programm Aerobic, dann noch ein bißchen Geräte, zwei Saunagänge, sondern nur Geräte, Duschen. Fortsetzung der Übungen für Leib und Seele dann mit Uli (die Sportnummer kommt immer gut, ist völlig unverdächtig, wenn Sie schon immer Sport getrieben haben, da können Sie dann ruhig noch einen zweiten Schwimmtermin die Woche einschieben oder auch etwas Stillgelegtes wieder aufleben lassen: Wie wär's mit Ski oder Segeln, auf jeden Fall etwas, was Ihr Mann nicht mag. Einmal fahren Sie nachweisbar mit den Freundinnen, dann können Sie zu Kursen übergehen – und so einen Kurs müssen Sie ja nicht alleine machen).

Ihre Alibis

Selbstgebastelt. Ein selbstgedrucktes Alibi brachte Karin aus dem zweiten Frauenbuch mit zu unserem Treffen: Da Ihr Ausflug in die Großstadt zu unserem Treffen, weit entfernt von ihrem Wohnort, ihrem eifersüchtigen Mann hätte verdächtig werden können, hatte sie sich mittels Internet, Computer und Drucker ein Alibi maßgeschneidert: ein täuschend echtes Programm für einen Tageskurs *Kreatives Schreiben.*

So bastelte sich Karin auch ihre Reisetermine, zu denen sie mit ihrem Liebhaber unterwegs sein wollte: Da liefert ihr vorgeblich das Internet ein günstiges Reiseangebot zum passenden Termin – in Wirklichkeit hat sie die Sache selbst am Computer zusammengestellt und nur noch ausgedruckt. Karins auf Heller und Cent bedachter Mann redet ihr zu jeder Reise zu, die unglaublich günstig erscheint...

Sie können natürlich jede Menge Arbeitstermine, Kurse, Sportausflüge vorschützen, wenn Sie sicher sein können, daß Ihnen Ihr Partner nicht hinterherforscht. Frauen haben es da wie immer leichter – aber auch für sie gilt: im Zweifelsfalle mit der Wahrheit lügen. Also Sie fahren wirklich zum Arbeiten nach Bonn – aber auf dem Rückweg besuchen Sie Ihren Liebsten. Auf Kilometerstände achten Männer von allein, Frauen ist das nur zu raten...

Unwissender Alibi-Lieferant. Ich hatte doch mal diesen Kollegen, von dem ich dachte, er sei schwul. Das habe ich auch meinem Mann erzählt, also: »Der X-Y, der ist schwul.« Wir haben oft abends Spätdienst miteinander gemacht, der X-Y und ich. Weil wir dann noch hellwach waren, sind wir noch in die Kneipe gegangen. Das habe ich zu Hause erzählt, und so war es ja auch.

Hätte ich mit dem Kollegen etwas anderes gewollt: Zeit hätten wir gehabt, auch für den Wein danach in der Gaststätte, wo sich in Null Komma nichts dieser schöne Ich-war-am-Abend-aus-Geruch in der Kleidung festsetzt.

Man kann diese Variante auf die Spitze treiben: Sich mit einem Unverdächtigen wie X-Y verabreden, vorher oder nachher den höchstverdächtigen, garantiert nicht schwulen B treffen – und X-Y ist Alibi-Lieferant, ohne daß er es weiß. In unserer Zeit des Mobilfunks ist es organisierbar, daß X-Y uns nur auf dem Handy anruft (»Bitte nie zu Hause, mein Mann ist so schrecklich eifersüchtig auf alles und jedes«).

Echte Alibi-Lieferanten. Natürlich liegt es nahe, daß in Ihr Geheimnis Eingeweihte Ihnen Alibis liefern. Voraussetzung dafür ist wie gesagt, daß Sie damit das Gewissen der Eingeweihten nicht überfordern. Ihre Cousine sollte es also wissen, daß Sie für Ihren Mann offiziell bei ihr sind, auch wenn Sie glauben, daß er höchstens Sie auf dem Handy anrufen würde, nie bei der Cousine zu Hause.

Viele Frauen finden früher oder später Freundinnen, die auch einen Liebhaber haben – dann sind die beiden Frauen eben offiziell zusammen unterwegs. Vielleicht sind sie sogar wirklich beide relaxen am Meer – aber ihre Doppelzimmer teilen sie mit ihren Freunden!

Alibi-Agentur. Mit der Frage, ob sie je auf die Idee gekommen sind, eine der professionellen Alibi-Agenturen zu nutzen (bei Bedarf an aktuellen Adressen: Internet-Café aufsuchen, bei Google eingeben: Alibi Agentur), habe ich bei verschiedenen Frauen gute Lacher erzielt: »Das ist was für Leute, die keine Freunde haben.« Kann man sich von Liebhaberinnen kaum vorstellen, bei Männern ist eher denkbar, daß sie sich ein Wochenende (kostenpflichtig) durch so eine Agentur freischaufeln lassen.

Instant-Alibi am Telefon. Telefonieren im Zusammenhang mit der Liebhaberei ist gefährlich, das wissen wir. Mein Freund Alex hat für echte Notfälle (na ja, wenn's also mal ganz dringend ist) immer eine liebe Freundin parat, die dann bei Alex' aktueller Liebsten anruft, und wenn der Mann dran ist, flötet sie: »Hallo, hier Frau Rödemeier vom Modehaus Modemix, könnte ich bitte Ihre Frau sprechen?« Oder der Internet-provider macht den versprochenen Rückruf, oder das Kosmetikstudio sagt den Termin ab und bietet einen neuen an – dann ist natürlich schon Alex dran. Seine Liebste kann problemlos sagen, auch wenn ihr Mann ihr zuhören kann: »Gut, Mittwoch, 14 Uhr, das würde mir passen.«

So was macht Alex natürlich nur mit Liebhaberinnen, die dafür genau so fit sind wie er.

Falsche Spuren... So ein völlig unzerkratztes, noch randvolles Streichholzschächtelchen aus der Tapas-Bar in der Jackentasche könnte seiner Frau durchaus auffallen, wenn er sonst nur sein Zippo-Feuerzeug benutzt. »Ach, man war bei *Speedy Gonzalez*, das ist ja nett, als ich vorgeschlagen hab, daß wir da mal hingehen könnten, hattest du keine Lust auf diese lappigen Maismehlrouladen... Ja, ja. War sie blond? War sie gut?« Auwei. So kann's gehen, und manchmal ist es wirklich so, daß die Liebste und die Ehefrau ähnliche Wünsche und Ideen haben, nur mit der Neuen fährt *er* dann wirklich mal ein Wochenende ans Meer, oder läßt sich zum neuen In-Mexikaner überreden. Also: Streichholzbriefchen, Visitenkarten mitnehmen aus Unachtsamkeit scheidet aus.

Die einzig zulässigen Gründe dafür: eine falsche Fährte legen. Ihr Ehepartner darf oder soll sogar wahrnehmen, daß Sie dort waren. Zu einer Arbeitsbesprechung mit Herrn Müller mag der Mexikaner vielleicht nicht so passen, aber vielleicht sind Sie vorbeigekommen und haben einfach die Adresse mitnehmen müssen, weil es in dem neuen Laden so voll war: »Der muß einfach gut sein, Liebling, da müssen wir mal hin.«

Gestohlene Stunden für die Liebe

Meist sind es Menschen mit ohnehin schon gut gefülltem Tagesablauf, die trotzdem noch Platz für die Liebhaber-Stunden finden. Wer viel tut, kann auch viel umstellen und dazwischenschieben, steht nicht so unter Kontrolle – und im Zweifelsfall wird eben noch zusätzlich Zeit angesetzt fürs offizielle Hobby oder ein neues Steckenpferd geschnitzt.

Aber was, wenn es nun doch ausnahmsweise jemanden trifft, in dessen Wochenplan sich zu jeder Tages- und

»Früher wäre ich nie einfach ein Wochenende allein weggefahren: Wer hätte Fred das Essen machen sollen?«
Bettina, 52, Sekretärin

Nachtzeit für den Partner nachweisen läßt, was gerade anliegt? Wie kann der (die!) Zeit für einen Liebhaber freischaufeln? Eigentlich bekommt dieses Problem nur, wer immer alles mit seinem Ehepartner zusammen macht. Tscha, wer immer nur im gemischten Doppel auftaucht, der wird es ohnehin schwer haben, überhaupt in den Genuß der Versuchung zu kommen!

Stellen wir uns vor, es ist trotzdem passiert. Bei der Arbeit zum Beispiel, der einzigen Zeit ohne Ehepartner, täglich von 8 bis 16 Uhr. Oder eben bei der einzigen Aktivität, die ohne den Ehepartner läuft: die Mitgliedschaft im Gemeinderat meinetwegen. Oder im gemeinsamen Bekanntenkreis, sehr heikel, aber auch nicht unlösbar.

Der klarblickende Stratege für die heimliche Liebe wird empfehlen: Zeit dort gewinnen, wo der Ehepartner bisher ohnehin keinen Zugang hat, und wo es wirklich nicht auffällt. Klar, es darf nicht plötzlich Überstunden immer mittwochs bis 19 Uhr geben – aber wenn Sie drei Mal die Woche ein Stündchen länger machen, können Sie vielleicht mittwochs drei Stunden weg, für Ihren Chef »zur Physiotherapie« – und so etwas Ähnliches machen Sie dann ja

161

auch. Oder der Gemeinderat bildet eine Arbeitsgruppe, in der Sie dann drin sind und auch mal eine Sitzung schwänzen können. Sie merken: Phantasie ist gefragt. Ausgehend davon, daß wo schon etwas ist (Zeit allein), problemlos noch etwas dazukommen kann (Ausweitung beziehungsweise Erweiterung der Aktivitäten), wird Ihnen selbst einiges einfallen.

Falls Sie wirklich zu der seltenen Liebhaber-Spezies gehören, die bisher alles im Ehe-Doppel machten, müssen Sie Freiraum schaffen. Ein neues Hobby wie plötzliches Alpenwandern, zu dem Sie dann allein fahren, ist gewiß nicht ratsam. Obwohl … wenn Ihr Mann nicht gerne wandert, Sie aber in der Jugend als Alpinistin… Das Wiederentdecken längst aufgegebener Hobbys ist so ungewöhnlich nicht. Wichtig ist, erklären zu können, woher der plötzliche Drang für die Unternehmung allein kommt, und die muß gut ausgesucht sein, denn Sie wollen doch auch nicht, daß Ihr Partner sagt: »Prima, da melde mich mal mit an.« Notfalls müssen Sie in diesen sauren Apfel beißen, aber dann starten Sie demnächst eben einen neuen Versuch, mit etwas, was nun wirklich nur Sie allein machen können. Würde Ihr Partner mitgehen zum Rhetorikkurs – den Ihr Arzt Ihnen sehr angeraten hat, als Sie ihm erzählt haben, daß es Sie immer so nervös macht, wenn Sie in großer Runde frei sprechen sollen. Ihr Partner könnte gar nicht mit zum Einsteigerkurs Internet für Frauen, die immer noch nicht im Netz sind, wie sie die *Brigitte* seit Jahren immer wieder und bestimmt auch in ihrer Nähe anbietet – wenn sich aus so einer Frauenrunde dann ein regelmäßiger Treff ergibt, sind Männer (auch Ihrer) bestimmt nicht erwünscht. Und im übrigen: Wenn Ihr Mann nicht ausgerechnet krankhaft eifersüchtig ist, ist er vielleicht sogar ganz froh, freie Zeit für sich zu haben, in der er ganz in Ruhe in der Garage basteln kann…

Bloß nicht zuuu nett über den anderen reden …

Sie werden nicht so dumm sein und Ihrem Mann von Ihrem Kollegen Herrn Müller (oder heißt er schon Andreas?) vorschwärmen: »Liebling, ein bißchen Sport würde dir auch guttun, der Andreas, der geht ja seit zwei Jahren zur Fitneß, du mußt mal drauf achten, wie muskulös seine Unterarme sind, ich find das süß, wie die goldenen Härchen darauf glänzen, mußt mal drauf achten.«

Im Zweifelsfalle macht sich ein fallengelassenes »Och, dieser blöde Muskelprotz, da sieht man es mal wieder: Kraft in den Armen, nicht im Hirn« besser. Es sei denn, Sie hegen die Hoffnung, Ihren Mann durch Schwärmereien für Andreas aus der Reserve locken zu wollen, und eigentlich wollen Sie nur das erreichen.

Daß Sie als Frau grundsätzlich alarmiert reagieren würden, wenn Ihr Mann plötzlich von den messerscharfen Beinen seiner Kollegin erzählt, versteht sich von selbst, schließlich übersieht er Ihre Vorzüge schon seit Jahren, und das ist schließlich beleidigend.

Übrigens würde es der Ehefrau Ihres Liebhabers natürlich ebenso auffallen, wenn er zu nett ausgerechnet über Sie spricht oder wenn er Ihnen gegenüber zu aufmerksam ist – bei der gemeinsamen Gartenparty oder dem zufälligen Zusammentreffen im Konzert läßt sich der direkte Kontakt ja nicht immer vermeiden (würde auch auffallen, wenn Sie immer einen Haken umeinander schlagen!). Nehmen Sie's also nicht persönlich, wenn Ihr Liebster in Ihrer Gegenwart versucht, besonders charmant zu seiner Frau zu sein, ihr den Arm um die Schulter legt oder sie küßt – das ist wirklich eine gute Tarnung, auch wenn's Ihnen beiden vielleicht sogar ein bißchen weh tut. Im Zweifelsfalle wird der kluge Mann nächstes Mal ganz besonders nett zu Ihnen sein.

Gefühle der dritten Art

Was hab' ich, was sie nicht hat?

Manchmal, gerade beim ersten Liebhaber, haben Frauen Zweifel wie: Was tue ich seiner Frau nur an? Darf ich das? Der Wunsch, den Liebhaber zu sehen, besiegt für gewöhnlich die Zweifel, und ganz rational sagen sich die Liebhaberinnen: Wir sind erwachsene Menschen, mein Freund, weiß, was er tut, ich weiß, was ich tue – und seine Frau weiß ja nichts davon. Egoismus triumphiert über Frauensolidarität, das ist in diesem Fall ja nachvollziehbar.

Aber was tun, wenn man die Frau des anderen kennt – vielleicht von der Weihnachtsfeier, wenn es ein Kollege ist? Aus der Schule der Kinder, wenn man an einem Ort wohnt? Meinetwegen auch nur vom Sehen? Liebhaberinnen haben meist Berührungsängste, wenn sie *seine* Frau kennen, und das ist wahrscheinlich eine gesunde, ganz natürliche Reaktion – sie vermeiden es nach Kräften, parallel zu ihm auch ihr näher zu kommen, weil mit der Nähe bei Frauen Skrupel wachsen.

Am liebsten ist es den meisten Liebhaberinnen, seine Frau ist ihnen ganz fremd und bleibt das auch. Das muß nicht unbedingt heißen, daß Gespräche über *seine* Frau und *ihren* Mann tabu sind, aber über jemanden, den man persönlich nicht kennt, dessen Existenz man aber nicht nur akzeptiert, sondern den man sich keinesfalls aus dem Leben des anderen wegwünscht, damit die Balance erhalten bleibt, über so ein real existierendes Geisterwesen spricht es sich leichter als über einen Menschen aus Fleisch und Blut.

Die meisten Liebhaberinnen meinen es wirklich ernst, wenn sie ihren Liebsten drängen, doch nicht nur für die geheime Kür, sondern auch für das Programm zu Hause mal wieder Blumen zu kaufen oder Kinokarten zu besorgen, denn sie wissen: Kommt die Ehe ins Trudeln, die Ehefrau aus unerfindlichen Gründen auf Scheidungsgedanken, wird auch die Liebhaber-Beziehung nicht mehr so sein, wie sie mal war.

Beginnen die Gedanken der Liebhaberin aber, die Person der Ehefrau magisch zu umkreisen, wird's spannend.

Es gibt die Variante: Liebhaberin möchte alles über Ehefrau wissen. Wie sieht sie aus, wie gern schläft er mit ihr, wie sind ihre politischen Ansichten, wie erzieht sie die Kinder, was hatte sie zum Fahrradausflug an, wann hat sie Geburtstag – und für den Tag stellt die Liebhaberin ihm dann noch eine Liste mit Geschenkvorschlägen zur Verfügung. Wirklich, das kommt vor – irgendwann reagiert auch der geduldigste Mann bei solchen Grenzüberschreitungen panisch und möchte diese merkwürdige Miss-Marple-Glucken-Mutation loswerden.

> »Ich will seine Frau gar nicht näher kennenlernen. Ich wüßte nicht, wie ich mit ihr umgehen würde, wahrscheinlich wäre sie mir ja sogar sympathisch.«
> *Hanna, 35*

> »Ich war auch schon bei ihm in der Wohnung, da war seine Frau auf Kur. Ich hatte nur ein bißchen ein schlechtes Gewissen, wir waren ja nicht in ihrem Schlafzimmer.«
> *Christine, 48, Angestellte*

Häufiger und dennoch kein Massenphänomen: Die Liebhaberin weiß ein bißchen was über seine Frau und fragt sich, wieso er eigentlich mit ihr zusammen ist, wenn er so eine Frau zu Hause hat. Die eine Möglichkeit: seine Frau ist schöner, klüger, erfolgreicher und weiß der Teufel was, offenbar hat sie von allem ein bißchen mehr als wir – was will er dann überhaupt von mir?

Da hilft nur: Rücken gerade, in den Spiegel schauen: Ich

bin eine tolle Frau. Vielleicht nicht so schön – aber humorvoller. Vielleicht nicht so schlank – aber dafür esse ich mit Appetit und schubse nicht unschuldige Salatblätter von einer Tellerseite auf die andere. Weg mit den Gedanken an sie, der Liebhaber sollte Minderwertigkeitskomplexe doch nicht verstärken, sondern hinwegfegen!

Aber was ist, wenn *Sie* plötzlich die Frage umtreibt: Wieso ist er mit seiner Frau eigentlich zusammen? Sie macht den Eindruck eines Hausputtelchens, ist vielleicht auch nicht besonders schlau – wieso gibt er sich mit ihr ab? Ist er auch nicht so helle? Zu simpel gestrickt? Und: Sieht er mich ähnlich wie seine Frau?

Ab und zu bin ich auf dieses Phänomen gestoßen, irgendwann merkte ich, daß meist die Frage dahintersteckte: Was gefällt mir eigentlich an diesem Mann? Die Antwort war einfach: Er war so anders als der eigene. Nennen wir den Liebhaber ruhig den praktischen, bodenständigen, zu Leidenschaft fähigen Naturburschen. Der wird verglichen mit dem vergeistigten Exemplar Mann zu Hause, dem Intellektuellen mit den zwei linken Händen. Wäre zwar schön, wenn der Nägel in die Wand hauen könnte und Filme mit Julia Roberts nicht als Frauenschmonzetten abtun würde (unser Naturbursche geht mit ins Kino!) – aber so ist er nicht, so wird er nie sein.

Der Restzweifel am eigenen Mann ist auch ein Zweifel an sich selbst: Brauche ich nicht mehr Gefühl, was trau ich mir in der Hinsicht zu, würde ich mit einem Gefühlsmenschen wie meinem Liebhaber auch im richtigen Leben klarkommen? Um da nicht weiter nachdenken zu müssen, muß der Liebhaber ein kleines Manko kriegen, das weit von uns weg ist – da paßt nicht schlecht: seine Frau.

Egal, auf welche Art und Weise *seine* Frau in die Gedankenwelt der Liebhaberinnen dringt, über kurz oder lang merken die meisten: Laß das Nachdenken in diese Richtung, diese Frau sollte mit deinem Leben möglichst wenig zu tun haben.

Schatzis Mißverständnisse

Männer und Frauen sind unterschiedlich – und auch Liebhaber kommen nun mal vom Mars und nur ein bißchen von der Venus. Wir wissen, daß Männer und Frauen in ihren Hauptbeziehungen immer weniger miteinander reden, das durchschnittliche Ehepaar bringt es angeblich sogar nur noch auf neun Minuten am Tag, und ein paar von diesen neun Minuten redet man bestimmt aneinander vorbei…

Auch die Nebenbeziehung ist nicht gefeit vor dieser Mann-Frau-Verstehensblockade, selbst wenn es in dieser Hinsicht in der Liebhaber-Beziehung augenscheinlich besser klappt. Fieserweise hält die geheime Liebe ganz unvermuteten Sprengstoff bereit: die Nähe!

In der offiziellen Zweisamkeit will auch oft der eine mehr Nähe als der andere, da clincht man sich dann, rauft sich zusammen, findet sein Maß – das alles aber immer im vorgegebenen Rahmen: Wir wollen ein offizielles Paar sein (oder eben nicht mehr).

Auch die Liebhaberin, der Liebhaber kann plötzlich mehr (oder weniger) Nähe wollen – die Auswirkungen dieses Wunsches stehen aber nicht ganz im luftleeren Raum, denn in diesem Fall sind nicht nur zwei Personen von der Nähefrage betroffen, sondern indirekt eben noch zwei weitere.

Gerade wenn Gefühle durcheinandergeraten, wird es oft lästig, daß die Zweisamkeit der Liebhaber für gewöhnlich auf eine bestimmte Zeit, meist also wenige Stunden festgelegt ist: Da können Probleme nicht zu Ende besprochen werden, man kann sich bei vermuteten Mißverständnissen nicht einfach noch mal schnell anrufen, die Sorge ums Ende der Liebhaberei kann alles überschatten.

Was mir als Frau bei Gesprächen mit Liebhaberinnen und Liebhabern immer wieder auffiel: Das irrationale (ja, wir Frauen finden das irrational!) Verhalten der Liebhaber, wenn ihnen der Schatz gegen allen Vorsatz oder gegen alle Absprachen immer wichtiger wird. Kurz: Wenn sie sich verlieben.

Bemerkt eine Frau bei sich Verliebtsein, aufkeimende, gar wachsende Liebe, wird sie das meist ihrem Liebsten sagen wollen: »Wir müssen reden – vielleicht sollten wir uns doch von Frank und Anne trennen und es gemeinsam versuchen?« Kann sein, daß der Liebste dann Angst kriegt und denkt: Sie klammert. Meist wird sie aber selbst merken, daß ihre Gefühle nur ein bißchen mit ihr durchgehen.

Verliebt sich aber ein Liebhaber ernsthaft, empfindet er mehr und mehr für die Frau, für die ja nie die Hauptrolle in seinem Leben vorgesehen war, sieht die Sache anders aus: Die wenigsten Männer suchen das Gespräch, wie Frauen. Die meisten wollen (für uns Frauen ist das absolut paradox!): Abstand. Da kommen dann schlimme Sätze wie: »Vielleicht ist es besser, wenn wir uns nur noch einmal im Monat sehen«, wahlweise: »…wenn wir mal eine Weile nur Kaffee trinken gehen«.

Männer wollen Luft, um ihre Gefühle zu ordnen, Frauen sehen den Anfang vom Ende gekommen. Der Wunsch ihres Liebhabers nach Abstand kann doch nur bedeuten: »Er mag mich nicht mehr« oder: »Erst sehen wir uns nur noch einmal im Monat, dann gar nicht mehr.«

Das ist eine der brenzligsten Situationen, in die das Liebhaber-Paar miteinander, ohne Einwirkung von außen, kommen kann.

Schaffen es beide, die jeweils wirkenden Mechanismen zu erkennen, begreift er also, daß sie keinesfalls klammert und seine Ehe aufbrechen will, versteht sie, daß sie ihm nicht fremd, sondern sehr vertraut ist, und er nur mit einem Befreiungsschlag reagiert, dann können beide vielleicht gemeinsam über die Gefühlskapriolen lachen und sich künftig noch mehr aneinander freuen.

Ach, ob er nicht doch der Richtige wäre?

Fast jede Frau mit Liebhaber kennt diese Momente, in denen du dich fragst: Und nun? Wie soll es weitergehen? Es geht nun schon so lange gut – wie lange noch? Und überhaupt: Mit Uli wird es auch nach drei Jahren nicht langweilig, das Prickeln läßt nicht nach – ob wir uns nicht doch von unseren Partnern trennen sollten und es zusammen probieren?

Das hat sich auch Uli schon gefragt, Ihnen das auch erzählt. Und Sie waren vernünftig und haben gesagt: »Ach Uli, der Alltag, der käme auch bei uns irgendwann. Am besten, alles bleibt, wie es ist.« Uli hat Ihnen zugestimmt.

Wenn Sie also jetzt von Zweifeln geplagt sind: Ist Uli nicht doch der Richtige? Könnte mein Leben nicht dauerhaft liebevoll und leidenschaftlich werden? Dann sprechen Sie mit Uli. So wie Sie ihn damals wieder auf den Boden der Tatsachen gezogen haben, wird er es auch mit Ihnen tun, ganz sanft und zärtlich. Und Sie werden merken, daß dieses gegenseitige Vertrauen, die Verantwortung auch für das Leben des anderen außerhalb Ihrer Liebhaber-Beziehung, Sie noch wertvoller füreinander macht.

Bin ich etwa eifersüchtig?

Ein bißchen Verliebtsein wird meist dabeisein, bei der Begegnung mit dem Liebhaber. Und wir kennen das aus unseren offiziellen Beziehungen ja auch: Wo Liebe ist, kann auch Eifersucht sein. Kann, muß aber nicht.

Es ist eigentlich nicht erstaunlich, daß sich die Eifersucht in der Liebhaber-Beziehung leichter in den Griff kriegen läßt als in den Hauptbeziehungen, schließlich ist meist klar: Der Liebhaber soll Liebhaber bleiben, zu den vereinbarten oder unausgesprochenen Regeln für die Nebenbeziehung gehört ganz selbstverständlich, daß Besitzansprüche ausscheiden, und Eifersucht hat schon etwas mit Besitzanspruch zu tun.

Richtet sich die eigene Eifersucht ausgerechnet auf den Ehepartner oder die Ehepartnerin des anderen, wird es natürlich drollig. So wie bei der 35jährigen Maren: »Wenn Jan am Wochenende mit Gitta und seinem Sohn eine Fahrradtour gemacht hat und ich wußte, jetzt sind die unterwegs, hat mich das gewurmt. Oder als er mir mal Prospekte für ihren gemeinsamen Sommerurlaub gezeigt hat: Da war ich eifersüchtig, es hat so genagt und an mir gefressen, das hatte ich noch nie erlebt. Im Kopf war mir klar, daß ich dazu kein Recht habe, daß es geradezu albern ist und auch nicht gut. Irgendwann war's weg, ich habe auch aufgehört zu vergleichen, ob nun Gitta hübscher ist als ich, ist sie wahrscheinlich, aber sie ist älter als ich … Da geht's schon wieder los … Nein, tut es nicht, denn ich habe mir klargemacht, daß ich ja wirklich Jan nicht als Hauptbeziehung will. Als ich merkte, meine Eifersucht fing an, unsere schöne, leichte Beziehung zu belasten, hab ich versucht, diese unguten Gefühle abzustellen, und es ist mir gelungen.« Den meisten geht es wie Maren: Sie machen sich klar, daß Eifersucht nicht guttut, und da diese Eifersucht nicht in einer Hauptbeziehung stattfindet, an der Existenz, Familie, Zukunft hängen, sondern in der Luftigkeit der Liebhaberei, die man sich gern erhalten möchte, fällt es leichter.

Wenn die Eifersucht dann mal überhaupt nicht verschwindet, kann das durchaus ein Alarmzeichen sein, die Liebhaber-Beziehung zu beenden – wenigstens mit dem Partner drüber zu reden, wahrscheinlich kann er – oder sie – helfen.

Kann man zwei Menschen lieben?

Die meisten Menschen haben tief verinnerlicht: Der Satz *Ich liebe dich* ist nur einem Menschen vorbehalten, dem festen Partner – vielleicht darf er noch den Kindern oder Eltern gelten, dann aber eher in der knuffigen Form: »Ich hab' dich lieb.«

Das eigentliche *Ich liebe dich* der ersten Zeit mit dem festen Partner hat oft während der Ehe oder langjährigen Partnerschaft an Kraft und Absolutheit verloren, und schloß es früher nicht auch dieses wahnsinnige, unausgesprochene Ich-begehre-dich oder Ich-hab'-Lust-auf-dich ein, inklusive Herzrasen und Schmetterlingen im Bauch?

Häufig ist uns nur ein herzliches »Ich hab dich lieb« für unseren Partner geblieben, ein kuscheliger Satz für ein kuscheliges Gefühl, das heute eben

> »Kurz nachdem wir das erste Mal miteinander geschlafen hatten, haben Diana und ich darüber gesprochen: Wir dürfen uns nicht verlieben. Ich konnte mir damals überhaupt nicht vorstellen, daß ein Mann oder eine Frau zwei Partner lieben kann.«
> *Norbert, 44, technischer Beruf*

mehr Vertrauen, Harmonie, angenehme Gewohnheit und Zuverlässigkeit ausdrückt als dieses wuchtige Hals-über-Kopf des Anfangs. So weit so gut.

Doch nun kommt er, der Moment, der Weltbilder ins Wanken geraten läßt, plötzlich spricht es einer der Partner in der Liebhaber-Beziehung aus: »Ich liebe dich.« Oft sind beide schrecklich erschrocken. Der, der sprach, meist noch mehr, weil er so vorgeprescht ist: Was heißt das nun, was meine ich damit, was denkt er/sie jetzt von mir? Der, der zuhörte, ist meist gelassener: Aha, ich dich auch.

Selten gibt es ein Mißverständnis bei diesem Gefühl – was nicht heißt, daß Frauen nicht wie im richtigen Leben ein bißchen gefühlsseliger sind. Aber auch das ist wie im richtigen Leben: Wenn Männer dann ein bißchen schroff reagieren, will das nichts heißen. Achten Sie einfach mal drauf, wann er wieder sagt: »Das mache ich ja nur dir *zuliebe.*«

Ich liebe dich

Tine, 43, selbständige Geschäftsfrau

Ich bin 17 Jahre verheiratet und habe zwei Kinder – es hat in meinem Leben immer mal Erlebnisse mit Männern gegeben, die nicht *mein* Mann waren – übrigens finde ich das jetzt eine ziemlich geschickte Umschreibung für: Es ist mir nicht fremd, fremdzugehen. Nein, wirklich, ich bin da einigermaßen geübt, was die Gefühle angeht, daß ich das also auseinanderhalten kann.

Genauso war klar, als ich Mark kennenlernte: Er ist der Richtige für mich, ich kann mir vorstellen, mit ihm alt zu werden. Ich war damals 25, schon ein paar Jahre im Beruf und Filialleiterin einer Modekette, da war ich wirklich noch sehr jung, mein Gott. Und Mark studierte noch. Vier Monate nachdem wir uns kennengelernt hatten, haben wir geheiratet, einfach so, ich war nicht schwanger, es gab keinen

Druck: Wir haben uns einfach geliebt und wollten das auch nach außen zeigen.

Den Lover, den ich vor Mark hatte, hab ich nach der Hochzeit nicht aufgegeben, warum auch, er konnte mir nicht gefährlich werden, wir sehen uns heute noch, wenn er in Deutschland ist. Und als ich mit 30 unsere zweite Tochter bekommen hatte, habe ich auch wieder angefangen, hin und wieder auf Kontaktanzeigen zu antworten – für mich ist es nicht so schwer, das eine oder andere Treffen in meiner Arbeitszeit oder abends unterzubringen, ich habe so viele Termine und kenne so viele Leute. Mein Mann ist auch überhaupt nicht mißtrauisch oder eifersüchtig.

Als der neue Kollege von meinem Mann anfing, mich zu beflirten, hab ich das erst gar nicht richtig gemerkt. Mein Mann ist Lehrer für Deutsch und Geschichte, wir sind sehr gesellig, wir laden auch die Kollegen von meinem Mann gerne ein, und da war dann auch der neue Sportlehrer dabei. Anfangs hab ich nicht gemerkt, daß er immer meine Nähe gesucht hat, gerne seine Hand auf meine gelegt hat, was man so macht.

Als wir uns mal zufällig in der Stadt getroffen haben und einen Kaffee getrunken haben, fragte er ganz direkt: »Kommst du nachher zu mir?« Plötzlich war mir alles klar, ich habe rumgestottert, er ist aufgestanden, hat mir die Adresse gesagt und: »Ab halb acht steht der Sekt kalt.«

Ich war so aufgeregt, so hin- und hergerissen – nicht daß ich Skrupel gehabt hätte, ich hatte plötzlich solche Lust auf diesen Mann, und ich habe mich über mich selbst gewundert, daß das so plötzlich kam, denn eigentlich ist Christian genau meine Kragenweite: dunkelhaarig, sportlich, ein super Body.

Was soll ich sagen: Ich stand um halb acht bei ihm auf der Matte, zwei Minuten später lag ich in seinem Bett, unsere Klamotten hatten wir uns noch im Flur runtergerissen, also:

173

bei ihm war's ja nicht viel, nur ein Bademantel und ein String, Wahnsinn, hatte ich noch nie bei einem Mann.

Dieser Abend war absolut – ja, mir fällt eigentlich nur das Wort geil ein. Wir haben kein Wort miteinander geredet, alles ging wie von selbst, das war ein einziges Spüren, Berühren, fester Drücken oder leichter Anfassen, ich weiß auch nicht, irgendwie überirdisch. Wir haben kaum ein Wort gesprochen, Christian hat mir nur immer tief in die Augen gesehen und so gestöhnt und geseufzt, daß ich davon schon fast gekommen bin.

Als ich um zehn aus der Wohnung wieder raus bin, war eigentlich nichts anders als sonst. Ich bin ganz langsam zu Fuß durch die halbe Stadt nach Hause gegangen, um mich abzukühlen, und kam total zufrieden zu Hause an, mein Mann war schon im Bett, das wäre für mich vielleicht nicht so einfach gewesen, ihm in die Augen zu sehen.

Christian und ich haben jetzt seit einem halben Jahr ein Verhältnis, mein Mann ahnt nichts. Wir können uns problemlos in Christians Wohnung treffen, die ist in einem so großen Haus, er wohnt da alleine, seine Freundin lebt in einer anderen Stadt, er fährt immer zu ihr, sie besuchen. Sein Bett ist also wirklich nur seins.

Ja, aber worum es eigentlich geht: An einem Abend lagen wir ganz friedlich aneinander gekuschelt im Bett, es war wieder so schön, alles duftete so, ich war so glücklich, ich hätte richtig heulen können vor Glück, da rutschte mir raus: »Ich liebe dich.«

Das hatte ich noch nie einem anderen Mann als Mark gesagt, ich liebe ihn ja wirklich, ich sage ihm das auch heute noch, natürlich auch manchmal nur mit »Ich hab dich lieb«, aber nun das. Christian hat erst gar nichts gesagt, mich nur angelächelt, dann hat er gesagt: »Ich dich auch.« Mir ging das durch und durch.

Wir haben nicht weiter drüber gesprochen, aber mich hat

das tagelang beschäftigt: Was sollte das heißen, dieses Ich-liebe-dich. War da nun etwas anders als mit den anderen Männern?

Ich meine, es ist mir völlig klar, daß ich mich von Mark nicht trennen werde. Ich möchte ja auch gar nicht mit Christian zusammensein. Aber es ist schön mit ihm.

Je länger ich drüber nachgedacht habe, desto klarer ist mir geworden: Ich habe nur versucht, mein großes Glück irgendwie in Worte zu fassen. Ich bin ja wirklich glücklich mit ihm, er macht mich glücklich. Und irgendwie liebe ich ihn.

Früher wäre mir das nie über die Lippen gegangen, nie hätte ich gedacht, daß ich zwei Männer lieben kann. Jeden auf seine Art, das eine hat mit dem anderen nichts zu tun. Meinen Mann liebe ich mehr als reife Frau, Christian wie ein junges Mädchen. Aber egal, ich habe einfach das Bedürfnis, ihm zu sagen, was ich empfinde.

Lassen Sie sich nicht aus der Reserve locken

Aber der Betrug – und die Lügen für die Kinder!

Die Stimme einer Journalistenkollegin am Telefon: »Also, ich kann mir das überhaupt nicht vorstellen: meinen Partner zu betrügen. Das ist doch schrecklich, diese ganzen Lügereien, die damit verbunden sind, wenn Frauen so was machen, auch diese Unehrlichkeit gegenüber den Kindern... Da ist doch keine Liebe mehr da zwischen den Partnern, alles ist nur noch ein großes Lügengebäude. Ich finde, es ist besser, man trennt sich sauber, und dann kann man ja etwas mit einem neuen Mann beginnen...«

Puh!

Gespräche dieser Art hatte ich einige: meist am Telefon, meist mit Journalistinnen, die sich nicht aus Begeisterung mit dem Thema Liebhaber beschäftigt haben, sondern weil ihr Beruf es verlangt, sich auch mit Dingen auseinanderzusetzen, die nicht der eigenen Lebensauffassung entsprechen.

Nun ist es ja durchaus erlaubt, für sich selbst zu entscheiden: Ein Liebhaber wäre nichts für mich. Aber als ich das dritte, vierte Mal eine junge Frau in der Art wie oben an der Strippe hatte, mochte ich die Einwände nicht einfach so stehenlassen, ich sagte: »Ich nehme an, Sie sind noch keine 30?«

Die Kollegin am anderen Ende der Leitung fragte verblüfft zurück: »Ja, wieso?«

Nun muß man kein ausgesprochenes Piepsstimmchen haben, eine junge Stimme kann man nun mal oft einfach so erkennen, aber es kommt eben auch drauf an, *wie* etwas gesagt wird, was mitschwingt, also fragte ich hellsichtig nach: »Und Sie haben noch keine Kinder, oder?«

»Ja, wieso?«

Martina Rellin kann auch mal richtig die schlaue, weise Mutti raushängen lassen, wer macht das schon gerne, klingt immer so gönnerhaft und oberlehrermäßig, aber manchmal muß es eben sein: »Wissen Sie, Kindchen« hab ich mir dann verkniffen, aber: »Wenn Sie sich in fünfzehn, zwanzig Jahren an dieses Gespräch erinnern, Kinder haben – dann rufen Sie mich vielleicht an und wir reden noch mal über die Sache. Ich habe früher, als ich auch noch keine Kinder hatte, nicht gewußt, daß sich mit den Kindern in der Zweierbeziehung etwas ändert. Außer Liebe zu zweit haben Sie plötzlich eine Liebe in der Familie – und die ist mindestens ebenso wichtig wie die zwischen Mann und Frau.«

Klar, ist ein bißchen wie Blinden Farben erklären, auch fällt es schwer, eine junge Frau in der Hoffnung, den *Richtigen* zu haben oder noch zu finden, auf daß man dann heirate, Kinder kriege und glücklich lebe bis an des einen oder anderen Ende, so einer jungen Frau zu sagen: »Ein Drittel aller deutschen Ehen wird geschieden, Tendenz steigend! Zählen Sie mal ab: eins, zwei, drei? Warum sollen gerade Sie nicht dazugehören?«

So hart sagt man das meistens nicht, es stimmt aber trotzdem. Muß man in jungen Jahren nicht glauben. Darum unterhalten wir uns dann in zehn, fünfzehn Jahren ja auch noch mal.

Die Überzeugung, daß die Kinder leiden, wenn die Eltern nicht die Wahrheit sagen – wohlgemerkt: Es ist nicht gemeint, den Kindern Versprechungen zu machen, die dann nicht eingehalten werden, oder der Familie anzukündigen, man sei spätestens um fünf zu Hause und dann kreuzt man viel später auf. Nein, es geht um Lügen oder Schweigen zu einem Thema, von dem Kinder – je nach Alter – vielleicht ohnehin noch keine Ahnung haben, von dem sie, falsch eingefädelt, Schlimmes befürchten könnten (»Wirst du denn dann zu Uli ziehen, Mama, und Papa und uns alleine lassen?«).

Wer die Liebhaberei in Bausch und Bogen verdammen und dafür noch ein richtig schweres Geschütz auffahren will, der schickt die Kinder vor: »Die Kinder merken das. Die spüren doch, daß um sie herum Lügen sind.« Aha.

Kinder merken, wenn Mama und Papa sich anschreien, sie anschreien. Sie merken, wenn die Eltern kaum miteinander reden. Sie merken auch, wenn Vati und Mutti plötzlich nichts mehr gemeinsam unternehmen. Sie spüren zweifelsohne auch Stimmungen. Nicht zuletzt: Meine Mutter hat gute Laune, sie ist vergnügt. Das wirkt sich auch auf die Kinder aus.

Diese Stimmung meinen aber die Kritiker nicht. Was sie meinen ist: Kinder erahnen eine Atmosphäre der Unwahrheit, der Unaufrichtigkeit.

Ja, was soll man dazu sagen? Das wichtigste Argument aller Liebhaberinnen ist gewiß immer: »Meine Kinder haben eine glückliche Mutter.« Jedenfalls glücklicher, als sie es ohne Liebhaber wäre.

Bei einer Diskussion im Radio zum Thema Liebhaber hatten wir auch eine Psychologin dabei. Die kam ebenfalls mit einem Satz wie: »Aber die Kinder…« Nach dem Gespräch zog die Psychologin ihr Argument wieder zurück: Sie habe das ja quasi sagen müssen… ihr konservatives Umfeld… Ich war ebenso überrascht wie entgeistert. So zementieren sich Sichten über Generationen. Diesem »Aber die Kinder…« kann man einiges entgegenhalten. Zum Beispiel: Die Kinder wissen nichts vom Liebhaber der Mutter (oder der Liebhaberin des Vaters), sie geraten also nicht in einen Zwiespalt wie bei Trennungsüberlegungen der Eltern. Und sie ahnen nicht, was sie nicht wissen, sie haben davon auch keinen Schimmer, wenn sie kleiner sind. Was Kinder aber sehr wohl merken: Wenn Eltern zu Hause über die Arbeit schimpfen, über ihren Chef, der ja nun wirklich der letzte Idiot… Und dann ist Sommerfest im Garten, und wer kommt zu Besuch, ist sogar besonders herzlich willkommen: »Und hier unsere Kinder, kommt doch mal guten Tag sagen bei Herrn Chef, ja, prima…« *Da* merken Kinder, wie Sie es mit der Wahrheit halten. Kleinere Beispiele würzen sicher auch Ihren Alltag: »Unsere Nachbarin, also die alte Tarantel, die…« und am Sonnabend früh beim Brötchenholen fröhlich übern Gartenzaun: »Guten Morgen, Frau Nachbarin.«

Wie Kinder im Strampeln um die Vorherrschaft am moralischen Stammtisch eingesetzt werden, fiel mir auch in einem Bericht einer Frauenzeitschrift mit altehrwürdigem deutschen Namen ein, nein, nicht Emma. Eine Frau ging fremd, lustvoll, ich glaube, er war jünger als sie, jünger als ihr Ehemann. Das schlimmste für die Frau war ihr schlechtes

Gewissen gegenüber – ihrer Tochter, ich glaube zwölf Jahre alt.

Ich habe mit soooo vielen Frauen gesprochen die letzten Jahre, Anflüge von schlechtem Gewissen gab es immer mal wieder, aber doch nicht den Kindern gegenüber! Wenn, dann dem Mann gegenüber.

Was ich da rauslese zwischen den Zeilen hat im 19. Jahrhundert ganze Bücher gefüllt: Lesen Sie nach bei dem bereits gewürdigten pan-europäischen Trio Fontane-Tolstoi-Flaubert – man macht *so was* eben nicht. Aber die Zeiten von Effi Briest (zur Erinnerung: mußte die Tochter beim Mann lassen und starb), Anna Karenina (Sohn auch beim Mann, Selbstmord) und Emma Bovary (Tochter, zwei Liebhaber, Selbstmord) sind vorbei – heute treibt eine langweilige Ehe Frauen zwar durchaus noch in die Arme anderer Männer, die sich zu Hause auch nicht verstanden fühlen, aber die Katastrophe folgt heute nicht mehr so zwangsläufig wie auf dem geduldigen Papier vor anderthalb Jahrhunderten.

Meine Frau hat *das* nicht nötig!

»Wie machen die Männer und Frauen in Ihren Büchern das bloß? Also, ich hätte gar keine Zeit für einen Liebhaber.« Diesen Satz kenne ich gut, er klingt perfekt aus dem Mund einer tüchtigen, in ausgewähltes Tuch gekleideten und geschmackvoll mit Silberarbeiten der stadtkreativsten Goldschmiedin behangenen Ehefrau, gerne berufstätig, halbtags oder fulltime, egal, sie sagt: Sie hätte keine Zeit für einen Liebhaber.

Wenn sie unbedingt einen wollte, hätte sie die Zeit!

Denn sie kriegt ja auch sonst alles unter einen Hut: Job, Familie, soziale Verpflichtungen, Sport… Nein, mit diesem

Satz kann man auch schön andeuten: Ich bin nicht eine von denen, die sich mit ihrem Mann langweilen, einen Liebhaber habe ich *nicht nötig.*

Vielleicht langweilt sich diese Frau doch mit ihrem Mann? Und mag sich gar nicht vorstellen, daß es mit einem anderen Mann vielleicht entweder so aufregend sein könnte wie mit dem eigenen am Anfang – oder daß das, was man so in Frauenzeitschriften liest von Prickeln, Schmetterlingen, Orgasmus, daß es das alles wirklich gibt! Vielen macht schon die Vorstellung angst, die gängige Ordnung zu sprengen, und sei es nur für sich.

Also: keine muß müssen.

Und: Keine sollte wollen – bei Männer hört sich die zur Schau getragene Empörung über Liebhaber-Beziehungen anders an. Geschickt wird in die abkanzelnde Beurteilung eines solchen Treibens in größerer Runde mitten ins Gelächter der Umsitzenden plaziert: »Also meine Frau hat das nicht nötig.« Harharhar.

Können Sie sich vorstellen, wer so spricht, kennen Sie solche Männer auch? Ich habe diesen Satz noch im Ohr von einem Journalistenkollegen, der von meinen Plänen für das Buch *Ich habe einen Liebhaber* erfuhr. Über Jahre hatte dieser Kollege seine Redaktion mit launigen Erzählungen darüber beglückt, wen er gerade wieder flachgelegt hatte. In meinem Ohr klang sein *Meine Frau hat das nicht nötig* geradezu beschwörend: Sie möge doch bitte nicht auf die Idee kommen... Denkbar wär's!

Wenn eigene Grenzen überschritten werden

Schwanger – was nun?

Die meisten Frauen wissen ab einem bestimmten Alter ganz genau, was sie tun würden, wenn sie schwanger werden: Das Kind kriegen – das Kind nicht bekommen. Die Verhütung haben sie auf diese Vorstellung eingestellt. Das ist alles vergleichsweise einfach, wäre im Falle eines Falles ganz klar: Nur dieser eine Mann kommt als Vater in Frage, denn nur mit einem habe ich geschlafen.

Kommt der Liebhaber ins Spiel, wird die Sache kompliziert: kein Kind gewünscht, verhütet – und doch schwanger. Sie wären nicht die erste, die sich – einmal schwanger – überlegt: Ach, es wäre doch ganz schön. Fein, wenn Sie jetzt genau ausrechnen können: letzte Regel vor sechs Wochen, vor vier Wochen mit meinem Mann das lange schöne Wochenende bei Freunden am See, alles klar. Aber was tun Sie, wenn Sie mit Ihrem Liebsten am See waren? Und sich trotzdem der Wunsch regt, das Kind zu bekommen? Was wird er dazu sagen?

Die meisten Liebhaber-Pärchen reden über diese Was-wäre-wenn-Frage miteinander, oft werden dann beide ganz sentimental: »So ein kleiner Uli von dir, das stelle ich mir süß vor«, sagt sie dann zum großen Uli, und der ist auch irgendwie ganz gerührt und sagt: »Ja, das wäre schön…«

Absichtsvoll streben Sie beide das nicht an, und auch Sie, die Liebhaberin, verfolgen nicht Ihre eigenen Babypläne. Aber nun ist es doch passiert…

Die meisten Frauen in Liebhaber-Beziehungen spielen auch die Schwangerschaftsfrage in Gedanken durch. Da gibt es die unterschiedlichsten Varianten: Ich würde das Kind nicht wollen. Ich würde es auf jeden Fall bekommen, dabei a) meinem Mann nichts sagen und hoffen, daß er nichts merkt (sehr selten!); b) meinem Mann reinen Wein einschenken, und wenn er sich dann trennt, die Konsequenzen tragen, ohne dann meinem Liebhaber die Pistole auf die Brust zu setzen: Trenn du dich auch (sehr weit verbreitet)!

Daß ein Liebhaberpärchen gemeinsam beschließt: Wenn wir schon nicht zusammen leben, wäre ein gemeinsames Kind doch schön, na, das ist garantiert sehr selten. Als mich Verena anrief und mir ihre Geschichte erzählte, war ich erst schockiert: Wollte ich so eine Geschichte in dem zweiten Buch mit Frauenprotokollen? Die Hochzeit mit dem langjährigen Freund steht an, sie ist schwanger von ihrem Liebhaber, er weiß alles, er hat selbst schon Kinder mit seiner Frau? Der neue Ehemann sollte natürlich nichts erfahren.

O weh, o weh, dachte ich, wenn das gutgeht: Wie wird Verena damit zurechtkommen? Und überhaupt: Wie finde ich das denn, was sie da macht? Ich habe mich zurückgepfiffen und gedacht: Egal, was du jetzt dazu denkst, es ist nicht wichtig. Verena macht es so, sie will dir davon erzählen – und auch, wenn sie mit ihrem Liebhaber ganz bewußt entschieden hat: Ich kriege ein Kind von ihm, dann sind die Zweifel, Fragen und Sorgen, die durch die Schwangerschaft und auch später entstehen können, durchaus hilfreich für Frauen und Männer, die sich mit der Frage auseinandersetzen: Wie würden wir im Fall der Fälle reagieren. Nun sind unerwartete, unklare Schwangerschaften ja nicht soooo häufig – aber wenn man bedenkt, daß die Zahl der sogenannten Kuckuckskinder auf 15 Prozent geschätzt wird ... Etwa jedes sechste Kind nennt also einen Mann Papa, der nicht sein biologischer Erzeuger ist! Da sind auch welche aus Liebhaber-Beziehungen dabei, selbstverständlich.

Verena sagte beispielsweise über ihre Entscheidung, ihren Mann in dem Glauben zu lassen, das Kind sei von ihm:

»Eigentlich ist es fies von mir und ein ziemlich großer Betrug. Aber ich wollte ein Kind der Liebe.« Ganz rational urteilt sie, die Verliebtheit sei weg, die körperliche Anziehung auch, aber es ist eben etwas anderes Wichtiges da: ein funktionierender Alltag, ein Partner, auf den sie sich verlassen kann, die Vorstellung, mit diesem Mann alt werden zu können. Es paßt eben alles – bis auf den Sex.

Für alle, die solche Probleme nicht haben, bleibt als Frage: Was tue *ich* im Falle eines Falles?

In Verenas Geschichte ging alles glatt, aber wie kompliziert alles werden kann, zeigt Verenas Geschichte auch: Sie und ihr Liebster hatten vor, schriftlich festzuhalten, daß der Liebhaber zwar der Vater ist, Verena ihn aber nie wegen irgendwelcher Unterhaltsansprüche zur Rechenschaft ziehen würde.

Eine Vereinbarung, die man sich sparen kann, denn eine Mutter könnte auf Unterhalt für das Kind gar nicht verzichten, weil nicht *ihr* dieser Unterhalt zusteht, sondern dem Kind. Das mag alles regelbar sein, so lange es Mutter und Kind (finanziell) gutgeht, aber was, wenn sie plötzlich doch allein lebt, die Arbeitsstelle verliert, das Geld knapp wird? Die Liebhaber-Beziehung bröselt? Behörden inquisitorisch nachfragen, wer als Unterhaltszahler in Frage kommt? Es können Gefühlsgewitter von Orkanstärke aufziehen.

Es ist erlaubt, über die denkbar schlimmsten Ereignisse nachzudenken – es ist aber auch erlaubt, sich zu sagen, daß man nie an seinen einmal getroffenen Grundsatzentscheidungen rütteln wird, und mit an Sicherheit grenzender Wahrscheinlichkeit ist dann im Ernstfall wirklich die Kraft da, wie versprochen zu handeln.

Hilfe, seine Frau hat ihn verlassen

Die Balance in einer Liebhaber-Beziehung stimmt, wenn in beiden Waagschalen das gleiche liegt: hier ein Ehepaar, da ein Ehepaar. Manchmal hüpft der Mann aus der einen Schale mit der Frau aus der anderen Schale in ein fremdes, gemeinsames Leben, aber beide haben immer die Absicht, wieder in ihre Schale zurückzukehren. Diese Absicht kann schwinden, wenn die eigene Schale plötzlich leer ist, wenn der Hauptpartner sagt: »Ich trenne mich von dir, ich lasse mich scheiden.«

Wohlgemerkt: Das muß nichts mit der Liebhaber-Beziehung zu tun haben.

Meist ist es der Liebhaber, der plötzlich solo dasteht, was nicht weiter verwunderlich ist: Die Mehrzahl der Scheidungen wird von Frauen eingereicht. Und nicht selten fängt dieser Liebhaber dann an, an den Grundfesten der Liebhaber-Beziehung zu rütteln. Hat er früher schon mal Andeutungen gemacht wie: »Wir könnten doch zusammen... Wir trennen uns beide, du fängst in meiner Firma an...«, verstärkt sich das oft in ein Drängen und Zerren – was im Zweifelsfall die Konsequenz hat, daß die Liebhaberin sich zurückzieht, weil sie ihr Terrain, die Ehe, die Familie in Gefahr sieht.

Meist wird das von den Liebhabern nach kurzem Grollen akzeptiert, und meist dauert es nicht lange, und er hat wieder eine feste Partnerin. Was die Ex-Liebhaberin dann gern kommentiert mit: »Männer wollen versorgt sein. Die brauchen eine sexuelle Mindestversorgung und wollen warmes Essen.« Ich habe das in Varianten wirklich öfter so gehört. Erst dachte ich: So spricht nur eine verletzte Frau, die sich die gehabte Liebhaber-Beziehung ein bißchen entwerten muß, klar, ein bißchen Eifersucht und Trauer um das Verlorene ist auch dabei. Dann merkte ich: Es schwang auch Ärger mit, die Liebhaber-Beziehung möglicherweise in falschem Licht gesehen zu haben, es kam die Frage auf: Was war ich eigentlich für ihn?

Egal, meist schaffen es die Frauen, sich zu sagen: Es war, wie es war, und ich fand's doch schön, also.

Noch etwas anderes ist es, wenn der Liebhaber oder die Liebhaberin sich von ihrem festen Partner trennt. Das *kann* das Signal sein: Ich wäre gern mit dir zusammen – muß es aber nicht. Trotzdem besteht die Gefahr, daß sich der Teil der Liebhaber-Beziehung, der noch seine feste Partnerschaft hat, irritiert fühlt. Denn: Wie geht es weiter? Wird der Liebhaber, die Liebhaberin eine neue feste Partnerschaft mit einem anderen Menschen anstreben? Wie geht es dann weiter mit uns?

Das ist wirklich höchst kompliziert. Komischerweise fällt es dem immer noch im Paar lebenden Liebhaber oder der immer noch im Paar lebenden Liebhaberin offenbar leichter zu akzeptieren: Da ist ein Neuer, eine Neue – da müssen wir jetzt kürzer treten, unsere Beziehung auf Eis legen oder ganz beenden.

Was argwöhnisches Nachdenken hervorruft: Liebhaber findet neue Partnerin und will die Beziehung zur Liebhaberin weiter wie bisher. Die fragt sich dann: »Hallo? Hat er sich nicht frisch verliebt? Wie kann er dann? Ob die Neue nicht vielleicht nur Ersatz ist? Will er eigentlich mich? Also wenn ich frisch verliebt wäre ...«

Der letzte Satz zeigt den Zwiespalt und warum die Situation eben am Beispiel *Mann hat eine Neue* beschrieben wurde: Liebhaberinnen und Liebhaber verhalten sich in so einer Situation meist unterschiedlich.

Tatsache ist, daß die Trennung des Vierers – hier ein Paar, da ein Paar – die Liebhaber-Beziehung massiv ins Taumeln bringt, und nicht selten bedeutet sie ihr Ende.

Nun doch: unter Kollegen, unter Freunden

Notorische Seitenspringer haben sich meist eine Minimal-moral gezimmert: »Bloß keine Frauen aus dem Freundes- und Bekanntenkreis!« – »Nie mit einem Kollegen!« – »Der Mann der besten Freundin muß tabu sein.« – »Wenn sich mein Liebhaber wirklich verliebt oder wenn ich mich wirk-lich verliebe, dann mache ich Schluß.«

Was nützen all die guten Vorsätze – wenn *es* doch passiert.

Die Wahrscheinlichkeit, daß Sie selbstgesetzte Grenzen überschreiten sinkt, je klarer Sie sich mögliche Risiken und mögliche Freuden einer gefährlichen Liebschaft machen – natürlich bevor Sie sie eingehen.

Immer haben Sie sich bei Ihren Affären bisher an die Regel gehalten: Alles soll bleiben wie es ist, ich möchte keinen neuen Partner. Ihr Familienleben soll unangeta-stet bleiben – und das Fami-lienleben geht durchaus über Vater-Mutter-Kind hinaus, im weitesten Sinne zählen Sie ruhig auch Ihre Freunde dazu. Diese Personen wer-

> »Ich hatte wirklich viele Frauen aus dem Freundeskreis, Freundin-nen und Ehefrauen von Freunden und Bekannten. Dabei hatte ich kein schlechtes Gewissen. Was soll ich denn ein schlechtes Gewissen haben, wenn die Frauen so bereit-willig mitmachen?«
> *Uli, 51, Fotograf*

den meist Stellung beziehen, fliegt Ihre Affäre auf, da gibt es Druck, Kommentare, schiefe Blicke, je nach Temperament.

Klar gilt eine intensive Freundschaft zwischen einem Mann und einer Frau dem Umfeld gern als verdächtig. Diese Freundschaft wird am ehesten akzeptiert, wenn unumstößlich feststeht: Die beiden *können* gar nichts mitein-ander haben. Das gilt als wahrscheinlich, wenn es sich um Sandkistenfreunde, eine abgearbeitete Jugendfreundschaft, eine Freundschaft unter Kollegen oder Sportfreunden han-delt – aber letztlich ist das alles mit Vorsicht zu genießen:

Die Tatsache, daß da *eigentlich* ja nichts sein kann zwischen *ihr* und *ihm,* kann durchaus eine hervorragende Tarnung sein.

Mit der Hölle können Sie rechnen, entdeckt man, daß Sie im allerengsten Sicherheitsbereich gewildert haben: sich mit dem Freund ihrer Busenfreundin eingelassen oder sich als Mann die Schwester ihrer Frau ins Bett geholt haben. Warum mußte das sein? Spieltrieb? Mut zum Risiko? Kamikazetrip? Wenn Sie keine Lust haben, die Konsequenzen eines solchen aufgeflogenen Betruges auszubaden, die mit an Sicherheit grenzender Wahrscheinlichkeit zu dauerhaften Zerrüttungen führen werden, kann man nur sagen: Finger weg.

Nein, Ihren Einwand: »Aber ich habe mich wirklich verliebt«, lassen wir nicht gelten. In so einem Fall hilft nur: Trennung von den Hauptpartnern, so lange man Ihnen nicht draufkommt.

Was mit dem eigenen Mann nicht geht

Viele Ehemänner oder auch Ehefrauen kommen auf die Idee: Vielleicht könnte ein Besuch im Pärchenclub unser Liebesleben wieder beflügeln. Zu genauen Vorstellungen, was genau im Swingerclub passieren könnte oder sollte, kommt es dann gar nicht, weil der Partner oder die Partnerin auf den zaghaften Vorstoß »Sag mal, könntest du dir vorstellen, einen Swingerclub mal von innen anzusehen?« harsch reagiert: »Das ist doch nicht dein Ernst?«, »Das ist ja wohl das allerletzte«, »Das haben wir ja nun gar nicht nötig, dann doch lieber gar keinen Sex.«

Allein trauen sich Frauen meist nicht hin, Männern fehlt die (meist nötige) Begleitung.

Kommt dann irgendwann vom mittlerweile aufgetauchten Liebhaber oder der Liebhaberin der Vorschlag: »Na, wie wär's…, Swingerclub?«, haben sich oft zwei gefunden, die Lust auf gemeinsame, neue Erlebnisse haben. Oder einer kennt sich doch schon aus, und der andere geht neugierig mit – so wie Anna, die sich von ihrem Begleiter (ein wirklicher Liebhaber wurde er nie) vorher erklären ließ, was das sei, ein Swingerclub, denn sie hatte wirklich keine Ahnung: »Da sitzt man in Unterwäsche an der Bar.«

Daß das nicht alles sein wird, konnte Anna sich denken, aber sie stiefelte los und besorgte sich Dessous, die sie bislang in ihrem Leben nicht gebraucht hatte. Anna war völlig unerfahren, hatte lange Ehejahre nur mit ihrem eigenen Mann geschlafen und wünschte sich, endlich zu erfahren, was das ist: die Begierde, das Begehrtwerden, von dem sie gehört und gelesen hatte.

Anna erlebte im Club, was viele ähnlich schildern: einen Abend der körperlichen Liebe. Für sie war der Abend verbunden mit der Erkenntnis: Du kannst Männern Lust bereiten, sie können dir Lust bereiten. Da wog es nicht so schwer, daß ihr fehlte, was auch die meisten anderen meiner Gesprächspartner im Swingerclub vermißten: das, was über die körperliche Begegnung hinausgeht, die Möglichkeit, sich wirklich näherzukommen, vielleicht Freundschaften zu schließen. Swingerclub-Fans würden hier gewiß widersprechen, aber Liebhaber-Pärchen sind mit ihren Wünschen vielleicht etwas spezieller, doch mehr an Nähe und Vertrautheit plus Erotik interessiert als an *der Sache an sich.*

Nicht unerwähnt lassen möchte ich aber noch, daß Frauen, die von ihrem Besuch im Swingerclub berichteten, den zwar nicht fortan zu ihrer liebsten Freizeitmöglichkeit machen wollten, daß sie sich dort aber »als Frau« nicht unwohl gefühlt haben. Immer wieder wurde betont, daß die Regeln, die im Club galten, eingehalten wurden, wer also Geschlechtsverkehr ohne Kondom probiert hätte, wäre des

Feldes verwiesen worden. Anna hatte sich von ihrem Begleiter genau erklären lassen, in welchen Räumen was stattfinden könnte, sie wußte also, wo nur zugeschaut werden würde, wo Partnertausch angesagt war.

Viele Liebhaber-Paare starten offenbar im Swingerclub den Versuch, die Liebe vorzugsweise mit einem weiteren Paar auszuprobieren, also ihre Zweisamkeit auszuweiten. Wird der Swingerclub dafür als Ort verworfen oder eben auch gar nicht ausprobiert, wird trotzdem oft der Dreier oder Vierer probiert, organisiert über eine Kontaktanzeige oder mit Hilfe von Freunden, Bekannten oder eben weiteren bestehenden Verhältnissen. Es scheint, daß die Vertrautheit des Liebhaber-Paares, die bis dahin schon gelebten Phantasien, die Erfahrung, daß man sich gegenseitig begleitet bei Schritten ins Neuland, Mut machen. Anna, die mit ihrem Mann Sex stets als unaufgeregt und geradezu langweilig erlebt hatte, ließ – immer begleitet von einfühlsamen Liebhabern – kaum etwas aus, das sie reizte. Als ihr Liebhaber meinte: »Hast du nicht mal Lust auf 'ne Nummer zu dritt?«, dachte sie: Was ich nicht kenne, kann ich ja ruhig mal ausprobieren. Ihr Freund sagte: »Ich möchte, daß du sagst, wenn was nicht okay ist.« Das ist dann eine Vertrauensfrage, wie weit sich wer auf was einlassen möchte – aber normalerweise spüren Liebhaber-Paare sehr gut, was ihnen guttut und was nicht, einzeln, jeder für sich wie als Paar.

Anna übrigens brachte *dieses Ding zu dritt* eine Erkenntnis, mit der sie nicht unbedingt gerechnet hatte – sie, die ziemlich sicher gewesen war, die Beziehung zu ihrem Liebhaber, ihre Gefühle für ihn, im Griff zu haben, merkte plötzlich, wäh-

> **»Ich bin seit 13 Jahren verheiratet. Ich frage mich: Warum tust du das? Aber in 'ner Zweitbeziehung probiert man Sachen aus, die man daheim nicht macht, es geht das Wildere, das Außergewöhnliche, das Fremde.«**
>
> *Sven, 37, Betriebsleiter*

rend sie sich mit Liebhaber und dem Dritten vergnügte: Mit dem Liebhaber, das ist anders als mit dem Zusatzmann, da ist doch mehr, als sie sich bisher eingestanden hatte. Ein durchaus typisches Risiko der Liebhaber-Beziehung, aber die meisten kommen doch gut damit klar.

Anders als im richtigen Leben

Wenn er jünger ist als sie

Vera erzählt von ihrem ersten *richtigen* Abend mit Robert im Restaurant. Sie hatten sich beim Griechen verabredet in einer Großstadt, jeweils 50 Kilometer entfernt von dem jeweiligen Wohnort der beiden. Vera: »Ich war so aufgeregt, wie ein junges Mädchen, wie als junge Frau. Dabei war an dem Abend ja noch gar nichts Richtiges. Gut, wir haben uns angeflirtet, Robert hat auch meine Hand genommen und mir so ganz sanft und ganz ausdauernd den Arm gestreichelt. Sämtliche Härchen haben sich aufgestellt, ich kriege sofort wieder eine Gänsehaut, wenn ich dran denke. Es war so schön und so aufregend, und ich dachte die ganze Zeit: Die Leute sehen das, die merken was…

Auch wenn die Kellner an den Tisch kamen… Die waren sehr nett, sehr aufmerksam… Ich hatte das Gefühl, die freuen sich richtig, zwei so glückliche Menschen am Tisch sitzen zu haben, das strahlt ja auch aus. Aber gleichzeitig hab' ich mich die ganze Zeit gefragt: Was denken die Kellner von mir?«

Ich wiederum dachte die ganze Zeit, Vera hätte Sorge, jemand könnte merken, daß dort zwei heftig turteln, die zwar verheiratet sind, aber eben nicht miteinander. Irgendwann sprach Vera ihre Bedenken einfach komplett aus: »Ich dachte, die Menschen merken das: daß Robert jünger ist als ich.«

In der Tat: Robert ist fünf Jahre jünger als Vera. Zählt doppelt, meinen ja manche wie Vera, weil bei den meisten Paaren der Mann älter ist, oft drei, vier, fünf Jahre.

Was bedeutet das nun, wenn es Vera so beschäftigt, jemand könnte merken, daß sie hier mit einem jüngeren sitzt, stärker beschäftigt als die Möglichkeit, daß sich zufällig gerade jemand aus ihrer Straße entschieden hat, auch hier im Lokal eine Moussaka zu essen?

Hier unterscheiden sich die Sorgen und Befürchtungen der Frauen in der Liebhaber-Beziehung mal wieder nicht von denen in einer offiziellen Beziehung – der jüngere Mann ist für Frauen immer noch Anlaß zu Fragen wie: Bin ich schön und knackig genug? Wird er mich irgendwann für eine Jüngere verlassen? Mit ihr

> »Ich bin 35, jüngere Frauen interessieren mich nicht, ich hätte schon Probleme mit gleichaltrigen. Ich versuche immer, ältere Frauen kennenzulernen, ich finde sie einfach spannender.«
> *Carlo, 35, Maler*

noch mal von vorn anfangen? Was sagt die Tochter zum neuen Freund, der vom Alter her vielleicht besser zu ihr paßt? Was sagen Freunde, Bekannte, Kollegen? Wie sehr wird im Urlaub getuschelt?

Emanzipation hin oder her, Beispiele wie Madonna, Demi Moore oder Elizabeth Taylor, die jüngere Männer keinesfalls verschmähen und offen dazu stehen – der jüngere Mann ist für die meisten Frauen gewöhnungsbedürftig.

Gewöhnen Sie sich einfach dran, wenn Ihnen ein Jüngerer begegnet. Ob Sie sich nun trösten: Ein paar Jahre sieht man wirklich nicht, oder: Die Leute werden denken, daß ich eine besonders tolle Frau sein muß... Das ist ganz egal, Hauptsache, es geht Ihnen gut. Und wenn der Jüngere *nur* Ihr Liebhaber ist: Na, dann ist doch alles noch einfacher. Sie wollen ihn ja nicht für immer, Sie wollen nicht mit ihm leben, keine Kinder mit ihm – und Sie müssen also auch nicht fürchten, für eine Jüngere verlassen zu werden. Viel Spaß.

Große intellektuelle Städterin küßt kleinen Landburschen

Was im *richtigen Leben* nicht geht – mit Liebhaber ist es manchmal drin. Selten ist im offiziellen Leben in einer Partnerschaft der Mann kleiner als die Frau, selten sucht sich die Lehrerin als Partner einen Kellner, meist ist *er* älter als *sie*. In der Liebhaber-Beziehung ist eher schon mal möglich, was Frauen in der offiziellen Partnerschaft vermeiden.

Dagmar, eine 36jährige Betriebswirtin, erzählte mir ihre Geschichte für das Buch *Mein Liebhaber*. So wie ihr müsse es doch manchen Frauen gehen, wobei sie annehme, daß diese Konstellation doch recht selten sei. Sie hätte sich früher so etwas ja auch kaum vorstellen können.

Also: Dagmar hatte sich schon lange Gedanken darüber gemacht, daß in ihrer Ehe etwas fehlte. Durch Zufall lernte sie bei der Arbeit einen Mann kennen – der gerne bei Preisrätseln mitmacht, eigentlich nur Peter Pan gelesen hat, und seine Frau arbeitet an der Wursttheke. »An der Wurst-Theeeeeke«, betont Dagmar immer wieder.

Werner kommt aus einer für Dagmar fremden, schlichten Welt, wo man nach Feierabend gern Jogginganzug oder Fleece-Kombi trägt. Nach den Treffen verschwindet jeder wieder in seiner Welt.

Die Konflikte zwischen den beiden in einer offiziellen Partnerschaft wären absehbar – wie passen die Freundeskreise, die Familien zusammen, kann man sich bei der Einrichtung der Wohnung einigen, welche Werte und Moralvorstellungen trennen?

In der geheimen Liebe kann man träumen: Was wäre wenn, ginge es nicht doch? Denn Dagmar ist fasziniert von Werner: Sie findet ihn begehrenswert, appetitlich, einen absoluten Hingucker, schlicht: wunderschön, sie faßt ihn gerne an, sie mag, daß der Sex mit ihm kein Kuschelsex ist. Beim Zusammensein mit ihrem Ehemann regiert der Alltag. Und sie ist sicher: Ihr Mann bleibt Lebenspartner, Werner Liebespartner, ganz wichtig für ihr Gefühlsleben.

Generation 70+ und die Schmetterlinge

Als das Buch *Ich habe einen Liebhaber* erschienen war, bekam ich Anrufe von Frauen, die älter als 70 waren – die Geschichte der 71jährigen Rosi hatte offenbar einerseits beruhigt, andererseits aufgewühlt: Rosi hatte sich nach 40 Jahren Ehe verliebt – ihr Liebster und sie versorgen jeweils kranke Ehepartner und werden dies auch weiter tun, ihre Liebe leben beide im geheimen, und so wird es absehbar bleiben.

Den Anruferinnen jedenfalls war es ganz wichtig, etwas loszuwerden, das ihnen nach der Lektüre auf der Seele brannte. Was sie sagten, ähnelte sich durchaus: »Ich habe jahrelang gedacht, daß ich die einzige bin, der so etwas passiert. Unsere Generation ist es ja nicht gewöhnt, darüber zu sprechen.« Ein Liebhaber mit über 70 Jahren!

Man stelle sich vor: Die Mutter, die Großmutter hat einen Liebhaber, und die Familie weiß es nicht. Manchmal ahnen es alle, daß der nette Nachbar, der immer gern auf einen Cognac bei Omi sitzt, vielleicht so etwas wie der klassische Hausfreund ist.

Aber meist ist Omis Liebe so was von diskret, unauffällig und absolut geheim, keiner darf davon wissen, außer mir, die ins Vertrauen gezogen wird, aber das wiederum auch nur, damit andere ältere und alte Menschen wenigstens über

Bücher oder bei Lesungen erfahren: Wir sind nicht allein mit unsrem Tun.

Manche habe ich ermutigt: »Vielleicht können Sie mit Ihrer Tochter drüber sprechen? Es könnte sein, daß Ihre Tochter sagt: Mutti, ich freu mich für dich.« Meist haben die Anruferinnen abgewiegelt: »Das geht doch nicht.« Weil sie sich nicht vorstellen können, daß die jüngere Generation Frauen einen anderen Anspruch an die eigenen Gefühle hat, sich selbst mehr zugesteht – und anderen Frauen auch, und der eigenen Mutter erst recht, besonders wenn Töchter den Vater womöglich als nicht sehr gefühlsstark, warm oder zärtlich erleben oder erlebt haben.

Rosis Töchter hatten gespürt, daß sich ihre Mutter nach Gefühlen, nach Zärtlichkeit sehnte, die ihr der Ehemann, der Vater dieser Töchter, nicht geben konnte. Kleine Kinder wünschen sich meist nichts mehr, als daß Vater und Mutter zusammenbleiben, sie alle gemeinsam eine heile Familie sind – aber wenn die Kinder selbst erwachsen sind, sehen Töchter (und oft ja auch Söhne), wie die von Rosi, eben klar: Die arme, Mama/der arme Papa, ihr/ihm hat immer was gefehlt, ich würde ihr/ihm so sehr ein spätes Glück wünschen. Rosis Töchter formulierten das ganz deutlich: »Such dir doch einen, Mutti.« Das konnte Rosi nicht. Ihr Liebster lief ihr dann bei der politischen Arbeit über den Weg. Sie kann mit ihren Töchtern über diese Liebe sprechen, sich Zweifel, manchmal auch traurige Gedanken von der Seele reden.

In dem Buch *Mein Liebhaber* erzählte Frieda, eine Rentnerin, wie sie kurz vor ihrer Goldenen Hochzeit ihre Jugendliebe wieder traf. Ich kenne Frieda jetzt gut zwei Jahre und merke, wie diese Frau immer mutiger wird: Noch vor zwei Jahren plagte sie so sehr das schlechte Gewissen wegen der Heimlichkeiten mit ihrem Ernst – was wäre wohl los, wenn das Verhältnis in ihrer kleinen Stadt bekannt würde? Je länger die so spät im Leben völlig überraschend neu erwachte Liebesblume blüht, desto sicherer wird Frieda jedoch: Ich genieße, was ich noch erleben kann. Der Respekt vor den jeweiligen Ehepartnern ist das eine – die spät entdeckte Möglichkeit, die eigenen Gefühle als berechtigt zu betrachten und zu leben, was damit zusammenhängt, das andere.

Einmal saß ich mit Frieda im Café, sie erzählte von Ernst, zeigte mir Fotos von ihm aus all den Jahrzehnten, als die beiden sich nicht sahen. Ihre Stimme veränderte sich beim Erzählen, plötzlich saß ein junges, verliebtes Mädchen neben mir, ihre Augen leuchteten, sie war so jung wie der junge Mann in Uniform, der mir von dem sorgfältig verwahrten Schwarzweißfoto entgegenblickte, durchaus zweifelnd: Wie würde es für ihn weitergehen?

Frieda und Ernst haben die meisten Jahrzehnte ihrer Lebenszeit nicht miteinander verbracht und sind jetzt glücklich, daß sie sich wiedergefunden haben. Jüngere würden sich gewiß scheiden lassen in so einem Fall, Ältere haben früher in vergleichbaren Situationen verzichtet – heute trauen sie sich wenigstens, ihr Glück im geheimen zu leben. Und wenn es paßt, halten sie auch schon mal – wie Frieda bei einer meiner Lesungen – eine flammende Publikumsrede für die Liebe und daß es dafür nie zu spät ist. Sie können sich vorstellen, daß der mutigen Frieda der Beifall der Jüngeren im Publikum sicher war.

Wie schön wäre es, dachte ich bei mir, könnten Friedas Kinder auch von diesem Glück erfahren. Vielleicht lesen sie zufällig dieses Buch und fragen ihre Mutter…

Liebe auf Krankenschein: der Kurschatten

Bei einer Lesung vor Urlauberkulisse an der Ostsee in Kühlungsborn fragte eine Frau aus der letzten Reihe: »Ich hatte mir beim Skilaufen das Kreuzband gerissen und war dann im Frühjahr zur Reha-Kur – die Krankenschwestern und auch die Ärzte haben immer Scherze gemacht: »Warten Sie mal ab, bald haben Sie ja einen Kurschatten.« Ich habe das nicht ernst genommen. Aber dann bekam ich den Eindruck: Manche Frauen haben wirklich einen Kurschatten. Gibt es das denn tatsächlich?« Eindeutiges Kichern und Lachen im Publikum gab die Antwort: Klar.

Es ist die besondere Atmosphäre am Kurort, die das Liebhaber-Wesen blühen läßt: Frauen und Männer leben während der Kur drei Wochen, vier Wochen lang Tage ohne Arbeits-, ohne Familienpflichten, ohne den Druck, einkaufen und kochen zu müssen. Kein Briefkasten, kein Anrufbeantworter wartet darauf leergemacht oder abgehört zu werden, wir müssen auf keine Nachrichten reagieren. Natürlich gibt es im Kur-Alltag Anwendungen, Untersuchungen – und jede Menge Zeit und Gelegenheit, mal wieder zu sich selbst zu finden. Für viele ist schon das Erlebnis, auch ohne die vertrauten Menschen gut zurechtzukommen, allein sein zu können, eine lange vermißte Erfahrung.

Dazu kommt das Gefühl: Du spürst deinen Körper (wieder) auf angenehme Weise, du traust dich, Neues auszuprobieren, du kommst mit neuen Menschen ins Gespräch, du bist dabei nicht auf deine Rolle von zu Hause festgelegt – und plötzlich ist dann da einer, der auch in dieser Stimmung ist, auch viel stärker bereit als im Alltag, spontan mal einen Kaffee zu trinken. Und Sie wären nicht die erste, die gemeinsam mit einem Kurkollegen irgendeine der Kurvorschriften übertritt – ganz lausbübisch wie zu Kinderzeiten, das macht Spaß.

Wenn's dann ein bißchen kribbelt, ist die Gelegenheit mehr als günstig. In der Regel steht sowohl bei ihr als auch bei ihm ein Bett im Einzelzimmer parat, anders als zu Hause kann wirklich die Frage gestellt werden: Zu dir oder zu mir?

Das ist dann oft das letzte Fragezeichen vorerst – meist haben die Liebhaber in spe bei ihren Park- oder Waldspaziergängen schon erkundet, was der andere denn so von der Sache mit den Kurschatten hält, oft wird nicht schlecht drüber gelacht, bis man selbst dran ist.

Es geht also los, und natürlich vereinbaren Sie wie die meisten: Was hier passiert, passiert nur hier. Es passiert einiges in der mehr oder weniger langen Zeit in Bad Küssingen – wie gut, daß Sie mit Ihrem Ehepartner feste Telefonzeiten vereinbart hatten, nicht zu oft – denn was soll man vom Kuralltag schon erzählen, und Sinn der Kur ist es ja auch, daß Sie abseits des häuslichen Trubels neue Kräfte sammeln können (na ja), wenn Sie abends um sieben auf Ihrem Zimmer telefoniert haben, liegt der Restabend ja noch vor Ihnen – und Ihrem Schatz.

Trotzdem: Irgendwann reist einer ab. Und Sie sind nicht die ersten, die dann doch Telefonnummern tauschen, das nächste Treffen auf halber Stecke an einem Wochenende vereinbaren. Es erscheint nicht verwunderlich, daß Sie aus der Kur mit neuen, guten Vorsätzen wiederkommen wie: Ich muß mehr und regelmäßig etwas für mich tun. Zum Beispiel herausfinden, ob Yoga wirklich etwas für mich ist (»Ich mache erst mal den Kurs an der Volkhochschule, und unsere Lehrerin von der Kur hat uns die Wochenendseminare (!!!!) da und da ja sehr ans Herz gelegt«) oder das Schreiben fortsetzen, das bei der Kur wirklich gutgetan hat, ein Wochenend-Schreibkurs bietet sich für Sie doch geradezu an.

Warum immer nur zwei – wieso nicht drei, nicht vier?

»Alle Ihre Liebhaber-Geschichten scheinen immer von *zwei* Menschen zu handeln – ist es nicht auch denkbar, daß sich drei zusammenfinden?« Diese Frage wurde öfter nach meinen Lesungen aus dem ersten Frauen-Protokollbuch gestellt – ich antwortete wahrheitsgemäß: »Also mir sind bisher Dreierbeziehungen, die funktionieren, noch nicht begegnet. Das, was man manchmal so hört über die offene Ehe, ist wohl mehr Theorie ...«

Natürlich dachte ich mir, daß der Fragesteller oder die Fragestellerin sich nicht unbedingt aus soziokulturellem Interesse erkundigte, sondern möglicherweise genau *so eine* Dreierliebe hatte oder anstrebte.

Und so war es auch: Nach einer Lesung meldete sich Sophia, die demnächst mit Mann und Freund zusammenziehen wollte. Erik, ihr Mann, ist der Begleiter in allen Lebenslagen, Ben, ihren Freund, nennt Sophia Sohn des Glücks. Ben war früher ein Kollege von Erik, irgendwann gingen die drei mit der Beziehung von Ben und Sophia offen um. Aber der hat es irgendwann das Herz schwer gemacht, beim Abschied in traurige Augen zu gucken, bei Ben oder Erik.

Es ergab sich, daß das Ehepaar in ein Haus ziehen würde, und es war Ehemann Erik, der wie im Scherz zu Ben sagte, er könne doch mit einziehen. Da in jedem Spaß ein Körnchen Wahrheit steckt, nahmen die Dinge ihren Lauf. Sie wohnen heute noch zusammen ...

Ich habe diese drei zusammen erlebt und hatte das Gefühl: Die Beziehung stimmt, da ist keiner dabei, der nur zähneknirschend mitmacht, der insgeheim leidet (jedenfalls nicht mehr, als man es in *normalen* Beziehungen auch manchmal tut).

Im Gespräch kamen Sophia und ich drauf, daß die Dreierkonstellation von zwei Männern und einer Frau wahrscheinlich leichter zu leben ist als umgekehrt zwei Frauen mit einem Mann. Warum? Es ist einfach so, daß Männer klarer sagen, was für sie geht, was nicht geht, Frauen neigen eher dazu, aus Angst, den geliebten Mann ganz zu verlieren, einen faulen Kompromiß einzugehen (was nicht heißt, daß jede Dreierbeziehung mit zwei Frauen und einem Mann ein Kompromiß ist!). Kommt hinzu: *Eine* Frau, wie Sophia in der Dreierbeziehung, fühlt sich immer sehr stark verantwortlich für die Gefühle ihrer Lieben, so wie Frauen sich eben immer die Köpfe der anderen zerbrechen. Das hilft in diesem Fall dem komplizierten Ganzen gewiß. Eine Frau als Angelpunkt des Dreiecks darf bis zum Beweis des Gegenteils als sensibler gelten als ein Mann in vergleichbarer Lage.

Bei einer weiteren Lesung folgte auf die Frage nach drei Personen die nach vier: »Ist es nicht auch denkbar, daß zwei Pärchen sich zusammentun?« Da habe ich offenbar so gelacht und diese Vorstellung so sehr ins Reich der Fabel verwiesen, daß genau diese Wahlverwandtschaften-Pärchen sich bei mir meldeten.

Christine erzählte mir stellvertretend für alle vier die Geschichte dieser Liebe zwischen zwei Ehepaaren, alle um die 40, die sich gleichzeitig aufmachten, jeweils ein anderes Pärchen zu finden, weil ihnen in ihren Ehen etwas fehlte. *Erotik zu viert als Bereicherung der Partnerschaft* wurde gesucht und gefunden, dazu Liebe und Freundschaft. Seit dem ersten Gespräch mit Christine sind gut zwei Jahre vergangen – die Wahlverwandtschaft der vier geht mittlerweile ins sechste Jahr!

Mittlerweile wissen auch die Kinder der beiden Paare, alle im jugendlichen Alter, daß ihre Eltern ein bißchen mehr als befreundet sind, und sie können damit gut umgehen.

Aber natürlich geht es auch den wahlverwandten vier so

wie den drei um Sophia: Nach außen, gegenüber Nachbarn und Kollegen, setzt man die ungewöhnlichen Beziehungen nicht demonstrativ in Szene. Für die Nachbarn ist das andere Paar dann eben ein Freundespaar, das oft zu Besuch kommt.

Und daß bei dem Ehepaar Sophia und Erik noch ein Mann mit im Haus wohnt – mein Gott, warum sollen die denn keinen Untermieter haben?

Sicher gibt es bei solchen Konstellationen in der Familie immer sensible Menschen, die schon spüren, daß da vielleicht etwas Besonderes passiert direkt vor den eigenen Augen. Aber meist wird nicht weiter nachgefragt, was die Betroffenen in der Regel als sehr angenehm empfinden.

Warum sollte es bei Menschen in Dreier- oder Viererbeziehungen anders sein als bei den zweien in der heimlichen Zweitbeziehung: Das unmittelbare Umfeld bringt für diese Sonderformen der Liebe wenig Verständnis auf, darum läßt man sie im verborgenen blühen und meidet ermüdende Diskussionen zum Thema.

Die Entdeckung – und die Angst davor

Detektive

Machen Sie sich klar: Wenn Ihr Partner unbedingt herausfinden möchte, ob Sie fremdgehen, und Sie tun es tatsächlich – dann werden Sie erwischt. Denn man kann eben keinen Liebhaber haben, ohne ihn hin und wieder zu treffen, und im Zweifelsfalle reicht eine nachgewiesene Begegnung aus, das berühmte Ertappen in flagranti.

Sie sind natürlich auf ein mögliches Erwischtwerden vorbereitet, haben mit ihrem Liebhaber oder ihrer Liebhaberin alles für den Fall X abgesprochen (wenn nein, empfehle ich wärmstens Seite 118 ff.).

Ertappt werden light – ein Vorgeschmack

Der Alptraum eines jeden Liebhaberpärchens beim mühsam organisierten, lange herbeigesehnten Wochenende im Hotel: Auf dem Weg vom Zimmer in die hauseigene Sauna, auf der Treppe, da kommen Ihnen welche entgegen, gehen vorbei, plötzlich von oben die Stimme des Mannes: »Hallo? Sind wir uns neulich bei Christine begegnet?« – Sie: »Äh, Christine?« – »Ja, beim Adventskaffee, da wart ihr doch auch da…« Ratter-ratter, ja, *ihr*, das waren dann Sie mit Ihrem Mann. Hm ja, tatsächlich wie nett, Entschuldigung, daß ich nicht gleich geschaltet habe… Christine ist ja wirklich eine wunderbare Gastgeberin…«

> »Die brenzligste Situation war bisher, wie Holger und ich an einer Ampel direkt an Fred vorbeigefahren sind. Ich wäre fast gestorben. Aber warum hätte mein Mann aufmerksam werden sollen?«
>
> *Bettina, 52, Sekretärin*

Und während Sie weiter smalltalken, können Sie parallel überlegen: Wann werden Sie diesem Mann (und seiner Begleitung – wer ist das überhaupt?) bei Christine wieder begegnen? Wird er dann zu Ihrem Mann sagen: »Haha, das war ja lustig, als ich deine Frau in Travemünde im Hotel auf der Treppe mit diesem…« – wohl kaum…

Aber hat der Mann von der Treppe vielleicht am Wochenende mit Ihrem Mann die Telefonnummer getauscht? Ach was, bloß kein Verfolgungswahn, vielleicht hat dieser Treppenwitz mit ihrem Mann gar kein Wort gewechselt, sondern nur Plätzchen gefuttert und überhaupt: Machen Sie das

Gespräch so kurz wie möglich, entschwinden Sie mit einem vagen »Ich wollte gerade...«

Es entspricht nicht unbedingt der Etikette, Ihren Sauna-begleiter nicht vorzustellen, aber so können Sie schlimm-stenfalls, wenn Ihrem Mann doch etwas zu Ohren kommen sollte, abwiegeln: »Wieso, ach, na ja, da gehen doch viele in die Sauna, Liebling, sag' mal, du kannst dir doch nicht ernst-haft vorstellen, daß ich? Also, ich muß doch sehr bitten...«

Blöd nur, wenn Sie behauptet hatten, Sie seien das Wochenende bei der Schulfreundin. Dann hilft als erster Schritt nur: Festhalten an der Schulfreundin-Variante, hat der Treppenfritze Sie eben verwechselt. Wenn nicht bald wieder eine Panne passiert, wird schon nichts auffallen.

Cool bleiben!

Claudia, 40, Redakteurin

Eine Freundin von meinem Freund Alex wurde zur Legende in seinem Freundeskreis durch folgende Begebenheit: Ein ganz normaler Arbeitstag mitten in der Woche, sie, nennen wir sie Claudia, hatte sich bei der Sekretärin für einen Außentermin abgemeldet, das Handy ausgeschaltet. Alex wußte, sie würde pünktlich sein. Als er sie im Wagen auf die Parklücke zusteuern sah, hat er ihr bis zum zweiten Stock zu seiner Wohnung Rosen auf die Treppenstufen gelegt, die sie natürlich einsammelt.

Als sie nach einer Stunde im Bett vergnügt in seiner Küche sitzen, er gerade Mousse au Chocolat für beide anrührt, klingelt es. Es klingelt. Oben an der Tür, das hört sich anders an als unten. Es klingelte aber eigentlich nie unangemeldet bei Alex oben, Post und Kuriere klingelten immer unten, Freunde riefen vorher an, weil Alex selten zu Hause war, sich meist bei seiner Freundin am anderen Ende

202

der Stadt aufhielt. Darum war seine Wohnung auch so sicher, ein Ort fürs Garantiert-alleine-Sein. Wenn es also jetzt klingelte, konnte das nur Ulrike sein, die wußte, er ist nicht bei ihr, also könnte er zu Hause sein. Es klingelte wieder. »Pschhhhhht.« Barfuß schlich Alex zur Tür, kam wieder in die Küche, zog die Tür hinter sich zu: »Draußen ist nichts zu hören.«

Es klingelte.

»Wenn das Ulrike ist, geht sie nicht wieder weg.«

Claudia und er sahen sich hilflos an. Und jetzt kommt der Satz, mit dem Claudia unumstößlich und ein für allemal den Coolness-Pokal in Alex' Männerwelt gewonnen hat: »Okay, hast du einen Whisky für mich? Und dann müssen wir wohl aufmachen.« Nie habe ich Claudia etwas anderes trinken sehen als Wein oder Sekt! Alex goß beiden Whisky ein.

Nach einer Viertelstunde klingelte es wieder.

»Ich hab's ja gesagt, sie geht nicht weg.«

Mit Bedauern kratzte Alex die Mousse au Chocolat in den Mülleimer – er wußte: Es wäre für Ulrike der ultimative Trennungsgrund, daß er Claudia dieselbe Mousse machte wie ihr… Dann ging er zur Tür und machte auf, seine Stimme, eine Frauenstimme, ganz ruhig… Dann hörte Claudia nur noch Lachen, Alex' Lachen. Sie fand ihn allen Ernstes auf dem Flurfußboden, vom Lachkrampf geschüttelt, den Haustürschlüssel in der einen und einen gelben Post-it-Zettel in der anderen, darauf stand: »Sie haben den Haustürschlüssel stecken lassen, dachte zwar, Sie sind da, habe ganz oft geklingelt… Den Schlüssel können Sie bei mir abholen. Die Nachbarin.«

Die größte Gefahr: *seine* Frau

Frauen, die fremdgehen, haben es grundsätzlich leichter als Männer, die fremdgehen. Warum? Dafür gibt es gleich zwei Gründe: Erstens sind Ehemänner meist nicht besonders mißtrauisch. Stellen Sie sich folgende Situation vor: Ein Mann durchwühlt heimlich die Handtasche seiner Frau. Fällt schwer, oder? Ein Mann schnüffelt also eher selten vorbeugend herum.

Viel leichter wird es Ihnen fallen, folgendes Bild des Grauens vor dem geistigen Auge zu evozieren: Die Ehefrau des Liebhabers inspiziert mit spitzen Fingern seine Brieftasche oder seine Anzuginnentasche. Einfach so, nur mal reingucken – oder schon gewohnheitsmäßig.

Vorteil Nummer eins für die Liebhaberin liegt also schon mal auf der Hand.

Nun strengen wir unsere Phantasie aber doch mal an und stellen uns vor, Ehemann Frank überwindet die bei Männern latent vorhandene Angst vor den Tiefen *ihrer* Handtasche mit ihren unzähligen Täschchen, Döschen, Tiegelchen und so weiter. Er sucht also in den Galaxien der Handtasche herum – und findet nichts! Er ist nicht zu blöd zum Suchen: Wo nichts ist, kann auch nichts sein, sagte mein Banknachbar Michael P. in der Schule immer.

Frauen gehen immer unbewußt von sich selbst aus: Wenn wir Appetit auf ein Eis haben, fragen wir unseren Mann: »Wir wär's mit einem Magnum Mandel?« – weil wir selbst gern ein Yoghurt fresh hätten, aber nicht gefräßig erscheinen möchten. Frauen pfriemeln auch im Arbeitszimmer ihres Mannes einen Trockenblumenstrauß ins Regal, er denkt: Staubfänger, sie sagt: »Sieht doch gleich viel wohnlicher aus.« Auf die Schnüffelfrage bezogen heißt das: Frauen rechnen damit, daß jemand typische Ablagestellen für Beweismittel wie Taschen, Portemonnaies, Handschuhfächer, Kalender,

Notizbücher unter die Lupe nehmen könnte. Das ist eindeutig ein weiterer Vorteil für Frauen, wenn es darum geht, nicht aufzufallen.

Ja, wir sind neugierige Wesen, wir können uns zumindest vorstellen, daß es interessant sein könnte, den Inhalt seiner Westentasche zu kennen, und darum möchten wir, daß man in *unseren* üblichen Ablagestellen wie Portemonnaie oder eben Handtasche nie etwas finden kann. Wenn hier jemand sucht, findet er also: nichts.

Eine Frau wird nie vertrauensselig oder nachlässig nach den aufregenden Stunden mit dem Liebsten in X-Stadt die benötigte Eisenbahnfahrkarte im Portemonnaie oder der Manteltasche aufbewahren, sondern Aussteigen und das Ticket in den Papierkorb werfen sind bei ihr eins wie Duschen und Abtrocknen.

Und weil die gute Liebhaberin weiß, wie Frauen so sein können und wie Männer so sind, wird sie wann immer möglich aufpassen, daß ihr Liebhaber verfängliches Beweismaterial am besten vor ihren Augen wegschmeißt oder vernichtet, daß auch er einen Bahnhof nie mit Reisenachweis in der Tasche verläßt.

Ihr Liebster kann die Restaurantrechnung durchaus geizelnd für die Steuerabrechnung mitnehmen. Selbst wenn seine Frau die Buchhaltung macht, kann das völlig unverdächtig sein – sofern der Liebste erzählt hat, er war mit dem Kollegen Müller unterwegs. Dann sollte aber bitte nicht Champagner auf der Quittung stehen, sondern passend zum Männerabend diverse Bierchen.

Seine Frau kann nicht nur anhand anfaßbarer Indizien Verdacht schöpfen – auch das Verhalten ihres Ehemannes wird sie mit mehr seismographischem Feingefühl orten, als das der Ehemann einer Liebhaberin kann. Der guten Liebhaberin wird es nicht egal sein, wie es um *sein* Eheleben bestellt ist.

Ihr Liebhaber hat Ihnen erzählt, das Verhältnis zu seiner Frau sei ohnehin sehr distanziert, sie schliefen nur noch ab und zu miteinander? Dann ist es nicht indiskret, wenn Sie mal bei passender Gelegenheit nachfragen: »Sag mal, wie geht es dir jetzt eigentlich so mit Anne? Ich hoffe doch, da hat sich nichts Wesentliches geändert? Und ihr schlaft hoffentlich noch ab und zu miteinander? Also ich würde es sofort merken, wenn mein Mann sich kühler verhalten würde oder überhaupt keine Lust mehr auf mich hätte.«

Egal, wie Uli jetzt antwortet: Sie haben ihn auf jeden Fall für das Thema sensibilisiert. Vielleicht ist das ja aber gar nicht nötig, weil er ohnehin zu den Guten gehört – aber dann war das Gespräch mal wieder eine schöne Beruhigung für Sie.

Es ist auch erlaubt, daß Sie sich ein bißchen um seine Ausreden kümmern, ganz oft sagen Männer: »Mir fehlt da die Phantasie.« Dafür hat seine Frau im Zweifelsfalle um so mehr! Fragen Sie ihn doch mal, wie Ihr Schatz denn zu Hause seine drei Stunden am Donnerstag abend mit Ihnen erklären wird. Aha, gleich nach der Arbeit will er schwimmen gewesen sein, Badehose und Handtuch hat er auch mit, prima – wenn er dann nach dem Liebesglück unter die Dusche hüpft, werfen Sie ihm die Badehose zu, damit die auch wirklich naß wird, und wir schonen die Umwelt, indem Uli das Hotelhandtuch nicht auseinanderfaltet, sondern das heimische benutzt, das er dann als sichtbares Alibi zu Hause auf die Wäscheleine hängen kann.

Oder wenn er schon erzählt, er sei mit Jochen in der Kneipe: Dann lassen Sie ihn doch bitte aus dem Bistro mit lauter Hintergrundmusik zu Hause mal anrufen – wenn Sie dann nachher im Hotelbett liegen und seine Frau anruft (ins Leere, das Handy ist leise gestellt), dann kann er hinterher immer zu Anne sagen: »Liebling, du hast doch gehört, wie laut es in der Pinte war, da hatte ich keine Chance, das Klingeln zu hören.«

Wenn mein Mann das wüßte:
eine Welt würde für ihn zusammenbrechen

Natürlich machen sich Männer und Frauen darüber Gedanken, was passiert, wenn ihre Liebhaber-Beziehung auffliegt. Es fällt nicht schwer, sich vorzustellen, daß manche Frauen sich das Szenario mit ihrem Ehemann in den schrillsten Farben ausmalen – und dann passiert im Fall des Falles etwas ganz anderes.

Karin beispielsweise hatte die Horrorvision, daß ihr Mann die gemeinsame Firma gegen die Wand fahren könnte, erführe er von Karins Nebenbeziehung. Er würde Haus und Hof verpfänden, und das Sorgerecht für die gemeinsame Tochter gewiß auch nicht so einfach hergeben. Monatelanger, ach was, jahrelanger Kampf schien absehbar.

Da Karin ohnehin vorhatte, sich auf längere Sicht von ihrem Mann zu trennen, fing sie peu à peu an, alles vorzubereiten: Sie erkämpfte sich ihren Platz in der Geschäftsführung und einen GmbH-Anteil auch auf dem Papier, sie leitete in die Wege, daß man die Firma notfalls auch in zwei Teile teilen kann, klärte amtlich, wem was an Grund und Boden zusteht. Parallel dazu machte sie ihrem Mann klar, wie sie sich ihre Beziehung künftig vorstellt, nämlich mit viel Abstand. Es passierte komischerweise – nichts, und das mit ihm, dem sie für den Fall des Falles cholerische Anfälle zugetraut hatte.

Oder Susanne, die zugegebenermaßen keine richtige Liebhaber-Beziehung hatte, sondern – eigentlich ja viel komplizierter – eine neue Liebe, für die sie sich aber nicht von ihrem Mann zu trennen wagte. Warum? Die Kinder gingen noch nicht zur Schule, die Schwiegereltern lebten schräg gegenüber, schlüpften im frisch gebauten Haus der jungen Familie ein und aus. Was würden die Leute sagen, wenn Susanne mit wehenden Wimpeln zu einem Typ aus der Nachbarschaft flöge? Ihr Mann, Thomas, der würde sich wahrscheinlich etwas antun.

Die unglücklich Liebende verging fast vor Sehnsucht, schlief immer schlechter, wurde immer dünner – erst als ihr Liebster völlig entnervt von ihrem Leiden und der Aussichtslosigkeit der Lage einen Schlußstrich zog, dafür sorgte, daß er von der Firma nach Ostdeutschland versetzt wurde und dort auch (halbherzig) etwas mit einer neuen Frau anfing, wachte die Unglückliche auf. Sie trennte sich von ihrem Mann, vermeintlich zu spät.

Doch es kam nicht so schlimm, wie Susanne es immer angenommen hatte. Zwar waren die Schwiegereltern empört, die eigenen Eltern auch, es gab Gerede in der Nachbarschaft, wenn auch weniger, als sie befürchtet hatte. Aber ihr eigener Mann, der lief nicht etwa Amok, sondern vielmehr nach 14 Tagen mit einer neuen Freundin durch den Garten. Glück im Unglück, daß der verzogene Liebste seinen Schritt im Beruf wieder rückgängig machen konnte und vor allen Dingen wollte, damit war eigentlich nicht zu rechnen gewesen. Susanne weiß ganz genau, daß sie das alles viel früher hätte haben können, mit weniger Sorgen und Tränen. Alles läuft einigermaßen glatt jetzt, die Kinder pendeln zwischen dem alten Zuhause und ihrem neuen, aber Susanne sagt: »Es mußte sich so zuspitzen, ich hatte vorher nicht den Mut dazu, etwas zu ändern, erst, als ich Michael schon verloren hatte. Eigentlich ein Irrsinn.«

Stimmt: Nicht die übersteigerte Furcht vor dem, was kommt, hatte sie in Schach gehalten, sondern eine falsche Vorstellung von dem, was überhaupt passieren könnte.

So ging es auch Lena aus dem zweiten Frauenbuch: Auch sie und ihr Freund Alex waren ein heimliches Paar, wollten zusammenkommen, pflegten aber ihre Zweisamkeit lange im verborgenen, immer in der Furcht, Lenas Mann könnte etwas merken. Er war ausgerechnet Alex' Vorgesetzter, die

Branche der beiden ebenso übersichtlich wie konservativ –
Lenas Mann hätte Alex ins berufliche Aus katapultieren können, und dann hätte es für die neue Familie und die vielen
Kinder aus beiden Verbindungen schlecht ausgesehen. Als
Lena dann doch ganz mutig alles auf eine Karte setzte und
sich von ihrem Mann trennte, war der die Coolness in Person: »Meinst du das wirklich ernst?« Noch zweimal fragte er
nach, nach 14 Tagen wußte auch er von einer neuen Frau zu
berichten, das nächste Weihnachten feierten alle gemeinsam.

Nicht daß wir uns falsch verstehen: Diese Beispiele sollen
keinesfalls den Eindruck erwecken, das Trennungen ein Kin-
derspiel sind, auch Trennungen nach aufgeflogenen Liebhaber-Beziehungen sind für alle Beteiligten meist schmerzhaft.
Aber tendenziell neigen Frauen wirklich dazu, sich die allergrößten Komplikationen und Fiesheiten für den Fall des Falles vorzustellen.

Männer sind da nüchterner, immer nach dem Motto:
Wenn's soweit ist, kann ich immer noch nachdenken. Ist
auch eine Einstellung…

Komischerweise war bei all den Menschen, die ich in den
vergangenen Jahren im Zusammenhang mit den Büchern
kennengelernt habe, eine aufgeflogene Liebhaber-Beziehung nie der Scheidungsgrund. Die Nebenbeziehungen
flogen nur auf oder wurden offenbar gemacht, wenn der
Liebhaber der neue Partner war – entsprechend wurde die
bisherige Nebenbeziehung dann auch zur Hauptbeziehung.

Oder es passierte etwas anderes Überraschendes: Die Ehefrau des Liebhabers reichte die Scheidung ein. Einfach so, *seine*
Nebenbeziehung wurde jedenfalls von der Ehefrau nicht als
offizieller Scheidungsgrund angeführt. Das kann heißen, sie
wußte nichts davon, kann aber auch heißen, sie wußte es
zwar, sah aber keinen Sinn mehr im Reden und Sich-ärgern.

Die zurückgelassenen Männer jedenfalls hatten sich kaum
darin getäuscht, was passieren könnte: Sie hatten sich nichts

gedacht, und ebenso sang- und klanglos passierte auch fast nichts.

Der verlassene Mann kann für die Liebhaberin umgehend zum Problem werden: Zu warnen ist besonders vor dem Schattenmann (Seite 75 ff.) oder dem...

Plan X – die Absprachen für alle Fälle

Abstreiten, abstreiten, abstreiten – nur zugeben, was man dir unmittelbar nachweist. So läßt sich die Generalvereinbarung erfahrener Liebhaber-Paare zusammenfassen. Wenn man das Abstreiten in Gedanken oft genug durchgespielt hat, klappt es auch im Ernstfall.

Wir stellen uns vor: Die Ehefrau sagt ihrem Mann auf den Kopf zu: »Du hast eine Freundin, meine Kollegin hat gesehen, wie du eine blonde Frau im Stadtcafé geküßt hast.« Als Strategien bieten sich an: lapidares, desinteressiertes Abstreiten, die Vorwürfe des anderen nicht recht ernst nehmen – »Ach Liebling, ich hab nun wirklich andere Sorgen...« Oder aggressives Abstreiten – das ist etwas für starke Nerven und ausgeprägte Konfliktbereitschaft: »Na hör mal, selbst wenn... Ich erinnere nur mal dran, wie du dich vor drei Jahren an den Meier rangeschmissen hast.« Und, die gewiß eleganteste Lösung: das Abfedern durch Humor: »Wie, ich dich mit einer Blondine betrügen? Die aus der Marketingabteilung, ja. Aber wieso nur mit der? Klar hab ich was mit der – und mit der Schulze auch, was meinst du, warum ich neuerdings zum Betriebssport gehe, na?«

Mit etwas Glück gelingt es, völlig vom eigentlichen Thema abzulenken, am zweitbesten wäre, die Sache runterzukochen oder wenigstens am Überkochen zu hindern. Ihr Abstreiten dient auf jeden Fall auch dem Ziel, zu verhindern, daß die Verdächtigungen Kreise ziehen, sprich: daß Ihre Partnerin oder Ihr Partner auf die Idee kommt, genauer nachzuforschen, den Ehepartner Ihres liebsten Wesens aufzuspüren, damit man dem illegitimen Liebespärchen gemeinsam die Hölle heiß machen kann.

Es ist klar: Der Plan X ist wirklich die absolute Notbremse, die nur gezogen wird, wenn vorher alle Sicherheitsmaßnahmen versagt haben. Aber das kann eben passieren. Machen Sie sich das klar, und basteln Sie sich sicherheitshalber ein kleines Mantra, das im Fall X dann gebetsmühlenartig in Ihrem Unterbewußtsein rattert: »Ich gerate nicht aus der Fassung… so viel kann mein Ehe-Liebling gar nicht wissen… nur keine Panik, alles wird gut.« Gute Vorbereitung ist wirklich die halbe Miete, nur so können Sie beim Überraschungsangriff aus dem Hinterhalt (»Ha!!!! Ich hab's ja immer gewußt!«) die Fassung bewahren und sich ganz auf die Abwehr der *gemeinen, unfairen und soooo ungerechten* Vorwürfe konzentrieren.

Außer dem Plan mit dem großen X haben erfahrene Liebhaber-Pärchen natürlich auch ein paar X-Plänchen parat: Absprachen für vergleichsweise harmlose Dinge. So vereinbaren Profis, zu welchen Zeiten das Telefonieren gefahrlos möglich ist (wenn denn überhaupt telefoniert wird). Und es gibt Code-Sätze, die zur Anwendung kommen, wenn man nicht sprechen kann, weil der Partner mit aufgestellten Lauschern daneben sitzt. Man kann ja nicht jedesmal sagen »falsch verbunden« oder »nein, tut mir leid, diese Unterlagen habe ich nicht mitgenommen«.

Profis vereinbaren fest, was zu tun ist, wenn einer eine Verabredung nicht einhalten kann. Und: Wie können Sie notfalls – zum Beispiel, wenn die Gefahr besteht, daß Sie entdeckt worden sind – schnell zusammentreffen, um etwas wirklich Wichtiges zu klären?

Liebhaber und Liebhaberinnen erzählen immer wieder, daß Situationen, die man im Geiste schon durchgespielt hat, in der Wirklichkeit wenigstens einen Teil ihres Schreckens verlieren.

Plan XX – seine Frau stellt Sie zur Rede!

Schlimm genug, wenn der eigene Partner einen eines Tages mit Vorwürfen zur Rede stellt. Aber was tun, wenn die Ehefrau eines Tages Lunte riecht und unbedingt mit der Geliebten sprechen will? Für gewöhnlich wird Anne anrufen und sich mit Ihnen aussprechen wollen, am Telefon oder bei einer Verabredung.

Aber, mit Verlaub: Eigentlich sind Sie für Anne die falsche Ansprechpartnerin, Annes Gesprächspartner müßte ganz klar Uli heißen. Nun ist Anne ja nicht dumm. Sie wissen genau, daß Anne sich an Sie wendet, weil sie Sie für schwächer hält als Uli, auch, weil sie an Frauensolidarität appelliert. Aber Sie sind ja weder schwach noch dumm. Also aktivieren Sie die in Plan X abgesprochenen Gegenmaßnahmen auch fürs Anne-Syndrom: nicht auf Vorwürfe reagieren, und wenn: mit Humor.

Wenn das nicht hilft, probieren Sie es freundlich und verständnisvoll: »Ich habe den Eindruck, Sie plagt die Eifersucht, vielleicht ist es am besten, Sie reden mal mit Uli über dieses Problem.« Klar, daß Ihnen das leichter fällt, wenn Sie Anne *nicht* persönlich kennen.

Läßt Anne sich nicht abwimmeln, vertagen Sie das Problem. Denn Sie haben jetzt wirklich keine Zeit, weil a) Ihr Mann gleich nach Hause kommt, b) Milch auf dem Herd steht oder Sie c) die Kinder vom Bahnhof abholen müssen.

Im allergrößten Notfall: Verabreden Sie sich in Dreiteufelsnamen mit Anne. Es ist klar, daß Sie so erst mal Zeit gewinnen, die Sie zum Nachdenken brauchen, denn es gilt ja in erster Linie zu vermeiden, daß Anne alles kaputtschlägt: ihre eigene Ehe, und weil sie gerade dabei ist, auch noch Ihre!

Verabreden Sie sich also – aber vermeiden sie es, wirklich hingehen zu müssen. Da gibt es verschiedene Möglichkeiten. Reden Sie mit Uli: Er soll seiner Frau klarmachen, daß es keinen Grund zur Eifersucht gibt. Oder daß er die Beziehung zu Ihnen schon vor drei Wochen beendet hat. Oder daß gar nicht Sie das Corpus delicti waren, sondern eine nicht zu benennende Kollegin, aber auch das sei vorbei. Und er sollte Anne vermitteln, daß er findet, alles, was eventuell zu besprechen wäre, sollte Anne mit ihm besprechen.

Ich denke, Uli weiß, wie unangenehm Gespräche mit Anne sein können, und das möchte er Ihnen doch wirklich nicht zumuten. Außerdem wird er sich durch Annes Anruf bei Ihnen wie ein kleiner Junge behandelt fühlen, über den Mutti und die Lehrerin jetzt mal gründlich reden müssen. Das mögen Männer meist noch weniger als den zu erwartenden Streit mit der eigenen Frau: In letzterem kann er wenigstens richtig Mann sein und sich mit breiten Schultern auch vor Sie stellen, vor die Frau, die er (auch) liebt.

Sie zweifeln immer noch, denken, daß vielleicht ein Gespräch von Frau zu Frau…? Klar, Sie möchten Anne vielleicht gerne selbst sagen: »Mach dir keine Sorgen, ich nehme dir deinen Mann nicht weg.« Das mag aus ihrem tiefsten Inneren kommen und tausendmal wahr sein – aber ist Anne in der Lage, das zu glauben? Ihre Worte werden Anne oberflächlich beruhigen – aber wenn Sie Uli nicht wollen, dann können Sie doch ganz die Finger von ihm lassen, oder? Tja, das können Sie Anne nun entweder versprechen – und sicher sein, daß Ihre Treffen mit Uli jetzt noch schwieriger werden. Oder Sie sagen spätestens dann ganz cool: »Das besprechen Sie am besten mit Uli.«

Eins ist sicher: Sie würden aus jedem Gespräch mit Anne mit der Restunsicherheit gehen: Wird Anne nun als letzte ihrer Waffen Ihren Mann anrufen? Das ist kein schöner Gedanke, aber wenn sie's denn wirklich täte: Könnten Sie Ihren Mann damit beruhigen, daß Sie mit Uli nur mal Kaffee trinken waren, weil er eben a) Ihr Kollege ist oder

b) jemand, der ihr Handy gefunden hat (»Das habe ich dir nicht erzählt, Liebling, weil ich dachte, du rastest bestimmt aus, weil ich immer so nachlässig mit Wertsachen bin«). Sie waren also mit Uli Kaffee trinken… Zugegeben, er hat versucht Sie anzubaggern, aber Sie hatten gleich das Gefühl, das macht er geradezu professionell und hätten natürlich nicht auf seine SMS reagiert. Das wiederum könne seine Frau nicht wissen, die ja echt geschlagen sei mit diesem Schürzenjäger, da müsse man ja krank vor Eifersucht werden. »Gut, daß das bei uns anders ist, ach, wir sollten auch mal wieder nach Paris fahren, nicht?«

Der Horror hat eine Stimme: die seiner Frau

Karin, 45, Ärztin

Ihre Lieblingsmelodie aus dem ersten Sommer mit ihm erklang aus den Tiefen ihrer Handtasche: »Maja hi, Maja hu, Maja ho, Maja ha-ha.« Was für ein Klingelton! Ausgerechnet jetzt in der vollbesetzten S-Bahn zur Feierabendzeit. Kram', kram', da leuchtet was: »Maja hi…«. Na bitte.

Rufnummer unbekannt.

»Ja bitte?«

»Vielleicht organisieren Sie sich einen Callboy – oder Sie lassen sich mal wieder von Ihrem eigenen Mann ficken.«

Karin traf es wie ein Keulenschlag: Das konnte nur Sabine sein, Wolfgangs Frau. Natürlich hatte Karin schon darüber nachgedacht, was wäre, wenn Sabine eines Tages etwas merken würde, aber das hier…

»Lassen Sie sich doch von Ihrem eigenen Mann ficken.«

Gedankenketten zusammengeschnurrt auf die Größe von Geistesblitzen schossen Karin durch den Kopf, während ihr Mund ganz von allein sprach: »Mit dem größten Vergnügen.«

Sie hörte noch »Ich werde Ihren Mann anru…«, dann drückte ihr rechter Daumen das rote Knöpfchen des Handys.

Das war jetzt nicht wirklich, oder? War das jetzt echt? Oder träumte sie? Karins Beine fanden ganz von allein an der nächsten Station den Weg zum Ausgang und trugen Sie in ein Eiscafé. Sie hatte das Gefühl, neben sich zu stehen, sie sah sich selbst, wie sie die Einkaufstüte mit dem neuen Herbstpullover auf den Boden stellte, die Handtasche über die Stuhllehne hängte. Das Handy hatte sie die ganze Zeit so fest umklammert, daß ihre Fingerknöchel weiß hervortraten. Jetzt legte sie es auf den Steintisch vor sich, starrte es an wie ein giftiges Insekt, das jederzeit die nächste Attacke auf sie fliegen könnte.

»Einen Milchcafé, einen Cognac – und hätten Sie vielleicht eine einzelne Zigarette für mich?«

Vor drei Monaten hatte sie das Rauchen aufgegeben, aber das war nun auch egal. Langsam kamen die klaren Gedanken zurück. Nach dem ersten Schluck Cognac kicherte es still in ihr. Lächelte sie, oder war das schon ein Grinsen in ihrem Gesicht? Wie völlig absurd das Ganze, eigentlich urkomisch – wenn ihr das nicht passiert wäre.

Was tun? Als der Cognac und der Milchcafé ausgetrunken sind, die Zigarette ausgedrückt ist, weiß sie: nichts. Sie würde Wolfgang von dem Anruf erzählen, um ihn zu warnen, ihm aber gleichzeitig das Versprechen abnehmen, zu Hause kein Faß aufzumachen und in Zukunft noch vorsichtiger zu sein.

Undenkbar, was passiert wäre, wenn sie zu seiner Frau gesagt hätte: »Sabine, ich weiß, daß Sie das sind. Wenn Sie wollen, können wir uns gerne treffen.«

Karin war sich ganz sicher: Sabine würde weder ihren Mann anrufen noch Wolfgang von diesem Überfall auf sie, Karin, erzählen. Die ganze Aktion war das Stochern einer

215

eifersüchtigen Frau im Nebel. Wenn es richtige Beweise gäbe – wenn, wenn, wenn … – Sabine hätte die ihrem Mann so was von um die Ohren gehauen.

Vier Jahre später, als die Scheidung von Wolfgang und Sabine schon ein halbes Jahr zurückliegt, Sabine von ihrem neuen Partner schwanger ist und Wolfgang und Sabine wieder so etwas wie eine Freundschaft miteinander haben, kommt raus: Sabine hatte eine Liste mit Initialen und Telefonnummern in Wolfgangs Brieftasche gefunden und die der Reihe nach abtelefoniert. Wenn sich eine Frauenstimme ohne Namen meldete, hatte sie losgeschimpft in der Hoffnung, aus dem trüben Initialennebel etwas gegen Wolfgang Verwertbares herauszufischen.

Wenn es auffliegt

Liebhaberinnen und Liebhaber sagen:
Es fliegt nicht auf.

Es ist aufgeflogen

»Immer nur zugeben, was man dir wirklich beweisen kann«, sagt mein Freund Alex, der Profi-Liebhaber. »Und wenn du in flagranti ertappt wirst: Auf jeden Fall nur zugeben, was offensichtlich ist: dieses eine Mal. Wenn du ahnst, deine Frau weiß auch schon, daß du das letzte Wochenende nicht mit dem Sportkumpel angeln warst, sondern mit einer Dame an der Ostsee, dann sagst du natürlich: ›Liebling, ich weiß auch nicht, wie mir das passieren konnte – das mit der anderen läuft erst seit zwei Wochen, aber ich höre sofort damit auf.‹ Wenn dir an deiner Ehe liegt, hast du so eine Chance, du kannst deiner Frau eine Brücke bauen.«

Alex hat recht: Das kann klappen, wenn die Frau über diese Brücke geht, was ihr leichter fällt, wenn die aufgeflogene Beziehung noch vermeintlich frisch ist, der Betrug also nicht soooo groß (na ja). Trotzdem ist es mehr als wahrscheinlich, daß die Ehefrau vorgeblich verzeiht, den Betrug nun aber wie ein Faustpfand einsetzt: zu Erpressungen aller Art oder einfach nur zum Schlechte-Laune-Verbreiten. Wohlgemerkt, eine schlechte Laune, die sie durchaus verspürt, und die ihr Mann dann bitte auch spüren soll. Das vergiftet die Beziehung auf Dauer – was ist also naheliegender, als solche Gefahrenquellen möglichst auszuschalten. Sollten Sie tun, wenn Ihnen an Ihrer Beziehung wirklich etwas liegt.

Frauen haben da wiederum ein leichtes Plus: Sind sie nicht gerade mit einem extrem eifersüchtigen Ehemann geschlagen, wird der ihnen einen Seitensprung, gerade wenn es nur dieses eine Mal war oder erst vor zwei Wochen angefangen hat, wahrscheinlich wirklich verzeihen, Schwamm drüber, ein Mann ein Wort.

Was Sie auf jeden Fall versuchen sollten: den Schaden zu begrenzen. Es muß doch nicht sein, daß Ihr Flächenbrand zu Hause auch noch zum Fegefeuer im Heim Ihres liebsten Wesens wird, oder? Es ist also wichtig, den zornigen Ehepartner mit allen Mitteln vom Weitertragen der Flamme abzuhalten. Das wird Ihnen um so eher gelingen, je ehrlicher Ihnen (und Ihrem Partner) an Ihrer Partnerschaft gelegen ist.

Wahrscheinlich glauben auch Sie nicht an Theorien, die gerne in Zeitschriftenartikeln zu Partnerschaftsfragen oder Stellungnahmen von (Paar-)Therapeuten verbreitet werden: Die aufgeflogene Affäre, der gebeichtete Seitensprung oder hier die entlarvte Liebhaber-Beziehung bietet eine Chance für einen Neuanfang für das betroffene Paar. Klar, man setzt sich hin, trinkt Tee miteinander und bespricht ganz sachlich:

»Hör mal du, äh, wir haben wohl ein bißchen den Kontakt zueinander verloren. Wollen wir nicht gemeinsam an unserer Beziehung arbeiten? Sicher kriegen wir auch unser Sexleben wieder flott, man muß ja nur wollen und was dafür tun...«

Bevor einer von Ihnen dann losläuft und entsprechende Ratgeberliteratur aus der Buchhandlung holt (gönnen Sie sich zu so einem Zeitpunkt dort lieber ein Buch zu einem gaaaanz anderen Thema...), greifen Sie einfach mal wieder ins Regal zum guten alten Mary, zum Buch *Fünf Lügen, die Liebe betreffend*, damit Sie sich erinnern: Es ist zwecklos.

Was Frauen wirklich bewegt

Über die Jahre sind mir Sätze aufgefallen, Fragen im Gedächtnis hängengeblieben, die Frauen in einer Liebhaber-Beziehung wichtig sind. Diese Sätze und Fragen ranken sich um die Dinge, die wirklich essentiell sind im Leben, und um Zweifel, die immer wieder auftauchen. Und es geht um Strategien, wie man diese Zweifel zu Zweifelchen machen kann...

Das bin ich mir selber wert

»Das bin ich mir selber wert, daß ich das so mache.« Diese Begründung oder vielmehr Erklärung für das Leben mit Ehemann *und* Liebhaber habe ich von Frauen ganz oft gehört – von Männern nie.

»Das bin ich mir selber wert« – das bezieht sich natürlich nicht nur auf den Liebhaber, sondern auch auf viele andere

Lebensbereiche. Man könnte auch ergänzen: »Das bin ich mir selber wert, daß ich mir Mobbing in der Firma nicht gefallen lasse ...«, oder »...daß ich Hobbys habe, die mir gut-tun«, oder »...daß ich zum Seele-baumeln-Lassen mit meinen Freundinnen verreise«.

Bei vielen Frauen steckt ein langer Weg des Erkennens dahinter, bis das Selbstwertgefühl sich so formuliert Bahn bricht. Oft waren es lange Jahre *die anderen*, die es wert waren, daß für sie etwas getan wurde: die Kinder, der Mann, die Kollegen. Irgendwann begann dann der Erkenntnisprozeß: Wieso immer die anderen? Habe ich nicht für die Kinder zurückgesteckt? Für meinen Mann?

Dann kommt es zum radikalen Umdenken, eine Frau bricht auf, mit mehr Liebe zu sich selbst und mehr Selbstwertgefühl Dinge zu tun, die ihr wichtig sind. Und sie fühlt sich wohl dabei. Der Liebhaber, der irgendwann auftaucht, ist dann nur ein Teil dieses Sichwohlfühlens.

Bei wieder anderen Frauen war dieses Selbstwertgefühl zwar immer da, immer mußte sich das Alltagsleben daran messen lassen. Da wird dann gefragt: Ist es das wirklich, was du wolltest? Wo sind in der Ehe die Gefühle geblieben? Wo bleibt meine eigene Entwicklung als Person? Sind die Antworten nicht zufriedenstellend, heißt es: »Das bin ich mir selber wert, daß ich das jetzt anders mache.«

Blicken Frauen, die sich's selber wert sind, auf ihr Leben, sind sie zufrieden, so wie es ist.

Das Leben ist kurz, du lebst nur einmal

Zu Sätzen wie *Das bin ich mir selber wert* und *Ich habe ein Recht auf Gefühle* gehört meist auch die Erkenntnis: Das Leben ist kurz, du lebst nur einmal. Man kann das noch ergänzen um: Du wirst im Leben nur die Dinge bereuen, die du nicht getan hast. Oder: Einige Dinge kriegst du nie wieder zurück: das gesprochene Wort, die verpaßte Gelegenheit und den abgeschossenen Pfeil.

Carpe diem, pflücke den Tag.

Ich habe ein Recht auf Gefühle

Es ist ja meist nicht so, daß Frauen losstiefeln mit der Absicht: Her mit den wilden Gefühlen, her mit Herzklopfen und Leidenschaft, und wo wir schon mal dabei sind bitte auch noch eine ordentliche Portion Zärtlichkeit und Romantik – das alles steht mir zu!

Nein, oft *kriegen* sie das alles einfach plötzlich, bei ihrem Liebhaber. Und dann merken sie: Das hat mir gefehlt, und wie! Natürlich wird da verglichen: Wie ging es mir vorher, wie geht es mir jetzt? Worauf habe ich verzichtet (und warum)? Und dann dauert es nicht lange, bis sich im Kopf die Rechtfertigung fürs eigene Tun festsetzt: Ich habe ein Recht auf Gefühle.

Ganz viele Stoßseufzer des Bedauerns habe ich gehört zu Sätzen wie diesen: »Mein Mann ist nett und zuverlässig und alles, aber er kann keine Gefühle zeigen.« – »Nie würde mein Mann spontan ein Wochenende mit mir irgendwo hinfahren, wo's schön ist, einfach so, vielleicht in ein romantisches Hotel auf dem Lande oder in eine andere Stadt...« – »Ich fühle mich von meinem Mann nicht begehrt – bei meinem Liebhaber fühle ich mich als Frau!«

Ist das lang Vermißte plötzlich da, wird der Mangel zu Hause fast als Vorwurf formuliert – und das ist verständlich, schließlich ist es nicht leicht, ständig mit bewußten oder unbewußten Wünschen herumzulaufen und zu denken: Der andere setzt sich immer durch mit seinem Nichtwollen, Nichtfühlen. Aber du weißt ja gleichzeitig:

Erzwingen kann man Spontaneität und Leidenschaft eben nicht.

Beim Liebhaber muß nicht verzichtet, nichts erzwungen werden, alles passiert von ganz allein. Und trotzdem merken Liebhaberinnen und auch Liebhaber ganz genau: Schön, daß wir das miteinander (wieder) erleben, bloß nicht wieder drauf verzichten – aber alltagfüllend wäre das Schwelgen in diesen Gefühlen auch nicht beziehungsweise: Im Alltag würde sich das alles schnell verflüchtigen. Mögen die Gefühle ewig bleiben.

Ich nehme meinem Mann nichts weg

Was klingt wie eine Rechtfertigung oder Beruhigung, ist eigentlich eine ganz nüchterne Bestandsaufnahme. Es ist die gekonnte Umschreibung von: Ich bekomme endlich, was ich schon lange wollte – mir mein Mann aber nie gegeben hat oder mittlerweile nicht mehr gibt. Für mich ist es, was ich brauche, was mir zusteht – und meinem Mann nehme ich nichts weg, er vermißt nichts.

Als kleine Gedankenübung stellen sich Liebhaberinnen oder Liebhaber oft vor, was denn wäre, wenn ihre Nebenbeziehung von heute auf morgen weg wäre aus ihrem Leben. Was würde das ändern in der festen Partnerschaft? Wäre das Verhältnis zum Ehepartner plötzlich besser? Wieder besser oder einfach: noch besser? Wohl kaum, lautet die Antwort. Wahrscheinlich ginge es in der Ehe sogar schlechter, weil der gewohnte Ausgleich fehlt.

Ich habe kein schlechtes Gewissen

»Ich könnte meinen Partner nie betrügen, da hätte ich ein ganz schlechtes Gewissen«, sagen manche Ehefrauen und -männer im Brustton der Überzeugung. Diese Annahme mag ja stimmen – so lange sie nicht durchs Gegenteil bewiesen wird. Auffällig ist jedenfalls, daß Liebhaberinnen und Liebhaber mit der Gewissensfrage gut klarkommen: »Ich habe kein schlechtes Gewissen meinem Mann/meiner Frau gegenüber« wird gerne kombiniert mit der Begründung »Ich nehme ihm/ihr doch nichts weg«.

Logischerweise ist das schlechte Gewissen nicht besonders groß – wäre es das, würde es die Liebhaberinnen und Liebhaber ja von ihrem Tun abhalten. Das ist ja das schöne an diesem uns gegebenen Warnsystem Gewissen, das uns genau zeigt, was wir uns an widerstrebenden Gefühlen zumuten können und was nicht.

Mir ist allen Ernstes in all den Jahren niemand begegnet, der seine bereits begonnene Nebenbeziehung aus schlechtem Gewissen dem eigenen Partner gegenüber wieder beendet hätte.

Daß manchen Versuchungen gar nicht erst nachgegeben wird, bestimmte eigene Grenzen festgezurrt werden, wie zum Beispiel: Ich fahre mit dem Liebhaber nicht an einen Ort, an dem ich mit meinem Mann war, wir treffen uns nicht in meiner Wohnung – das ist eine andere Sache. Wenn man genau weiß, was vielleicht eine unangenehme Situation sein könnte, zwiespältige Gefühle auslösen könnte, dann umgeht man eben genau dies.

Selbstverständlich kann auch ein an sich sehr kleines Gewissen sich manchmal überraschend aufplustern, das tut es hinterhältigerweise gern dann, wenn man nicht damit rechnet, zum Beispiel so: »Ich amüsiere mich hier am Strand, und mein armer Mann muß arbeiten« oder »Ich würde ja gerne immer ganz ehrlich mit meiner Frau reden können, es wäre mir angenehmer«. Diesen Anflügen von wachsendem oder zu großem schlechten Gewissen werden aber mit rationalen Argumenten schnell die Flügel gestutzt, da folgt den Gedanken an den armen arbeitenden Mann dann: »Ach, es ist schon okay, daß es mir hier am Strand gutgeht – mein Mann würde hier nie mit mir freiwillig herumliegen.« Der Wunsch, den Ehepartner eigentlich nicht hintergehen zu wollen, wird als unrealistisch beiseite gewischt mit »Ehrlich sein ist ja fein – aber um welchen Preis? Es ist schon in Ordnung, wenn ich nichts sage«.

Gerade Frauen sind oft überrascht, wie ihre Liebhaber-Beziehung manche eigenen Maßstäbe von früher verändert. Die 52jährige Bettina sagt: »Ich bin ein völlig anderer Mensch geworden. Anfangs hatte ich ja doch ein schlechtes Gewissen. Schon der Gedanke an eine Nebenbeziehung hat bei mir früher immer ausgelöst: Das macht man nicht. Was ich dann aber nicht alles gemacht habe, das ist zu komisch…«

Die letzte heile Familie

Marina wurde beneidet: Auf Partys war ihr Mann oberaufmerksam, kaum hatte seine Gattin das letzte Salatblatt vom Teller gegabelt, sprang er herbei, bereit, den leeren Teller für sie neu zu füllen oder wegzustellen. Daß er auch für neuen Wein in ihrem Glas sorgte, versteht sich von selbst, und wenn die Musik lauter gedreht wurde, griff er nach Marinas Hand, und schon machten die beiden auch noch eine Superfigur beim Tanzen, während andere Männer zum Rauchen auf den Balkon verschwanden. Beneidenswert.

Daß auch Elmar hin und wieder verschwand, dann aber richtig, dabei nicht nur nach der Hand diverser anderer

Frauen griff, und das über die Jahre immer wieder, erfuhren Freunde und Bekannte erst, als Marina die Scheidung einreichte.

»Hast du schon gehört? Marina und Elmar haben sich getrennt.« – »Was die? Aber die waren doch immer so glücklich!«

Kennen Sie das auch, diese Überraschung, wenn wieder mal eine vermeintlich heile Familienwelt auseinanderbricht? Weil die Einschläge offenbar immer dichter kommen, rückt dann unwillkürlich selbst das Pärchen, das sich gestern Abend noch gekabbelt hat, am Abend auf dem Sofa dichter zusammen. Daß sich eine vermeintliche Musterfamilie auflöst, grenzt an Verrat, die heile Welt für die anderen erscheint als arglistige Täuschung.

So wie Marina und Elmar mit ihren wohlgeratenen 15- und 17jährigen Söhnen als ideale Familie galten, geht es auch vielen Liebhaberinnen und Liebhabern; gerade Frauen sagen immer wieder: »Ich könnte mich gar nicht scheiden lassen, wir gelten als heile Familie.« Da ist der durchaus empfundene Druck, dem Ideal, das nach außen gezeigt wird, auch genügen zu wollen,

> »Uwe und ich sind in unserem Bekanntenkreis das Paar, das am längsten zusammen ist, und das soll auch so bleiben. Ich erzähle niemandem, daß es Reinhold gibt, meine Freundinnen und meine Schwestern würden es nicht verstehen, ich hätte es früher auch nicht verstanden.«
> *Ute, 39, Altenpflegerin*

aber es ist mehr als das: Die Familie, die Ehe, wird wirklich als schön, lebens- und erhaltenswert betrachtet; den sehr bewußt mit sich und anderen umgehenden Liebhaberinnen und Liebhabern kann man durchaus zutrauen, ungute Lebenssituationen zu verändern, sprich: sich notfalls eben scheiden zu lassen.

Geradezu empört reagieren viele, die eine Liebhaber-Beziehung pflegen, auf despektierliche Anwürfe in der

Öffentlichkeit wie: »Wer so was macht, hat es wohl nötig, der würde seine Ehe sonst wohl nicht aushalten.« Falsch gedacht, die meisten sagen wie Gabi, 44: »Ich muß mir meine Ehe nicht erträglich machen.« Ihr Liebhaber fügt ihrem Leben etwas hinzu, was sie in der Ehe nicht hat, aber ihre Ehe und die Familie sind für sie das, was sie für viele andere Frauen auch sind: Zuhause und sicherer Hafen.

Ist die Ehe noch zeitgemäß?

An ihrer eigenen Ehe samt Familie halten die Liebhaberinnen und Liebhaber gerne fest, weil ihnen die Gemeinschaft wichtig ist, aber die Institution Ehe an sich ziehen viele von ihnen mittlerweile in Zweifel. Viele Liebhaber-Menschen äußerten im Gespräch: »Wozu braucht man die Ehe eigentlich noch – Familien, Kinder könnte der Staat auch anders fördern.« Es ist naheliegend, daß wer dauernd gegen das offiziell in der Gesellschaft verankerte Bild von Ehe verstößt, sich immer wieder verschärft Gedanken macht.

»Bis daß der Tod euch scheidet«, mit diesem Anspruch wird die Ehe noch immer geschlossen, daß jede zweite oder dritte Ehe noch zu Lebzeiten vor Gericht aufgelöst wird, verdrängen die meisten. Noch immer gilt für die Ehepartner der Anspruch, sich gegenseitig treu zu sein, Untreue ist ein Scheidungsgrund. Die Gesellschaft akzeptiert durchaus, daß sich einer der Partner einem neuen Menschen zuwendet – aber bitte in der richtigen Reihenfolge, die da heißt: sich scheiden lassen, sich an den neuen Partner binden, mit Trauschein oder mittlerweile auch ohne, notfalls dieses Procedere auch mehrfach wiederholen. Eines sollte auf jeden Fall gewahrt bleiben: die Monogamie, in Reihe entsteht so die *serielle Monogamie.*

Liebhaberinnen und Liebhaber halten diesem Prinzip der Reihenschaltung die Parallelschaltung entgegen. Sie fragen: Warum soll ich eine Ehe, die funktioniert, aufgeben? Warum verzichten auf Harmonie, meinen sicheren Hafen, die gemeinsamen Familienerlebnisse? Warum den Kindern das Elternhaus wegnehmen? Warum ein gemeinsam geschaffenes Zuhause aufgeben, in dem man gut zusammen alt werden könnte?

Und zwar aufgeben für eine neue Partnerschaft, in der man nach soundso viel Jahren dasselbe Dilemma hätte wie in der aktuellen? Alles aufgeben, nur um dann erneut der Form der Ehe zu entsprechen, die ja paradoxerweise schon lange nicht mehr die Norm ist bei einer auf 50 Prozent zustrebenden Scheidungsrate und Fremdgehquoten in schwankenden Höhen.

Viele fragen wie der 42jährige Architekt Steffen aus dem Männer-Protokollbuch: »Was für einen Grund gibt es, daß ich nicht mit zwei Frauen glücklich sein kann? Muß ich denn meinen alten Partner ablegen, wenn ich mich in einen neuen verliebe? Früher wurden die Menschen 25, 30 Jahre alt, heute ist das anders. Hält denn ein Verliebtheitsgefühl länger als sieben Jahre?«

Ob die Verliebtheit ein, zwei, drei, sieben Jahre oder länger hält und dann idealerweise von Liebe, Vertrauen, Harmonie, Freundschaft – was auch immer – abgelöst wird, sie war entsprechend unserem Ideal von der Romantischen Liebe immerhin mal da. Diese Idee, diese Romantische Liebe sei Voraussetzung für eine Ehe, ist eine vergleichsweise junge, sie setzte sich erst im 19. Jahrhundert durch, zuvor ging es bei der Eheschließung darum, Besitzstände zu erhalten.

Auch wenn fast jeder heute im eigenen Leben hautnah erfährt, wie Ehen oder Familie sich auflösen, behalten die Idealbilder der *intakten* Ehe und der heilen Familie ihre Faszination – nur, weil es beim Finanzamt meist billiger wird für Paare, heiratet heute kaum noch einer, auch sind uneheliche Kinder ja kein Grund mehr, sich zu verstecken.

Sich der Hoffnung hinzugeben, die eigene Ehe möge gut laufen und erfüllt und glücklich sein, ist das eine – dann zu merken: Mhm mhm, es läuft was schief – hättest du das nicht vorher wissen können? –, das ist etwas anderes. Es muß ja nicht gleich die große Katastrophe sein, es reicht die ernüchternde Erkenntnis: Das, was mal mit so viel Liebe und Lei-

> »Mein Mann würde sich nie scheiden lassen, er holt sich auch körperlich bei mir, was er braucht. Ich mache das, aber ich empfinde nichts dabei. Eigentlich blöd von mir, oder?«
> *Christine, 48, Angestellte*

denschaft begonnen hat, ist nur noch lauwarm. Das enttäuscht um so mehr, als der Anspruch: *zu einer guten Ehe gehört auch leidenschaftlicher Sex,* in der Gesellschaft und im kollektiven Wissen gründlich verankert ist. Dabei ist kaum eine Frage so verpönt wie: »Schlafen Sie eigentlich noch mit Ihrer eigenen Frau? Und wenn ja – mit welchem Vergnügen?«

Tröstlich, daß es bei anderen nicht anders ist. Und noch mehr Trost ist für viele, daß sie ihren Lebenspartner behalten können, sich dabei auch durchaus wohl fühlen – und für das andere kommt dann der Liebespartner heimlich dazu.

Der Alltag käme auch bei uns irgendwann

Fast könnte man meinen, Liebhaberinnen und Liebhaber litten an einer ausgewachsenen Alltagsphobie, so oft habe ich als Begründung dafür, warum man denn mit dem Nebenpartner lieber nicht offiziell zusammen sein wolle, gehört: »Der Alltag käme auch bei uns irgendwann.«

Alltag, das ist das, was die Liebhaberinnen zu Hause schon haben mit ihren festen Partnern, Alltag ist einkaufen, die leckeren Bandnudeln in Gorgonzolasauce mampfen, zu Schwiegereltern zum Kaffee fahren, streiten, ob ein neuer DVD-Player her muß, drüber reden, ob man nicht mal wieder miteinander reden müßte... Daß das mit dem Liebhaber auch so werden könnte, erscheint nicht sehr verlockend – da behält man doch lieber den gewohnten Alltag einerseits und bewahrt sich gleichzeitig die Spannung, die Abwechslung, die Freude auf und mit dem Liebhaber.

Was die Liebhaber-Beziehung so besonders macht

Immer wieder wundert sich Liebhaberin oder Liebhaber: »Es ist nun schon so lange schön und aufregend – wird das ewig so weitergehen?« Da schwingt dann fast beschwörend mit: Es geht schon so lange gut, fliegt nicht auf. Und auch: Es ist immer noch aufregend und spannend. Wohlgemerkt: Diese Stoßseufzer kommen nicht nach vier Wochen oder vier Monaten, sondern oft nach zwei, drei, vier Jahren oder sogar noch längerer gemeinsamer Zeit.

Selbstverständlich macht die Ausnahmesituation, in der die geheime Liebe gelebt wird, die ganze Sache so beständig. Die meisten von uns wünschen sich Abenteuer und Spannung in ihrem Leben, ein Geheimnis zu haben kann ungeheure Freude bereiten – und die Liebhaber-Beziehung ist geradezu ein Abonnement auf diese belebenden Gefühle, wer wollte darauf verzichten? Liebhaberin und Liebhaber bestimmt nicht, sie wissen, daß sie sich gegenseitig reich beschenken mit ihrem Glück, entsprechend achtsam gehen sie damit und miteinander um. Selbstverständlich gedeihen

in diesem Klima Zärtlichkeit, Lust und Leidenschaft vor-
trefflich. Manch eine fragt sich da: »Wieso ist das mit meinem eigenen Mann nicht möglich?« Aber natürlich ist das
nur eine rhetorische Frage. Mit dem Liebhaber wird eben
nicht der Alltag geteilt, es gibt kein nerviges Zotteln um Ein-
kauf, Hausputz, Elternabend und all die anderen Sprossen
im Hamsterrad Familie.

Liebhaber-Pärchen können zusammen das leben, was
ihnen sonst fehlt. Ob sie das nun zwei-, dreimal die Woche
tun, alle drei Wochen oder alle drei Monate oder auch einmal im Jahr eine Woche ist unterschiedlich. Allen gemeinsam ist jedoch das beflügelnde Gefühl: Da ist noch etwas außerhalb des Alltags, das mich beflügelt,

> »Wir wissen: Da sind unsere Fami-
> lien, und die wollen wir erhalten.
> Wenn seine Frau das rauskriegen
> würde mit uns: Er würde sich für
> sie entscheiden. Aber ich will ihn ja
> gar nicht. Das weiß ich. Der Zauber
> wäre weg im Alltag.«
> *Anna, 38, Physiotherapeutin*

bestärkt, das mich Lebendigkeit spüren läßt – die Gedanken
an den anderen sind einfach schön.

Außerdem empfinden es die meisten als grandiose Erfahrung, ohne Besitzansprüche, einfach so und unkompliziert
körperliche und seelische Nähe zu einem anderen Menschen
zu erleben, ohne sich dem großen Druck auszusetzen, dies
nun auf Ewigkeit und offiziell zu bewahren.

Wann ist es vorbei mit dem Liebhaber?

Die Liebhaber-Beziehungen, über die in meinen Büchern berichtet wurde, sind sehr, sehr haltbar. Als ich bei den ersten Lesungen gefragt wurde: »Wie und wann wird so eine Liebhaber-Beziehung denn beendet?« ertappte ich mich beim Nachdenken: Wenn einer wegzieht, geht es oft vorbei. Aber wie oft zieht man denn schon um? Im Ernst: Lassen wir die aufgeflogenen Beziehungen beiseite, auch die, die absichtsvoll ans Licht gebracht werden, weil Liebhaberin und Liebhaber (die eigentlich keine waren, sondern neue Partner) beschließen: Wir wollen fortan offen zueinander stehen, miteinander leben – die Nebenbeziehungen dauern, dauern, dauern.

Natürlich gibt es Gründe, eine Nebenbeziehung zu beenden, die kommen nicht all zu häufig vor, aber man sollte sie durchaus ernst nehmen. Es kann zum Beispiel passieren, daß einer der Partner vom Ehepartner verlassen wird und so das vorher vorhandene Gleichgewicht verlorengeht. Der oder die Verlassene fängt an, in der Nebenbeziehung zu zerren, zu klammern – da reagiert dann sinnvollerweise der andere irgendwann mit einem Befreiungsschlag, um die eigene feste Partnerschaft nicht in Gefahr zu bringen.

Oder, was auch vorkommt: Einer der Liebhaberpartner verliebt sich anderweitig so ernsthaft, daß er Partner (und Liebhaber(in)) verläßt.

Auch Eifersucht in der Liebhaber-Beziehung kann deren Ende bedeuten: Der emotional Engagiertere erfährt oder vermutet, daß der andere noch weitere Nebenbeziehungen oder One-night-stands hat – auch in der Liebhaber-Beziehung kann Eifersucht zu Streit und Trennung führen.

Oder: Vielleicht war die begonnene Liebhaber-Geschichte für einen der Beteiligten nur ein Ausbruch aus der

Ehe: aus Rache, aus sexueller Langeweile, weil er oder sie *sich beweisen* wollte. Dann wird diese Beziehung nicht lange dauern.

Wie gesagt: Das sind alles ebenso gute wie seltene Gründe für eine Trennung.

Die Liebhaber-Beziehungen sind so haltbar, weil sie echte Freundschaften zwischen den Männern und Frauen sind, die miteinander erlebte Zärtlichkeit und Sexualität ist immer wieder frisch, weil sie vergleichsweise selten ist, die Freude an- und aufeinander ist groß.

Und kommt es doch mal dazu, daß eine Liebhaber-Beziehung gerade nicht angebracht erscheint, vielleicht weil man sich tatsächlich ernsthaft anderweitig verliebt hat, die eigene feste Beziehung Vorrang haben muß, dann hat die heimliche Liebe bestimmt Verständnis dafür, zu hören oder zu lesen: »Es tut mir leid, ich muß dich mal eine Weile auf Eis legen.« Idealerweise kommt dann als Antwort: »Gut, wenn du mich brauchst, taue mich wieder auf.«

»Es geht nun schon so lange und ist schön, wie lange noch? Eigentlich mache ich mir keinen Kopf darüber, wie es weitergeht. Im Moment bin ich unheimlich froh, daß es Holger gibt. Und ich hoffe, daß dieses Gefühl bis in die Unendlichkeit anhält.«

Bettina, 52, Sekretärin

Literaturhinweise

Die besten Geschichten sind die, die das Leben schreibt – also, das bißchen, das Sie zu dem Thema noch lesen möchten außer meinen Protokollbüchern, leben Sie selbst, oder?

Falls Ihnen dazu demnächst die Zeit fehlt, Sie sich im Winter lieber mit Wein aufs Sofa setzen oder im Sommer am Strand liegen und dafür gelebtes Liebhaber-Leben zum Umblättern brauchen, versuchen Sie es mit folgenden Büchern, die ich sehr liebe:

Die Tagebücher der Schriftstellerin Brigitte Reimann, Band I: *Ich bedaure nichts,* Band II: *Alles schmeckt nach Abschied,* beide Aufbau-Verlag, Berlin, 1997 und 1998.

Die Aufzeichnungen der Schauspielerin Georgia van der Rohe, geboren 1914 als Tochter des berühmten Architekten Mies van der Rohe, über ihr Leben als Geliebte und Liebhaberin, Titel: *La donna è mobile. Mein bedingungsloses Leben,* Aufbau-Verlag, Berlin 2001.

Und natürlich die Tagebücher der Anaïs Nin, dazu *Trunken vor Liebe. Intime Geständnisse,* Scherz, Bern/München 1992, sowie ihr Briefwechsel mit Henry Miller, *Briefe der Leidenschaft 1932–1953,* Scherz, Bern/München 1989.

Bestandteile der Gebrauchsanweisung

A Abstreiten 210
Aerobic 130
Aids 74, 100
Alibi 156
Alltag mit Liebhaber, Phobie
vor 34, 51, 169, 229
Alpenwandern 162
Älterwerden (tscha) 67
Angebertypen 93
Anonymität, eigene 92
Anrufliste, Löschen der 121
Anziehung, fehlende,
siehe auch Ehe 37
Aphrodisiaka 116
Arbeitsplatz 86, 87
Aufblühen 30
Aufmerksamkeit, mangelnde
30, 34, 35
Ausgehen, frivoles 89

B Babypläne 181
Balance, gestörte 70
Bargeld 114, 136
Bekanntenkreis 86, 186
Bekanntschaftsanzeige,
siehe Kontaktanzeige
Betriebssport 61, 210
Beweise 216
Bild-Zeitung 37
Bisexualität 102
Blick, Dackel- 77
Blick, Scanner- 72
Blümchensex 64
Blumen 141 ff.

Blumen, keine 34
Blutspender 101
Body, schwarzer und ratten-
scharfer 130, 132
Bovary, Madame Emma 31, 179
Briefe 140
Briest, Effi 29, 179

C Casanova 72
Champagner 67, 205
Chatroom 53, 94
Chiffre 90
Code-Sätze 211
Computer 127

D Dessous 37
Digitalkamera 144
Diskothek 28, 102
Dreier 189

E Egoismus, angebrachter 164
Ehe 225
dahinplätschernde 34
fade 64
funktionierende 32
gute, heile 226 ff.
langweilige 47
lauwarme 227
marode 16
offene 198
verkorkste 22
Gefahr für die 42
Harmonie und Vertrauen in
der 32, 171

233

Sex in der 227
(Ehe-)Frau 70, 145, 165, 212
(Ehe-)Partner betrogene 18,
44
    eifersüchtige 17, 109, 204 ff.
    profitierende 82
Ehrlichkeit, falsch verstandene
150
Einzelverbindungsnachweis
119
E-Mail 90, 128
Emanzipation 23, 32
Entdeckung 111, 200, 216
Erdbeeren 65, 116
Erotik 42, 72
Erregung öffentlichen Ärger-
nisses 110
Ertapptwerden, *siehe Entdeckung*
Esoteriker 74

F Fährte, Legen einer falschen
160
Familie, heile, intakte 32, 223
Fesselspiele 89
Figur 44, 130
Flaubert, Gustave 31, 179
Flirt 72
Flußkrebssalat 117
Fontane, Theodor 29, 179
Fotos 143
Frauensolidarität, falsch ver-
standene 164
Fremdgehen, *siehe Geliebte*
Freundeskreis 186
Freundin, beste 154
Fußfessel, elektronische 123
Fußmassage, thailändische 63

G Gabi 19
Geburtstag, runder 58, 131
Gefühle, männliche 48, 76
Gefühle, Recht auf 43, 220 ff.
Gegensätze ziehen sich an 50
Geheimnis, Spaß am 48
Gelassenheit 106
Gelegenheitstäter
    (Schüchterner) 73
Gelegenheitstäterin 53
Geliebte, hingehaltene 23 ff.
Generalbeichte (!) 28, 107,
151
Geschenke 137
Geschenke, ungefährliche
143 ff.
Geständnis, *siehe Generalbeichte*
Gewissen, schlechtes 28, 55,
73, 78, 222
Gewohnheitstäterin 54
Gleich und gleich … 50
Grenzüberschreitung 165, 186,
222

H Haare, neue rote 67, 133
Hafen, sicherer 33, 225
Handy 92
    Erreichbarkeit per 122
    Finder (!!!) 123
    Rechnung 120
Harmonie, *siehe Ehe*
Hausfrau 52, 138
Heiratsanzeige 90
Hexe, böse, *siehe Geliebte*
Hölle 186
Hühnchen in Kokosmilch 62
Hure 66

I
ICE, Liebe im 69
ich liebe dich 120, 171
Internet 93 ff.
Internetcafé 94, 127

J
Jugendfreund 21, 186, 194

K
Kaffee trinken 97 ff.
Karenina, Anna 31, 179
Kennenlernen 86
Kerzen 63
Kinder?, und die 175
Klamotten 130
Knöllchen 139 ff.
Knutschfleck 134 ff.
Kollege, *siehe auch Arbeitsplatz*
61, 186
Komplimente, ausbleibende
34
Komplimente, gemachte 131
Kondome 74, 100
Kontaktanzeige 66, 68, 89
Kontoauszug 137
Kratzspuren 134 ff.
Kreditkarte 136 ff.
Kuckuckskinder 182
Kurschatten 196

L
Langeweile, *siehe Ehe*
Langzeitbeziehungen 38
Lavendelöl 63
Lebenspartner 32
Leidenschaft, mangelnde,
siehe Ehe
Liebe, heimliche, zweite 21
Liebesleben, Wiederbelebung
des ehelichen 37 ff.

Liebesnest 81
Liebespartner 32
Liebhaber, jüngerer 190 ff.
Liebhaber, mehrere 59
Lücken, Schließen von 54
Lückenbüßer 22
Lüge light 157
Lüge, *siehe Schweigen*

M
Magnum Mandel 204
Männerwünsche 46 ff.
Mars 167
Mary, Michael 38, 218
Meinungsumfrage 14, 51
Mißtrauen, *siehe auch Vertrauen*
151
Mißverständnis 83
Mondphasen 74
Monogamie 225
Moralapostel 26
Mousse au chocolat (mhm)
65, 202
Musik, sanfte 63
Mutter, glückliche 178

N
Naturbursche 166
Netzstrümpfe 65
Notstand, sexueller 47

O
Oberlehrerinnen 93
Offenheit, falsch verstandene
150
Oma und Opa 65
One-night-stand 16, 28
Orgasmus 63, 180
Ost 52

P
Panzerknackereinsatz 128
Partner, *siehe (Ehe-)Partner*
Partnerschaftsanzeige 90
Partnersuche, verkappte 60
Paßwort 128
Perlhuhn 35
Pferdestehlen 57
Picknick 108
Plan X 210 ff.
Polizei 109
Postgeheimnis 140
Powerhexe 68
Prinzipienreiten 128

Q
Quittung, verräterische 114

R
Rache 49 f., 230
Radarfalle, *siehe Knöllchen*
Rellin, Martina. Post an 19
Restaurantbesuch, mit Ehe-
    mann 35
Restaurantbesuch, mit Lieb-
    haber 34, 141
Romantik 42, 83, 220
Romantikerin 56 f.
Rosen, rote, *siehe Blumen*
Rotwein 65
Rücksicht 17
Rufnummerunterdrückung
    120

S
Saltimbocca 117
Schamhaarfrisur 133
Schattenmann 27, 75 ff.
Scheidung 21, 32, 165, 184,
    208
Schlafzimmer, Pflicht im 65

Schmidt, Harald, *siehe Gabi*
Schwangerschaft 181 ff.
Schnüffeln … 204
Schwärmen, bloß nicht 163
Schweigen 107 ff., 148 ff., 157
Schwertfisch 46
Schwiegereltern 67
Sekt 109, 113, 116 ff., 173
Selbstbestätigung 39
Selbstwertgefühl 219
Sex
    anderer, mehr, neuer 54, 71,
    187
    kein/zu wenig 47
    unkomplizierter 46
    Experimente beim 47, 59
Sex-Alarm 37
Sexhunger, *siehe Sex, anderer*
Sexlücke 38
Sexobjekt 22
Sexprotz 93
Sichtweisen, männliche 70
SMS 42, 120
Spanner 108 ff.
Sportfreund 186
Strapse 65
Swingerclub 187

T
Tabu, letztes 148
Tagebuch 140
Tantrakurs 75
Telefon 91, 118, 121, 211
Temperament 50
Therapeuten 28, 38, 217
Tiefkühlpizza 27, 43
Titanic 62
Tolstoi, Leo 31, 179

Trefferquote 91
Trennung, *siehe Scheidung*

U Ultimatum 27, 78
Umfeld, Reaktionen im 149
Unterhaltstabelle 138
Urlaubsliebe 74

V Vater, wunderbarer 32
Venus 167
Verdacht 106, 210
Verhütung 100, 182
Verliebtsein 44, 47, 77
Vertrauen, zerstörtes 28
Verzeihen? 28
Viererbeziehung 199
Vorfreude 117

W Wahlwiederholung 118
Wäsche, *siehe Body*
Weib, freches 66
Weihnachtsplätzchen 24
Wein, *siehe auch Kaffee trinken*
90, 97
Wellness 112, 132
Weltrevolution 81
West 52

Y Yogakurs 75
Yucca-Palme 76

Z Zollhund, *siehe (Ehe-)Partner,*
eifersüchtige
Zufriedenheit 42
Zweck, Mittel zum 49
Zweifel 55 f., 164, 169, 218
Zweitbeziehung 56

Martina Rellin

Ich habe einen Liebhaber

Frauen erzählen von ihren Begegnungen mit dem ganz besonderen Mann. 256 Seiten. Serie Piper

Mit ihren Ehemännern oder festen Partnern verbindet sie der Alltag – Abenteuer, Lust und Leidenschaft erleben sie mit einem anderen: In diesem Buch erzählen dreiundzwanzig Frauen von ihrer Begegnung mit dem ganz besonderen Mann. Ein Liebhaber gibt ihnen das, was ihnen in ihrer festen Beziehung fehlt. Frauen mit Liebhabern suchen nicht nur Sex, sondern auch jemanden, der ihnen zuhört und Schmetterlinge in den Bauch zaubert. – »Jede dritte Frau geht fremd«, titelte eine Boulevard-Zeitung. Martina Rellin, Bestseller-Autorin mehrerer Liebhaber-Bücher, ergänzt provozierend: »Gäbe es die Liebhaber nicht, noch mehr Ehen landeten vor dem Scheidungsrichter.«

Der Spiegel

Kathrin Fischer, Sandra Maravolo

Liebe satt

Was Paare wirklich antörnt. 224 Seiten. Serie Piper

Oftmals dauert die Liebe länger als die Lust. Aber ist es dann noch Liebe? Geht das überhaupt: jahrelang ein Paar sein und trotzdem noch vor Begehren dahinschmelzen? Leicht ist das nicht, geben Sandra Maravolo, die optimistische Expertin mit eigenem Sexshop, und Kathrin Fischer, die eher skeptische Journalistin, zu, aber es ist möglich! Die beiden schlagfertigen Freundinnen spielen sich die Bälle zu, aus dem theoretischen Lager an die Beziehungsfront und zurück. Sie wissen, wie man den bösen Fallen »Double income no sex«, Babys im Bett oder dem Schweigen der Männer entkommt. Mit ihrer einzigartigen Kombination aus Erfahrung und Wissen, Pragmatik und Humor sagen sie dem Lustfrust den Kampf an. Ein Buch für Lang-Liebende!

SERIE PIPER